主体教育的大道之道

马丽娜 朱 敏◎主 编

北京师范大学出版集团
BEIJING NORMAL UNIVERSITY PUBLISHING GROUP
北京师范大学出版社

图书在版编目（CIP）数据

主体教育的大道之道/马丽娜，朱敏主编．—北京：北京师范大学出版社，2013.11
ISBN 978-7-303-17052-4

Ⅰ.①主… Ⅱ.①马…②朱… Ⅲ.①素质教育—教学研究—小学 Ⅳ.①G622.0

中国版本图书馆CIP数据核字（2013）第212457号

营销中心电话 010-58809014
北师大出版社教育科学分社网 http：//jykx.bnup.com
电子信箱 jiaoke@bnup.com

出版发行：北京师范大学出版社 www.bnup.com
北京新街口外大街19号
邮政编码：100875
印　　刷：北京中印联印务有限公司
经　　销：全国新华书店
开　　本：170 mm×240 mm
印　　张：16.75
字　　数：249千字
版　　次：2013年11月第1版
印　　次：2013年11月第1次印刷
定　　价：32.00元

策划编辑：倪　花　　责任编辑：倪　花
美术编辑：纪　潇　　装帧设计：吴乾文
责任校对：李　菡　　责任印制：陈　涛

序一

薪火相传　继往开来

说起来，我与“主体教育”，与人民大道小学，有着很深的渊源和特殊的感情。

1981年，我提出了“学生既是教育的对象又是教育的主体”这一命题(见《江苏教育》1981年第10期)，并由此引发了一场争论。1991年，我又写了一篇文章《再论教师的主导作用和学生的主体作用的辩证关系》(载《华东师范大学学报》“教育科学版”1991年第2期)，明确提出了“把儿童看作是教育的主体就是一种教育观念的转变”等观点。

门捷列夫说：“没有经过实践检验的理论，不管它多么漂亮，都会失去分量，不会为人所承认；没有以有分量的理论作基础的实践一定会遭到失败。”

从1992年开始，人民大道小学与北京师范大学联合开展了“少年儿童主体性发展实验研究”。在裴娣娜教授的指导下，该实验取得了阶段性的丰硕成果。我参加了课题的鉴定会，当时专家们认为它“是一项具有重大理论价值和现实意义的科研成果”，“是一项理论工作者与实践工作者很好结合的典型”，中国教育学会将“主体教育”作为素质教育六大成功模式之一向全国进行推广。“主体教育”产生的辐射效应，大大推动了我国实施素质教育的进程和步伐；而随着“主体教育”风靡全国，人民大道小学也成为全国小学教育的一个品牌。

这项跨世纪的教育改革实验，以无可辩驳的事实，证明了“学生是教育的主体”这一命题的正确。

2000年，人民大道小学出版了一本《我要成为最佳的我——主体性发展教育实践研究》，对8年的“主体教育”实验研究进行了总结，我曾为该书作序。10多年后的今天，他们把这本《主体教育的大道之道》的书稿摆在我面前，这是对“主体教育”实验研究深入探索的整理、提炼和反思。

薪火相传，继往开来。如果说，老一辈的大道人在老校长姚文俊的带领下，使得人民大道小学成为“主体教育”的发源地，那么，如今的大道人在深化“主体教育”实验研究的道路上，又进行了怎样的探索呢？相信读过这本书，读者会从中找到自己的答案。

他们从“管理之道”“教研之窗”“活动之旅”“家教之光”四个方面概括总结了管理、教师、学生、家长的活动经验，他们认为：

——“每一个成员都是至关重要的”：从一个个与众不同的学校成员身上，从一件件看似不起眼的“小事”中，我们都可以悟出充满智慧的“大道之道”。

——“每一步探索都是弥足珍贵的”：“学生喜欢上，质量有保障”，在这样的课堂上，孩子们不再是“会说话的工具”，而是有思想的“课堂的主人”。

——“每一次体验都是受益匪浅的”：没有活动就没有教育。让学生在实践中得到发展，在体验中学会做人，才能实现“全面发展打基础，个性发展有特长”。

——“每一枚细胞都是独一无二的”：家庭是社会的细胞，是孩子成长的第一道港湾。转变家长教育观念，提高家长教育能力，形成优质教育共同体……

这些思想处处体现着“主体教育”的精神。

人民大道小学马丽娜校长是我校教育家书院兼职研究员。北京师范大学教育学部于2010年4月组建了教育家书院，旨在为第一线的优秀校长、教师提供进修提升的平台。两年多来，教育家书院为他们组织了高端学术讲座、名校长(名教师)讲席、教学实验和观摩、国内调研、国际考察等一系列教育科研和实践活动，让他们能够静下心来，读书、学习、讨论、反思，从中悟出教育的真谛。马丽娜校长在教育家书院研习期间在人民大道小学边实践边思考，理论与实际相联系、学与思结合、知和行合一，在成为教育家的道路上脚踏实地、阔步前行。我作为教育家书院的院长，看到他们的成就感到十分欣慰。同时希望人民大道小学能在“主体教育”实验研究的新征程中，创造新经验，取得新成绩，结出新硕果！

顾明远

2013年3月17日于北京求是书屋

序二

“大道”之情

在我的心目中，安阳市人民大道小学一直是我魂牵梦绕的地方。这个地方，被学校的师生们亲切地称之为“大道”。

2010年恰逢我的古稀之年，在亲朋好友的一再劝说下，我开始着手整理、撰写三本书，前两本书《校长之道——姚文俊教育档案》和《创造之路——姚文俊教育人生》已分别于2010年和2012年陆续出版，正在紧张运作的第三本书就是《大道之情——姚文俊与人民大道小学》。

有人曾问我：“到底是您成就了人民大道小学，还是人民大道小学成就了您呢?”我说：“姚文俊的名字和人民大道小学的名字是息息相关的，是这块土壤培育了我，我也时常尽力为这块沃土浇水施肥。”

从1978年到世纪之交，在我担任“大道”校长的这20多年间，我国改革开放取得了令人瞩目的成就，教育事业也取得了日新月异的飞速发展；而对于“大道”和我个人而言，这既是“大道”从安阳走向河南再跻身于中国名校的重要时期，也是我的价值得到充分体现的人生阶段。特别是从1992年开始“大道”与北京师范大学携手开展的“主体教育”实验研究，成为我国素质教育六大成功模式之一向全国进行推广。

进入新世纪，虽然我离开了“大道”校长的岗位，但作为“大道”的终身名誉校长，我就像呵护自己的孩子一样，一直在关注着这所学校的成长和发展。

2013年春节前夕，马丽娜校长代表大道人来看望我，同时给我带来了一份特殊的礼物——反映“大道”最近8年来推进“主体教育”实验研究思考与探索的书稿《主体教育的大道之道》，并嘱我给这本书作个序。

马丽娜校长是位资深大道人，也是位优秀的大道人。从1981年走上“大道”的三尺讲台，一干就是30多年。特别是2005年初，在“大道”调整、发展的关键时期，她受命担任这所全国名校的校长。8年来，她带领“大道”在调整中完善，在继承中发展，在发展中创新，从未停止前进的脚步。在这一过程中，她也逐渐成长为全国十佳校长、省人大代表、省党代表。

实践探索与理性思考是一个人成长的双翼，缺掉任何一个翅膀，都不会飞得高、飞得远的。2010年，马丽娜校长成为北京师范大学“教育家书院”首批11名兼职研究员之一，站到了一个更高、更宽的专业化成长平台之上，站得高了，看得远了，想得深了。“教育家书院”院长顾明远教授曾说过，教育家不是随着教龄的增长而自然成长的，学习和提升是教育家成长的必由之路。在与马丽娜校长的多次交流中我感觉到，两年多的读书、学习、讨论和反思，不仅使她感到了久违的充实和快乐，还使她更加清醒地认识了自己、认识了“大道”，从而有助于她带领大道人展翅高飞，去争取更大的胜利。

翻阅书稿，我感慨万千，倍感欣慰，有几句心里话，不吐不快。

第一，“主体教育”实验研究已经从“点”到“线”再到“面”地深入推进。

20世纪90年代的“主体教育”实验研究，由于是摸着石头过河，没有成熟的经验可资借鉴，所以最初“大道”每个年级只有两个实验班，虽然到后来又增加了一部分单科实验班，但都没有能够覆盖到全校。最近8年来，在马丽娜校长的带领下，“大道”不再分实验班、单科实验班和非实验班，而是让每个年级的每个班级都成为实验班，真正实现了“主体教育”实验研究的全覆盖。如果说，从1992年到世纪之交的“主体教育”实验研究是初见成效的话，那么真正使之扩展和深化的是这8年。从书稿中可以看出，8年来，大道人那种“团结奉献，勤奋求实，科学探索，争创一流”的团队精神得到了充分体现，不管是在管理、教研方面，还是在活动、家教方面，都取得了显著的成绩。

第二，“主体教育”实验研究让每一个大道人都参与其中并成为不可或缺的一分子。

过去我们常讲“英雄创造历史”，现在大家都说“依靠团队铸造辉煌”。学校的一切人员所从事的一切活动都是为了育人，有以校长为核心的管理育人队伍，有以教师为主体的教书育人队伍，有以职员为主力的服务育人队伍，还有以父母为代表的家庭环境育人队伍。要实现“主体教育”实验研究的全覆盖，对每一个大道人都提出了新的更高的要求。马丽娜校长说：“一所学校的发展，从领导到教工再到学生，每一个人都是至关重要的，每个人都是可以有所贡献的；从学校管理到教研组管理再到班级管理，每一个管理环节都是不可或缺的，每个环节都是可以造就精彩的。”为此，学校让普通教师变得不普通，着力促进每个教师的专业化成长；让职员不再置身事外，而是为实验研究创设良好的环境；让学生自主性组织、自主性活动、自主性评价，在活动中成长，在体验中发展；让家长转变教育观念，提高教育能力，增强参与学校教育的自觉性，与孩子共发展、同成长。

第三，“主体教育”实验研究在继承的基础上实现了发展和创新。

勤学、博采、善思、创新，敢为天下先，已成为大道人的思维品质。随着“主体教育”实验研究的深入推进和全员参与，马丽娜校长带领大道人在继承的基础上，在深化这项跨世纪教育改革的进程中不断思考着、探索着、发展着、创新着。比如“主体教育”视野下开放性高效课堂研究，让课堂从封闭走向开放，从低效甚至无效走向高效，让学生成为有思想的“课堂的主人”；比如打造特色班级，“我的班级我做主”，使每个孩子都能找到展示自己才华的天地；比如丰富多彩的“阅读教育”，让师生们不仅会读还会讲，“大道论坛”提升着全体教师的文化素养，“学生大讲堂”助推“小堂主”们走上了中国国家图书馆的讲台……“我要成为最佳的我”，已经内化为每个大道人孜孜不倦的追求。

在每个大道人的心目中，教育不是牺牲，而是享受；不是重复，而是创造。“大道”是一块圣地，也是一片乐土。走在“教育的大道”上，大道人享受着成长的幸福，品味着创造的快乐。

我相信，在马丽娜校长的带领下，“大道”一定会步履坚实，铿锵前行；在大道人的共同努力下，“主体教育”实验研究一定会结出更香更甜的硕果。

姚文俊

2013 年春节于安阳

引　子

时已芒种，亦稼亦穑。收获在即，而播种新一轮希望和梦想的劳作又已开始。

一

北京师范大学“教育家书院”，一个宽阔的高端平台，给我，给大道以宝贵的机会。在这里，我们得以参悟生命，践行教育，实现梦想；在这里，思索者打造精神领地，教育人经营心灵家园……

始终秉承“传播科学真理，促进教育创新”理念的北京师范大学出版社，曾给大道以梳理思维、呈现文化的机遇。现在，大道文化的景致又已琳琅满目。为追索本真带来的嬗变与启发，具现当下置身大道文化场景的人的悟与情，轻轻地，我们，又走到了一起。

二

轻抚案头行将付梓的文稿，按捺不住涌动的喜悦与祝福，随手在日志上记下心情片段：香染墨池云生暖，大道新绿逐开颜。师友学生多惠我，诗文情意喜心间。

三

在胡锦涛同志视察并亲笔题词的这块沃土上，一批批用“爱校胜似家庭，事业重于生命，一切为了学生”的“大道师魂”和“团结奉献，勤奋求实，科学探索，争创一流”的“大道精神”作为精神基座的大道人，与书为伍，与研究做伴，始终坚持依靠教育科研振兴发展学校，承载了一个又一个梦想，实现了一个又一个夙愿。

大道有道，心证大道。大道人曾创造了五个全国第一：全国第一家编写并实施《少年儿童思想品德教育提纲》、全国第一所“主体教育”实验校、参与创建全国第一个关心下一代协会、参与创建全国第一个省市级教师奖励基金会、参与创建全国第一个小学教育研究会。从这里启航的“主体教育”实验被中国教育学会列为素质教育六大成功模式之一向全国推广。

大道有道，阳光正道。从这里曾走出全国人大代表、全国党代表、全国优秀校长、全国十佳校长、全国十杰中小学中青年教师、全国十佳名师、全国十佳少先队辅导员、全国十佳班主任、全国十佳少先队员和全国好少年；培养出一批特级教师、省市级名师和成长中的教育家；这里走出的学生以其自尊、自信和敢为天下先的精神服务在祖国和世界各地的工作岗位上。

大道有道，智慧之道。大道人继承、发展、创新，做到了“四个坚持”：20年如一日坚持五日工作一日学习制度、20年如一日定期开展教学策略研讨会和高端培训、20年如一日坚持每月撰写教育教学札记和工作日记、20年如一日坚持每月一个科研日。

在“主体教育”逐步向纵深发展的过程中，大道人通过课题、教研一体化，活动、转变一体化，读书、写作一体化及不同团体个性化的方式，实现了三个突破：让普通老师变得不普通，实现了“主体教育”的全面推进；以特色班级建设为抓手，逐步实现了班主任专业化成长；以阅读教育为依托，形成了大道新的亮点，实现了学校在新时期的跨越式发展。

四

暖风染尽地千顷，石榴花开渐次红。摩挲着散发着缕缕墨香的文稿，亲切有加，思绪万千。

走近，因缘；走进，感念。

愿大道更美好，祈教育更美丽。

梦在前方，路在脚下……

马丽娜

2013年6月6日

目　录

第一章　管理之道

一、学校管理

二、教研组管理

三、班级管理

第二章　教研之窗

一、开放课堂

二、读书分享

三、大道论坛

四、观影悟道

五、名师带徒

第三章　活动之旅

一、校级特色活动

二、年级特色活动

三、特色班级活动

四、社团活动

五、童眼看世界

第四章　家教之光

一、别样家长会

二、另类沟通

三、感谢有您

附 录

第一章　管理之道

每一个成员都是至关重要的

90%×90%×90%×90%×90%=59%。

看到这个算式，你会想到什么？

它告诉我们，不管做什么事情，在落实过程中，如果每个人或每个环节都打一点点折扣的话，递减下去的结果就是不合格或者是局面的更糟糕。

一所学校的健康发展，从校领导到教职员工到学生，每一个人都是至关重要的，每个人都是可以有所贡献的。

一所学校的良性发展，从学校管理到教研组管理到班级管理，每一个管理环节都是不可或缺的，每个环节都是可以造就精彩的。

也许从一个个与众不同的学校成员身上，也许从一件件看似不起眼的"小事"中，我们都可以悟出充满智慧的"大道之道"。

一、学校管理

一次失败的听课

马丽娜

A老师是我校的一位青年数学教师，一节重难点很清楚的课，孩子们被A老师讲得越来越糊涂了。我让A老师停下来，共同与她上完了这节课。课后，还耐心地对A老师的课进行了分析和指导，内心很有成就感，心想：专业化的校长就应该这样引领教师成长。

几天后一个偶然的机会，一位教师对我说："校长，你听了A老师的课后，通过你和大家共同评课，我们对这类课的方向更明确了；但A老师不知怎的，这几天工作情绪可低落了，有时候还偷偷抹眼泪呢。"我听了一头雾水，不由得在心里责怪起这位A老师来。作为校长深入你的课堂，对你的课又是示范，又是耐心指导，你不仅不感谢，还无理由地闹情绪，真是岂有此理！

初做校长的我，从未感觉到自己有什么不合适的地方，依然按照这种方式去听课，真心希望通过自己的指导，让每一个教师都能尽快成长起来。久而久之我发现了一个现象——每逢我去听课，教师要么以考试拒绝，要么以其他理由谢绝。这个现象引发了我的思考：教师们怕我听课的原因到底在哪里呢？这时我突然想到了A老师的不愉快，难道我为老师们好，也错了吗？

当我静下心来，反思自己作为校长一个月来的听课方式和做法时，我觉醒了：你听教师的课，给老师打招呼了吗？每天的"突然袭击"是对教师的尊重吗？听课中，你尊重了教师的个性差异了吗？你在指导教师的过程中变成了无所不能的"全才"，你与教师平等吗？你急于让每个教师尽快成长，听课中不免就会多了急躁、少了耐心，多了批评、少了表扬，多了指责、少了鼓励。因此，好心也就变成了扼杀教师积极性的"杀手"了。作了校长，自认为自己还是教师，讲话有时太随意，可教师们对你的评价是很在意的。反思的阵痛让我惊醒，也让我注重了与老师们的沟通，经常把自己的所思所想跟教师们进行真诚交流，消除了教师怕校长听课的顾虑。之后，我召开了校领导班子会，以“失败的听课”为题展开了专题讨论，对校领导如何有效听课进行了梳理，并进一步健全了校领导的听课制度。

作为校长，听课应是每天要进行的主要工作之一。通过听课，校长能够了解教师状态，了解教学状态，指导教师发展，把握教学进度，提升教学质量，可以说这是每个专业化校长义不容辞的责任。让教师怕听课，还是让教师盼听课，不仅体现着一校之长的教学水平，更体现着一校之长的管理理念和管理水平。

教师有什么样的体验，就会把什么样的体验传递给学生，这是自己做校长以来很真切的感受。请相信，教师在教育教学中体验到尊重、信任、宽容、接纳和等待，就一定会把这种体验带进课堂，传递给学生的。教育家苏霍姆林斯基说得好：“一个好校长就是一所好学校”。校长对学校的领导首先是教育思想的领导，而这种教育思想如何成为每个教师要自觉经历的教育实践，是校长及其团队为教师们创造的校园文化所形成的。每个教师课堂文化的丰富内涵，也是在这样的学校文化熏陶下一次次、一天天完善的。

没有不好的教师，只有不适合的管理。校长要引领教师做追梦人，努力让每个教师把拥有的无限可能变成各美其美的现实。

后勤不后

刘秋生

(一)后勤不后

“兵马未动，粮草先行”。作为主抓后勤工作的领导，多年来，在工作中能坚持原则，找准自己的工作角色，做好校长的参谋和助手，为学校发展出谋划策。

每逢重大活动，总是考虑在前，谋划在前，落实过程中总能以身作则，身先士卒。为了不影响正常的教育教学，很多后勤工作只能放在节假日进行。校园环境的改造、教室的维修和布置等工作，总能保证学生开学后焕然一新。例如，东校区围墙的维修、墙面水粉画的绘制、学校大会议室的重新设计装饰，特别是在超短时间内对北校区的顺利改造等，都给大家带来了耳目一新的感觉，更重要的是保证了学校正常工作的顺利进行。再比如，每年春季田径运动会、“世纪杯”亲子趣味运动会、阳光少年体育节和“冬天到跳跳跳”等活动的成功举办，都是后勤人员超前考虑和辛勤付出的结果。

（二）后勤靠后

当鲜花送来、掌声响起来的时候，也是我们后勤人员后撤的时候。为什么呢？

其一，是因为当时的使命我们已经完成，台前的主角已经不再是我们了。比如，2009 年 50 周年校庆前一天的晚上，当时已经忙到凌晨 1 点多了，第二天的室外会场已经布置好了。马丽娜校长查看了会场后提出建议说，已经深秋了，让领导、专家坐冰冷的硬板凳，不合适，换换吧。领导、专家席一共是 92 人，92 个凳子调换，桌子也得跟着换，一换就是 46 张。那一会儿会场上就剩下我和梁景仁老师两个人。由于连续工作，我腰疼得走都走不稳。但是，累趴下了也得干，明天的事绝对不能耽误。马上，我去腾地方，梁老师和陆续赶来的后勤人员以及门卫师傅，都去四楼搬桌子和软凳子了。真是二话没有啊……

其二，我们退居幕后，及时反思工作，通过案例分析，着力提升后勤团队的工作能力和水平。

（三）后勤在后

但凡活动结束，大家各就各位该干什么干什么的时候，我们必须马上从幕后站出来，及时、高效地做好后续工作，如卫生打扫、后场清理、物品归位等等。

……

后勤不后——我们紧紧围绕学校中心工作和发展大局，使后勤队伍成为推动学校教育改革创新，提高管理和服务水平，着力解决影响和制约学校发展突出问题的快速反应部队。

后勤靠后——我们会进一步落实以人为本的管理理念，关心师生成长，关注群众诉求，不断提高后勤全体干部职工管理育人、服务育人的积极性和主动性。

后勤在后——我们会紧密结合工作、学习和生活实际，把开展转变领导方式与巩固和扩大学习实践科学发展观活动成果、推进后勤建设结合起来，与推动学校中心工作、促进学校科学和谐发展结合起来，与提升自我服务能力与水平结合起来，切实为师生多办实事。

有一种力量叫赞美

——别样的民主生活会

谷冀豫

每个人的潜力都是难以估计的，一旦被激发出来，将会释放出无法预料的能量。赞美作为一种有效的教育方法和有力的行为评价，对促进人自身能力的进一步完善发展起到不可估量的作用。

那一次的领导班子民主生活会至今令人难忘。会上，每一位领导就自身学习的体会、分管工作中存在的问题和个人的不足以及整改措施汇报交流后，班子每一位成员都会根据自己工作中的观察了解、切身感受，对发言者首先给予由衷的赞美，然后再提出中肯的建议。因为赞美的态度诚恳，因为赞美是发自内心的真情流露，所以每一个被赞美的人都感到亲切、愉快、高兴。一起来分享一下班子成员之间的赞美词：

马丽娜校长：真。她是班长、是舵手，更是大姐。她个性率真，敢作敢当，做事雷厉风行，做事倡导“要么做好，要么不做”，有股不达目的不罢休的韧劲儿……

刘秋生副校长：和。工作中，无论什么情况下，他总是心平气和、从容淡定、不急不躁，从未见他发过脾气，还在别人生气时勇于充当“灭火器”。他做事认真、说话严谨，总是把学校利益放在首位。

朱敏副校长：敏。古人云：君子敏于事而慎于言。而她，反应敏捷，思维缜密……

谷冀豫副校长：雅。大气加淡定，亲和加原则，自信加谦虚。

李霞副校长：正。她做事公平公正，为人刚正不阿……

姚淑英主任：实。思想不懈怠，行动跟得上。卸任不卸担，无职却有心。

宋亚杰主任：善。作为后勤领导，服务及时，工作任劳任怨，民间戏称“及时雨”“宋大善人”。

王颖主任：美。作为办公室主任的她，时时处处彰显着她的美：她的外表是美丽的，她的声音是甜美的，她爱美也会美，从个人装扮到办公室布置，无一不体现着她对美的独特感悟。大家称她和管后勤的宋亚杰主任为：

“两张名片两扇窗，一内一外创辉煌”。

殷慧芳主任：诚。丰厚的文化底蕴令人佩服，无穷的人格魅力感召着大家，扎实的教学功底引领着教师在不断成长。

赵慧萍主任：慧。自身特点：慧质兰心，才华横溢。对待教学：认真研究，能上能下；对待科研：用心去做，小处着手，创意无限……

这种表扬是诚恳的，而不是虚假的；是认真的，而不是敷衍了事的；是真诚激励的，而不是讽刺挖苦的。所以被赞美的人听着入耳入心、如坐春风。

这真心的赞美，犹如春天的蓓蕾，孕育着生机、希望和力量。

领导班子民主生活会上的赞美，让我们明白了做人和管理的真谛。

后勤——为学校保驾护航的幕后英雄

宋亚杰

校园安全是一个常谈常新的话题。每个学校都会把校园安全视为学校各项工作中的重中之重，放在校园建设与发展的首要位置，不断制定保证学生安全的各项措施。我校实施的“静校”措施正是校园安全管理建设中的一项重要制度。

在过去很长一段时间里，学生放学后不及时离校成为老师和学生家长很头疼的一个问题。放学后一些学生在校园逗留玩耍、课后清洁时间过长、个别老师拖堂，对这一切最担心和焦虑的莫过于等在校门外的家长了。全校学生都快走完了，可自己的孩子还迟迟不见踪影，会不会是发生了什么意外？学生不及时离校不仅影响着学生家长的情绪，而且影响着学校的管理秩序：学校周边交通拥堵，门卫压力加大，老师工作负担加重，更重要的是，它造成的校园安全隐患十分突出，成为学校和家长最为担心的问题。为此，从2010年开始，我校开始实行“静校”制度，规定放学后全体学生必须按时离校。“静校”制度的落实，要求老师不能拖堂，学生不能逗留，更重要的是要求后勤部门严格、细致检查，对所有班级的所有师生做到全面而有效的监督。

自“静校”制度实施以来，后勤部门在每天放学后组织人员对校园进行全面检查，全体员工在一天当中的这一关键时间实行提前到岗，工作精力高度集中，高效地完成这一重要的后勤保卫工作。在教学楼，实行分工协作、逐一排查，每楼安排一人，对全教学楼上上下下进行监督检查，决不允许有班级老师拖堂、学生逗留教室的情况出现；在清洁区、操场和校园的其他地方，有专人巡视检查，督促校园里的学生尽快离校，并监督确保每个学生安全地走出校门；门卫则认真做好统计检查工作，确保每个班级的队伍都顺利地准时离校，把好校园安全的最后一道关。后勤部门还定期对各个班级贯彻落实"静校"制度的情况进行评比，对做得好的老师和班级进行表扬奖励，对做得不好的老师和班级进行批评教育。通过一段时间的努力，有效地提高了老师杜绝拖堂的自觉性，让学生养成了放学后按时离校、不在校园逗留的好习惯。为了切实推动"静校"制度的落实和保障学生顺利安全离校，后勤部门的全体员工始终坚守在自己的工作岗位上，每天最早到岗、最后离岗，不管春夏秋冬，不管风霜雨雪，从不叫苦叫累，从不丝毫怠慢，为学生安全工作提供了坚实的保障，为实现校园"零事故"作出了贡献。

在"静校"制度刚刚实行的时候，有些家长不太理解，或者对学校管理不够信任。有几次，学生家长找到学校，反映学生放学后迟迟没有回家，担心学生又在学校逗留。尽管学校后勤部门已经保证当天学生100%准时离校，但是，后勤工作人员和门卫在向家长说明了情况后，组织人力再一次对校园进行全面巡查，最后还协助家长一同联系寻找到在校外玩耍晚归的孩子。渐渐地，家长们充分理解和肯定了学校的"静校"制度，并对后勤部门的工作给予了高度赞扬。还有的时候，放学时正好下着大雨，有些家长出于疏忽没能及时到校接孩子，后勤的工作人员在对全校进行例行检查之后，对那些家长没有来接的学生统一安排在个别教室里，由工作人员陪同，并及时联系这些学生的家长尽快来学校，直到把最后一个孩子平安地交到家长手中，工作人员才离岗。家长纷纷表示，把孩子送到人民大道小学，不仅能让孩子接受到最好的教育，同时在学校期间孩子得到了最贴心的安全保障，真正做到了让家长放心。

"静校"制度的执行和落实只是学校后勤工作的一个缩影。后勤部门作为学校组织中的一支重要队伍，肩负着校园安全的重要使命；同时作为美丽风景中的一抹幕后景观，默默地为编制美好蓝图挥洒汗水。众所周知，后勤工作忙碌而繁琐，细致而具体，后勤部门的每一位员工都清醒地认识到自身工作的重要性，将责任和使命担在肩上，而从不抱怨工作中的苦与累，心甘情愿地充当幕后的无名英雄。正是有这些无名英雄的不懈努力，才确保了学校各项管理工作的高效有序运行；正是有后勤部门一步一个脚印、认真踏实的工作作风，才有了人民大道小学无数的辉煌。

行政管理团队的课题组

王 颖

在我们学校，说起语文、数学、英语、体育、美术等学科教学科研课题组，大家丝毫不陌生，但谈起行政管理人员课题组，却还是件新鲜事。

我在学校办公室工作，兼着学校行政管理团队课题组组长。我们这个团队由教师和工人组成，有办公室、教务处、科研处、德育处和后勤处五个处室。人员不多，能力有限，素质也参差不齐。以前大家整天忙于事务性工作，甚至在被动中应付工作。2005年新领导班子成立后，马丽娜校长敏锐地看到了这支队伍存在的不足和弊端——不学习，不开会，不交流，不分享，不凝心，不聚力，缺少思想火花，缺乏工作热情等。教学质量是学校的生命线，“生命线”离不开一线教师勤奋、智慧的工作，也需要行政管理来保障和服务，行政管理团队也是学校发展的重要力量。为提高行政管理人员管理育人的综合素质，焕发工作热情，提高工作效率，在马校长的带领下，我们根据学校实际情况，认真分析了行政管理团队的现状，对行政管理队伍的建设进行了理性思考——为提高行政管理团队的学习力、执行力和服务水平，学校决定专门成立行政管理人员课题组。

从此，我们每周六和学校其他课题组一起，参加集体学习，交流分享体会，观看教育影片，聆听大道论坛；每月撰写札记和工作反思，摘抄学习笔记；将工作中的问题和困惑，提交课题组，大家进行讨论和研究。此外，行政管理人员每学期还定期召开三次会议：(1)结合学校工作计划制定自己的工作计划；(2)谈工作中的困惑、收获和对学校的合理化建议，并推荐学习资料，交流分享学习体会；(3)总结一学期工作，交流工作中的亮点与收获。

通过成立课题组，参加集体学习，行政管理组的教师们不但提高了自身素质，明确了自己的责任，对各部门的工作有了相互了解，凝聚了行政管理团队的人心，分享了大家的工作经验，提高了高效工作的能力，而且大家变得会说、敢说、能说了。

让优秀成为习惯，让学习伴随成长，已成为行政管理团队的工作习惯和工作目标。大家在学习中实践，在反思中提升，也在磨炼和挑战中成长为一支能打硬仗的优秀团队。如今的行政管理工作务实、严谨、创新、高效，实现了指挥灵、信息通、效率高、服务优的良好局面。我们已经连续几次当选学校年度“文明处室”。我们依然会默默无闻，无私奉献，甘为人梯，甘做幕后英雄，为学校的发展作出自己最大的贡献。

团队建设宝典

姚淑英

有这样一个故事：一位昆虫学家和一位商人一起到田野里去，昆虫学家看到了田野里跳跃飞翔的小虫子，而商人却发现了掉落在地上的钱币。这个故事告诉我们：心在哪里，智慧就在哪里！多年来，在数学团队建设方面，我充分挖掘校本资源，积极发挥骨干教师作用，做了如下思考和实践：

1. 以“点”带“面”。每位教研组长既是该数学组的一个点，又是核心人物，充分挖掘和调动大家的力量就能带动各教研组的发展。每月定期召开一次教研组长会，不但及时传递学校教研工作要求，而且还为教研组长学习交流新资料、新经验、好做法，达成共识搭建了平台；也为大家交流思想，相互借鉴，带领自己组扎实有效地开展工作打下了基础。

2. 借“力”扬“名”。在数学团队建设方面，我们注重发挥名师的引领辐射作用，组建了“名师工作室”。这个工作室由 1 位名师、6 位学科带头人组成，制定了名师工作职责，定期召开“名师工作室”会议，教学中，充分发挥“名师工作室”成员的智慧，集思广益，资源共享。在开放有效课堂的教学中，名师和学科带头人率先上研究课、示范课，充分发挥引领作用；在培养青年教师、推荐优质课参赛教师活动中，“名师工作室”成员发挥自己的力量与特长，分别承担了参赛教师的备课、试讲指导以及听课评课等任务……他们的名气指数伴随着一次次教研活动直线上升，成了数学教学研究的领军人物。近年来，他们指导的省、市、区优质课均获一二等奖。

3. 育“将”为“帅”。为了让优秀青年教师尽快脱颖而出，也为了给青年教师创设更多的锻炼机会，我们从每个年级中推选出两名有一定工作经验、踏实肯干的教师组成了“数学工作室”，按照工作室职责，协助教研组长做好教研组工作及单元测试、学科活动，负责总结本组教育教学经验策略等工作。

目前，“数学工作室”成员已总结出了五个数学锦囊：《课前组织教学妙语口号集锦》《数学语言训练汇编》《课堂评价语言集锦》《1～6 年级数学预习“三字经”》《数学儿歌 30 首》。此外，他们还承担了数学学科活动的培训任务，宋红霞、魏艳红、李艳敏、郭丽君、方敏、王丽媛等先后为大家做《排列与组合》《算式谜》《植树问题》《九宫格》《抽屉原理》《鸡兔同笼》等专题培训，得到大家好评，深受青年教师欢迎。他们感谢学校提供的锻炼机会和展示平台，更感谢这些活动带给他们的成长和动力，促使他们勤奋读书、深刻思考、细心研究、进步发展，在同龄人中脱颖而出。

所有这些，成为我带好数学团队的宝典，实现了以教师发展促学生发展，扎实有效地提升了教育教学质量。

艰辛喜悦伴成长

殷慧芳

2010 年 9 月 13 日，我接到了一(1)班刘一帆家长逯宁的一封来信。

信中，真实地记录了一名家长开学初的心情：作为一名家长，在得知孩子分在一(1)班的时候，多方面打听班里的班主任和数学老师怎么样。当得知班主任是新老师时，我的心情一落千丈，觉得孩子怎么在人生这么重要的阶段遇到一个不是很如意的班主任，她怎么样？会不会太年轻？会不会因为太年轻而没有足够的耐心？她的经验是不是不足？如果因为这样耽误了孩子怎么办？一系列的问题出现在我的脑海里；当得知数学老师非常优秀时，心情好了一些，觉得自己的孩子在数学上不是很开窍，遇到一个很棒的数学老师是一种缘分。

当开完第一次家长会的时候，我的心情一下子豁然开朗。班主任老师虽然年轻，但从她开家长会的言谈举止来看，她的思维很有条理性，所有我们家长想到和没想到的她都仔细地讲到了，包括孩子的安全、如何在家与孩子沟通、正确的学习习惯是什么、应该怎样准备学习用具、准备什么样的学习用具等等。她还细心地将自己讲话的内容都打印了出来，让我没有了最开始的担心。

听完数学老师的讲话真的让我受益匪浅。她对家长讲的每一句都体现出了她作为一名经验丰富的老师的良苦用心……

无论何时看到这封信，我都免不了感慨万分。

2010年那一年，我原本是做好充分准备重新教一次六年级的，一方面是觉得很留恋一起工作了六年的姐妹们；一方面是觉得自己全面带过一次六年级团队，积累了一些经验；另外也有一些小私心，想一年后陪自己的儿子一起上一年级。假期分工谈话时，还没容我说出自己的考虑，马丽娜校长的一番话让我明白，她已经站在全局的角度，对工作进行了安排。于是，我根本没有谈及自己的想法，欣然接受任务，调整心态，迅速适应新的工作岗位，并开始着手考虑一年级工作。

记得刚分完工，我和一位副校长交流有关开学准备工作时，她对我说："你会很忙的。"她说这句话时，我还没有切身体会，心想：不就是个开学吗？

现在回想起来，我自己都有些不敢相信，当时带的是怎样一支年轻的教师队伍啊！语数教师18人，其中有过低年级教学经验的人只有8人，50%以上是由刚通过北关区招教进到学校的大学毕业生；要带好这支队伍，我首先从入学前的准备工作开始做起：开会统一思想，明确纪律要求，学生虽报到晚于其他年级，老师们没有一天不按时上班，为迎接学生的到来，一趟一趟跑附近的小商品批发市场，定制小书包，挑选样式和颜色；在上一年级的基础上，修改、印制给孩子和家长的一封信；大家齐心协力擦洗教室桌凳、墙壁，精心布置教室环境；最少三次开会，一步一步辅导青年教师如何开好与学生的第一次见面会、第一次家长会，细化到黑板上午、下午分别怎么布置等。老师们谁也忘不了那几日回到家，连动都不想动、连澡都懒得洗的辛苦。

依靠集体的力量、大家的智慧和无私奉献的精神，更是凭着对学校的满腔热爱，就是我们这支年轻的教师团队，在不到四个月的时间里，成功召开了一次学生见面会、三次家长会，举办了两期家长学校；另外，还组织学生参加了一年级入队仪式、国歌队歌比赛、一年级队列检阅式、"冬天到，跳跳跳"活动、升国旗仪式八次、学生集会数次。

第一次家长学校上，当我把这一切用照片的形式播放给一年级所有家长看的时候，他们看到十几天的时间，一所学校从无到有，学校领导大力支持、后勤人员不分昼夜辛苦工作，连孕妇老师都在弯腰帮忙布置教室时，情不自禁地一次又一次热泪盈眶。

会上，我特意提到了这封信，因为信中高度赞扬的是辛欣、胡静两位老师，受鼓舞的是全体一年级教师啊！

学生是在活动中成长的，教师也不例外。正是凭借师徒结对、岗位练兵、团队互助、活动引领打造优秀青年教师团队的工作思路，年轻的教师们从班级管理到活动组织、家校合作等各个方面的工作，都在不断适应着、熟悉着、进步着。在一步一个脚印的求索中，我们这支教师队伍也日渐走向成熟……

大家好才是真的好

赵慧萍

人民大道小学是一个有文化的地方，它的文化不仅仅表现在张贴地韵味十足的标语，老师们温文尔雅的谈吐，拥有的教育人敢于担当的责任良知，学生们自信阳光的表现，更蕴含在它扁平化的团队管理中，彰显的团队至上、集体至上和"大家好才是真的好"的管理理念中。

不想考第一名的组长

几年前，我在六年级毕业班担任语文教师兼班主任工作，同时直接负责学校六年级的工作。起初几年，安阳市五中的升学人数是我们全市的小学教育质量的标杆，大家以升入五中人数的多寡评价学校办学的质量；再后来安阳市有了七年级水平测试，它以升入中学的孩子们首次语数外测试总成绩来评价学校的教育教学质量。

正是在这样的大背景之下，作为毕业班的"掌门人"，天生要强的我，总想考第一的我，渐渐变得不再故步自封，变得更加洒脱，变得更加不保守。我深知，作为一个团队的负责人，一花独放不是春，百花齐放春满园。一个人再优秀，团队成绩上不来，那是不光彩的，那是彻彻底底的失败。

有了这样清醒的认识和团队的管理理念，我在工作中，尤其是在集体备课中，总是毫不保留地把经验一股脑道出，把自己的看家本领"如实招来"，因为对大家以诚相待，因为我的身先士卒，团队中的每一个老师在备课中总能畅所欲言，工作中互相提醒。

为了消除从没有教过毕业班的老师们的心理压力，我总是这样告诉大家：别害怕，我们所有的复习资料都是一样的，复习的进度都是相同的，只要跟上大家的步伐，你差不到哪里去。要不，我争取考倒数第一，这下子你吃了定心丸了吧！老师的心结打开，压力减少，工作起来自然轻松快乐。因为我有了这样的心态，所以对待成绩比我好的老师心悦诚服地表扬，总是想方设法把团队中每一班的成绩再提升一些，真心实意地为团队着想，为大家着想。

那几年，我们曾创下人均成绩高于第二名22分的好成绩。它是所有的六年级老师集体智慧的结晶，是团队极具凝聚力的体现，更是我的“不想考第一名的组长”在引领教师成长方面的小小的胜利。

放低自己，才会倾其所有；倾我所有，才会赢得人心；赢得人心，才会无往而不胜。

“亲子运动会”上的集体展示

在一年级的各种各样的大型活动中，我们所有的策划理念是：彰显团队力量，凝聚老师人心。所以，在活动中我们更多的是整体的构思与策划，是团队中人人参与、个个进言的场面。大家不再把心思放在“小我”上，不再想方设法超越别人，都在竭尽全力构思活动，以使团队更优秀。

亲子运动会的开幕式上，我们以“朵朵葵花向太阳”为主题，设计了入场式。我们共同设计班级展示牌，共同训练策划每个班的一分钟展示形式，努力做到活而不同。有了这样的理念，老教师不再挖空心思特立独行、唯我独尊，青年教师不用担心害怕在家长面前丢失面子。大家有了好主意，总会想着团队的每一个人，想着怎样让团队展示好。我们的亲子运动会被校领导评价为“最隆重、最有创意、最具凝聚力的一次盛会”。

更让我们值得一提的是运动会结束后，按以往的规矩，我们会让各班主任负责自己所在位置的卫生，最后大队部在下周就卫生情况做个总结甚至批评表扬。因为有了“团队好才是真的好”的理念，我们这样鼓励孩子们：现在我们开展“清洁天使在行动”活动，请所有的孩子们，所有的老师们一起走上操场，我们共同捡拾丢失在场地上的垃圾！一声号令，操场上走来700多人。孩子们欢快地捡拾细小的垃圾，老师们纷纷低头清理现场，最美的身影、最美的画面令无数家长钦佩不已：不愧是人民大道小学，连运动会捡垃圾都这么有活力、有创意！他们认为这种无痕的教育更有活力，更温暖人心。

团队是我们温暖的家。我相信：一个人可以走得更快，但是一群人可以走得更远，因为团队的力量永远大于个人的智慧。这就是“大家好才是真的好”带给我的又一笔财富。

校庆小故事

梁景仁

2009年11月1日，我校隆重举行了建校50周年庆典活动，相信那场圆满的盛典一定给大家带来了无与伦比的惊喜和震撼。这里，给大家讲几个小故事，几个为了那一刻的精彩而蕴含在背后的真实小故事。

(一)故事一："红闯是个好孩子"

因为校庆展板的制作工作，我有幸成了刘秋生副校长和闫红闯老师的助手。当时秋生校长定下了工作原则：万无一失，以便传承。

为此，我们三个人几乎天天在一起，为了实现这一目标而精益求精、一丝不苟。

而这一天，2009年10月6日，却没有看到红闯。

当问秋生校长的时候，他站了起来，话还没说，泪却掉了下来。说，红闯是个好孩子，父亲病了自己在医院等结果，他得先去医院把父亲哄回老家，等校庆过了再说……

(二)故事二："不被送到新乡就行"

2009年10月19日，夜。

当时的背景是刘秋生副校长、闫红闯老师，我们三个人已从9月21日开始，连续每天工作至少到凌晨3点左右。说是10月19日，其实应该是10月20日，因为已经是凌晨2点多。

当时正在秋生校长办公室校对展板文稿，朱敏副校长打电话说先过来，征求一下校庆文集方面的一些事情。正说着，朱校长忽地一下就趴在了办公桌上。当时我没有紧张、没有害怕，因为这已经不是第一次了。当时朱校长趴了多长时间，我的泪就流了多长时间。朱校长醒来开玩笑说，没事，只要校庆前不被送到新乡就行。(新乡有个精神病医院，我们平时总开玩笑说谁要是累疯了就把谁送到新乡去。)我们两个在笑的时候，眼睛里都是湿润的。

(三)故事三："什么不干也是力量"

2009年10月22日。

这一天，马丽娜校长去省里开会，晚上7点多才回来。姚淑英主任、崔艳丽老师和魏艳红老师我们都在等。因为校长走的时候有交代，要分工把画册文稿、图片再校对一遍，晚上好给已到北京的王颖主任、张凌霄、李艳霞老师联系。

这一晚，马校长、崔老师我们通过 QQ 一直工作到第二天早上。

凌晨 3 点多的时候，我们提议让马校长先休息休息，等王主任那边新稿出来后再说。当时主要是考虑校长已经奔波一整天了。校长说，即使我们在这儿就是什么都不干，也会给远在北京的老师很大的精神力量！很快，北京方面的印刷厂要求我们当晚必须出定稿，天亮就得交付印刷。否则，校庆前就出不来了……

“天快亮了。”远在北京的老师们发来了 QQ。

“天真的亮了”，我们回应。

天，真的亮了，几缕阳光不知什么时候已经照在窗户玻璃上。我们相互看看，笑了。

故事讲完了。通过扮演其中的群众演员，我有以下两点感受。第一是感谢。感谢学校领导提供的平台和机会。因为在大道有才华的人实在是太多了，比自己优秀的同志到处都是；第二是幸福和快乐。因为在为了那一刻的完美而付出近半年的劳作过程中，从身边无数榜样身上学到了许多，长了见识、开了眼界、丰富了阅历。“曾经沧海难为水，除却巫山不是云”，亲历校庆筹备工作，感觉今后工作中就不会再有什么困难，能不幸福快乐吗？

吃火锅　想管理

安晓雪

学校旁边有一家“巴奴”火锅店，生意那是相当好。工作之余，我们三五个朋友、同事也经常到那里小聚，离单位近、味道可口、价位适中是我选择它的几个因素。

最近几次聚餐，我除了吃饭聊天外，还发现了一项很有意思的现象，那就是当客人吃完饭离开后，会有一支专门的小分队赶来收拾餐桌。小分队一般由 2～3 人组成，在客人离开后的 2 分钟之内就会赶到，速度之快堪比消防队员。他们拿着抹布、空盆、水盆过来，首先把餐桌上的杯、碟、碗、筷收到空盆里，然后在水盆里涮干净抹布，将桌子擦一遍，把桌上的水呀、油呀、剩菜呀全擦干净，再用干抹布快速擦一遍桌子，动作就像擦皮鞋时的抛光。经过这样的一番收拾，桌面又变得干净整洁。全套整理动作下来，只用时2～3分钟。从客人离开到全部收完，5分钟时间统统搞定，常常让正在大快朵颐的我们停下来，像看风景一样地看得入了迷。这是一支多么训练有素的队伍，有分工、有合作，任务明确，反应迅速，体现了“巴奴”管理的到位，5分钟的时间就可以再翻一台，时间就是金钱呀！

从管理的角度看，“巴奴”的这个专管清台的小队，一定有领导制订的具体细则：几分钟必须出现，工作的环节、步骤，想必也有明确的要求，所以大家才能如此快速、准确地完成。其实，工作中的每一项任务，我们都可以把它分解开来，这样可以更加具体地实施，保证每个细节都没有遗漏，相信一定会做得更好。

就像教务处一项再简单不过的“分卷子”，其中也是有学问道道儿的。每个学期都会有很多大大小小的测试，只要有测试，就得分卷子，怎么把这么多学科、班级的卷子又快又对地分好还真不是件轻松的活儿。就说怎么数卷子吧，有人喜欢一张一张地数，觉得这样准确；有人喜欢像银行点钞一样5张5张地数，觉得这样更快。这都是个人爱好，无所谓对错，只要自己能够熟练掌握即可。关键是要给分卷子这个活儿制定一个标准化的流程，不管是谁来干这项工作，只要他学会了这一套流程，就都能应对自如。我总结分卷子要有这么几个步骤：(1)核对好各班人数，这是保证准确的前提；(2)数清每班的卷子，方法自定；(3)在卷子的装订线内写上班级和人数；(4)把卷子卷起用密封条粘牢密封；(5)在密封条上写上学科和班级。五步即可。

分卷子是我们工作中一件很不起眼的小事，可是我们的工作都是由这一件件小事叠加起来的。如果每一件小事我们都有一套科学完善的制度，减少不同的人执行起来的偏差，那么我们的工作是不是就可以更准确、更高效呢？

作为行政管理人员，我们对一件细小事情的处理，可能就会关乎学校很多工作的落实和推进。责任重于泰山，只有把每一件小事做好，才能在自己平凡的岗位上成就辉煌的人生。

会计更“快”了

郝志强

“各位教工，2012 年 3 月份科研奖励已准备好，现予发放，请大家及时到会计室领取。”随着短信的编辑完成，我又认真核对了一遍，没有问题，选择即时发送。

我静静地坐在自己的办公椅上，几分钟后，会计室的门被轻轻推开，一下进来七八个同事，大家兴高采烈地开着玩笑。有的说：“小郝，又发钱了，这不才领过 2 月份的科研奖励吗？”有的说“小郝，我太喜欢收到你的短信了，一看就有好事，希望每天都能收到你的信息。”还有的说：“小郝，谢谢你的辛苦劳动，我正准备今天中午到银行取钱呢，真是及时雨呀，又省得我去银行排队了。”……我笑眯眯地对大家说：“大家不要慌、不要忙，排好队，一个一个来，很快都可以领到，请有课的老师先领。”

这时办公室的电话也响了起来，一看，分校的电话，我拿起电话：“喂，您好，哪位？”对方应答：“小郝，我晓梅，我们分校的钱如何领取？”我说：“大家有课，都比较忙，我明天上午出去办事，顺便拐到分校，送货上门。”“谢谢！”对方满意地挂了电话。

于是，紧张、有序的发放工作开始了。看着同事们一个个愉悦地分享着自己的劳动成果，七嘴八舌地开着玩笑，我不禁想起了原来的奖励发放模式。

原来我们学校也有各种各样的奖励措施，通过物质和精神奖励来促进我校各项工作的开展，比如通过发放札记奖、全勤奖、周六学习奖来鼓励大家主动学习、自觉总结学习心得，在工作和学习中不断提高自身素养。制度、办法都很到位，但是效果却不明显，甚至起不到奖优罚劣的效果。经学校领导和管理部门的同志认真反思与总结，发现很重要的原因在于奖励与处罚不及时，好多奖励都能间隔一个学期，在一定程度上挫伤了大家的积极性。

当学校领导班子认识到问题的根源和问题的严重性时，便雷厉风行地解决了这个问题。首先，协调资金，积极与区财政局领导和区领导沟通，争取领导的理解与支持；其次，完善制度，具体规定了各部门考核结果的上报时间，加强了各业务部门之间的协调与合作；第三，加大对后勤服务部门的队伍建设，增强了大家的服务意识，提高了服务能力。

其实，办任何事情，工作也好，学习也罢，大家认识到位，措施到位，再加上领导的支持，不就更快、更好了吗？

联络员——小崔

崔艳丽

我是学校办公室的崔艳丽，但那次接待任务之后大家都叫我“联络员”。故事还得从头说起。

2012年5月18日，由北京师范大学博士生导师、教育家书院副院长郭华教授率领的专家团莅临我校指导工作。作为学校行政管理团队的一名服务者，此次活动中我担任的是联络员任务。首先我要做的就是要对每一位来宾到达安阳的时间与离开安阳的时间做到心中有数、准确无误。专家们来自全国不同地区，乘坐的交通工具不一样，有的需要去机场接，有的需要去火车站接；离开的时间也不同，稍有疏忽，就会怠慢客人，影响学校形象。

于是，我和马丽娜校长在一起又核实了专家们的往返时间后，精心制作了一份《接待北师大教育家书院接站送站安排表》，将时间、来宾姓名、交通方式、接站时间、送站时间、接站人、送站人等一一列表详记，给负责接站送站的老师人手一份，他们也能一目了然了。由于我对教育家书院的部分研究员是只闻其大名，没有见过真人，于是又从网上查阅资料，把来宾们的照片和相关资料都打印出来，分发给接站老师和有关人员，让大家对来宾有所认识和了解。来宾们乘坐的飞机、列车晚点等其他因素，作为联络员，是必须考虑的。我手里一直拿着接站安排表，来宾到达安阳前半点钟时，我会将拟好的一条短信发给他们：“×校长，您好！我是人民大道小学办公室的小崔。欢迎您即将踏上河南大地，路上辛苦了。火车×点准时到达吧？×老师在出站口迎接你们。(见接站牌：人民大道小学接站)。期待您的光临。”一个简短温馨的短信，既了解了来宾行程顺利与否、是否按时到站，方便我们及时调整和安排接站事项，更重要的体现了我们对来宾的热烈欢迎和尊敬。短信在互不相识的你我他手中传递，传递的是一份热情，传递的是一份关心。来宾们有的是第一次来到大道，有的可能仅此一次，我们要把最好的一面展现给每位来宾，每一个细节都不能忽视。郭华教授见到我拥抱着说：“你就是联络员小崔啊！谢谢你，你的短信让我们有了一种回家的感觉。”那一天，作为联络员的我，在学校、车站、宾馆中间，电话不知打了多少个，路也不知跑了多少趟，但看到客人们都满意地踏上了返程的列车，我对自己说：再累也值得！

活动结束了，但“联络员——小崔”仍被大家叫着。作为一名行政管理人员，带着责任和情感去工作，不仅体现了行政管理人员个人的修养，更体现了团队的精气神儿。

二、教研组管理

张开双臂拥抱她

赵素梅

随着学校的迅速发展，这几年不断地融入新老师。这学期，从外校调入的A老师分到了我们组，她的年龄与教龄都与我相仿，对于我们参加工作有十几年的老师，正值精力旺盛、经验丰富的时期。我们组在教学上又注入了一股强大的力量，作为教研组长的我，心里想着就开心。

新学期报到的第一天，我早早地来到了办公室，遇见了A老师……

过了一个暑假，办公室的桌面、地面上都落了厚厚的一层灰。我想一会儿大家都来了，应该先打扫一下。我对她说："A老师，你今后负责办公室内外的窗台卫生。""他们都干什么?"她反问我。我先是一愣，随即解释道："他们每人都有自己负责的区域，比如地面、桌子、饮水机等。""哦。"她应了一声。一会儿同事们都来了，办公室内外很快就被打扫得干干净净。

下班的路上，那句话一直回荡在我的脑海中。她怎么会这么斤斤计较?看来不是一个好管理的人，我心中不快地想着。回到家里我道出了心中的烦恼，老公说："可能是她刚来的原因，别介意了。"看似安慰的一句话却提醒了我。经过认真反思，感到自己忽略了一个很重要的问题：一个初来的老师，新的环境会给她带来不安全感和陌生感，面对新的工作环境、人际关系是有压力的。不同的学校在工作方法和协作风格上是有差异的。是因为自己做事的方法有问题，在他人刚到学校还不熟悉的情况下，我就直言给她布置任务，可能显得有些唐突。如果今天自己先动手打扫，相信她也不会袖手旁观，等大家都来齐后，首先对A老师的主动打扫卫生表示感谢，然后再进行分工，这样会减少不必要的误会。

开学初，主抓数学的姚主任给我们教研组长开会说："作为组长，要多关注组内的老师，尤其是新来的老师，多听听他们的课，尽快了解他们，帮助他们树立主体性教育思想，有啥问题多给予指导。"有了上次的教训，在今后的工作中我考虑问题更周到了。我可不能冒昧地去做，得想好了才能让老师心情愉悦地接受听课。如果我直接说学校让我听你的课，她一定会很紧张，会产生自己的工作能力不被信任的感觉。如果说是我自己要听她的课，又担心她会多虑我对她的教学不放心，会有种被孤立感，这样做恐怕会物极必反产生隔阂，不如来个角色转换，主动邀请她来听我的课。

“A 老师，听说您的专业能力可强了，啥时候有时间去听听我的课，给我提提建议。”“我的水平不行，对主体性教育了解得少，还要向你们多学习呢！”她谦虚地说。“那就让我们共同学习，一起提高。”“好哇！”她兴奋地说。

于是她高兴地走进了我的课堂，课后她直夸我们班的学生积极主动，老师引导到位。可我却主动反思，“某某知识点没有重敲”“我的话还是有些多，某题应该让学生上前去讲”“某个问题前应让学生先在组内讨论一下，这样学生的思考会更充分……”。我这样做，展现给她的是人民大道小学的老师是敢于自我剖析、善于反思的；是上课不评优劣、只重研究改进的；是不怕摔碗的、只怕不改的，逐步消除了她怕课上出现问题会丢面子的想法。

这样连续几次的听课与交流后，有一天，她主动对我说：“赵老师，您来听听我的课吧！”可以听出她是真诚的邀请。“好！”我迫不及待地答应着。此时，我已经感觉到我们彼此的感情已经非常融洽，更重要的是主体性教育思想已潜移默化地在影响着她的工作。

现在我明白了，作为一名教研组长，开展工作时不能只想着完成任务，还要讲求方式，不仅要使对方接受任务，还要更多地考虑他人的感受。尤其是新加入团队的老师，工作本身的变动已经对他原有的工作习惯带来了很大的挑战，还要面临着对新的工作的重新认知和定位，不可避免会遇到各种各样的困难，如果没有及时的沟通，困惑、焦虑、无助的情绪就会不断积累，最终使她丧失信心。我们只有张开双臂用自己的智慧和行动去拥抱她，她才会尽快适应新环境，融入新团队，并且不断成长。

要吃还是“家常菜”

温玉玲

送走我从教生涯的第一个毕业班之后来到了四年级，我想，我是幸运的。这是一个充满朝气与活力、有着梦想与追求的团队，组里的老师老中青搭配，大家在一起相互协作，其乐融融，就像一个大家庭。

在以后的工作中，我慢慢发现班际之间的发展还是不太均衡。一方面，年轻教师有热情，有干劲儿，善学习，有想法，但成长毕竟需要一个过程。如何使年轻教师弥补经验的不足，尽快地成长？这也是一个团队始终保持新鲜活力的重要保障。另一方面，“经验”有时也是一把双刃剑，它是教育之路上重要的一笔财富，但习惯的力量也是巨大的，有时它产生的惯性会阻碍一个人新鲜的想法，使人产生惰性。如何让有经验的老师始终保持创新活力，在不断与大家分享好经验的同时也乐于接受新的挑战呢？

我想，除了依靠教研组长的引领，还要动员大家的力量。组里每一位成员都是一座富矿，没有哪一位教师不愿意把自己的工作做好，只是每一个人的优势不同，在处理教育教学方面的问题时方式、方法不同。班级授课制，有时会让老师走入“闭门造车”的死胡同。教研组长的工作除了在理念上引领，关键还在于调动大家的积极性，将每一位教师的优势充分发挥出来，让每一个人的优点在年级组闪光，变成大家的优势，这样的资源共享才能真正使教师们在合作、交流的过程中体会到自己在团队中的价值。追求年级均衡性发展，不是“削足适履”，而是让所有人都能发挥自己的潜质，共同提高。

教研组的教学研究绝不仅限于每周的集体备课，常态化的研究还要放在日常工作中，让教学研究常态化、动态化，形成一种宽松、民主、自由的交流分享氛围。

第二学期，在对年级组工作熟悉的基础上，发现年级学生的书写还不尽如人意。有的班级整体书写整洁、漂亮，有功底，有的班级欠佳。书写是孩子语文基本功中的重要一项，也反映出学生整体的学习态度。但作为小学老师，并没有系统地学习过硬笔书写的指导方法，大多是凭自己的经验指导学生。我发现，组里的牛艳丽老师指导学生写字有方法，她们班的孩子整体书写质量高。于是，一开学，我就邀请牛老师为大家上一节20分钟的写字课。开始，牛老师面露难色说：“写字课没有什么精彩的形式，都是家常课。再说我也没有什么特别的教学方法，还是算了吧。”“别，老牛(大家习惯这样称呼我们组这位美女加才女)。要吃还是家常菜。你认为的随堂课，恰恰就是大家需要的。我们做课不是为了做给谁看，就是想实实在在解决教学中真实存在的问题。不要有任何顾虑，就是出现不满意的地方也很正常，不要把它当作展示课。开口即贡献，行动即才干。‘才女儿’，如何?”没有了顾虑，老牛爽快地答应了。

以往听课，要提前安排好老师的座位，学生也要提前做好展示的准备。而那天，一切回归常态。写字课的铃声打响后，组里每一位老师选择一个小组参与到孩子们的学习中去，牛老师也很自然地跟孩子交流、指导。20 分钟的时间很快，一切都那样舒服。听完课，大家聚到办公室七嘴八舌地讨论，从这节课中吸取到了很多有营养的东西。有的说："老牛分类进行指导字形的方法非常高效，我回去也要试一试。"有的说："我看到小组学生在互相提醒字形时，很有序。老牛，给大家说说你是怎样给组员分工的?"也有的从字形指导上受到启发……可以说，这种开放课堂给了大家很好的启示。

老牛的课为大家带了一个好头，再往后，办公室慢慢形成了一种很和谐的氛围：谁有了好做法都愿意与大家分享，谁有了困惑也愿意抛出来；年轻老师还主动上邀请课，有经验的老师也互相结对子听诊断课；互相推荐有益的书籍，也已成了办公室文化的一部分……

作为教研组长，这件事也同样带给我思考：教研组长既是一个组的引领者，也是大家的服务者。开放的课堂研究，要有开放的教研氛围和开放的心态。解除大家工作中的思想顾虑，创设民主、宽松的教研氛围，就是在培植肥沃的土壤。

课堂教学是我们生活的一部分，回归课堂生活本身，"精品菜"必不可少，"家常菜"也是我们所需要的。

示弱的力量

王艳艳

作为一名新被任命的教研组长，对管理工作是否胜任，我心里真的很没底。但是有一点是我很明确的，那就是一定要带领老师们在教学研究上做出成效，让我们的英语课有新的面貌，让学生都能喜欢英语课。

正人先正己，做事先做人。要想带领老师们共同进步，首先自己要有研究意识，必须以身作则，要事事为先，严格要求自己，做到"己所不欲，勿施于人"。

学生的英语阅读能力很差，他们没有合适的读物，因为市面上能买到的英语读物对他们来说很难，但是仅靠背课文、背单词是学不好英语的，也会扼杀学生的学习兴趣，因此，我产生了让孩子们自己做英语读物的想法。如果每学习一课，让孩子根据课文的句子进行改编，变成另外的小故事，他们一定会感兴趣，而且难度也不大。我想自己先带头做一期试试，如果效果好再和组里人共同做。

于是，学习了第一单元后，我在自己的班级里布置了任务，请你把我们学过的句型或课文进行改编，人物不限，要求有句子，有图画，就像一本书一样，看谁做得最有创意。第二天，学生交上来的作业真是五花八门，我把一些比较好的摆在办公桌上。“这是什么呀？让我看看。”组里的老师非常好奇，纷纷翻看。趁热打铁，我就把我的想法告诉了他们，他们觉得这创意挺好的，也同意在自己班里去做。第二天，更多的孩子往办公室跑，交作品的那份热情让老师们简直意想不到，看来写书是孩子们很乐意参与的事。

我翻看着这些孩子们的作品，禁不住发出阵阵赞叹。“你们班孩子做的书真是太好了，你看这份，绘画多么逼真，一定下了不少工夫。这份的设计也很精心，你们班的作品比我们班做得都精致，你怎么做到的？”“那是，这孩子绘画是特长，学习虽然不怎么好，但是真挺用心的，其实我就是给他们看了你们班几份做好的书，又说了要求，但是我和你说的要求不同，我是这样说的……”另一个老师班里的作品内容非常跳跃，我们班的作品几乎雷同，但是他们的却非常丰富，我佩服不已，连忙请教：“你是怎么做到让他们写的内容都不相同，各有创意的？”“做书的内容我没有要求他们那么具体，只告诉了他们书的规格大小，给他们只看了很少的范例，我觉得看得越多越会束缚他们的想象……”

就这样，我把一个人的想法变成了更多人的想法，一个人的做法变成了更多人的做法，我们组的英语绘本就这样产生了。我这个处处示弱的人总能得到他们善意的建议和提醒：“咱们这些书做出来了，是不是应该发挥更大的作用，让孩子们也在班里传阅一下？”“你说得太对了。那咱们怎么样能把这个传阅渲染得更热烈一些，让每个学生都乐意参加？”“我们可以在每节课前叫几个孩子推荐自己的书。”“我觉得我们可以让孩子在书后面签名，最后谁是读书最多的人，谁的书最受欢迎，都可以给他们发奖。”“我觉得还可以……”

虽然老师们比我做得好，比我更有创意，但是我很高兴，因为在共同编写绘本书的过程中，我不是一个人单打独斗，而是吸引了大家的力量和智慧。虽然我的能力不强，但是我可以把能力强的老师们聚在一起，为了一件共同的事情，大家都能发挥自己的创意把它做得更好，这是让我最高兴的事。

可怕的“安静”

范琳琳

做老师这么多年，我最担心的就是课堂上的“安静”。学生们都不动也不吭，像木头一样听着老师们喋喋不休地说，这是最可怕的。所以，我在教学中最主要的就是培养学生思维的活跃，语言表达的畅快。如今我是一名教研组长，可是没想到在课堂上担心的事情却在老师中发生了。每当组里的老师聚在一起讨论或者交流的时候，大家都保持沉默，这种沉默让人很压抑。作为教研组长的我也很恼火，于是不得不采取轮流发言的办法，这样虽然大家都发言了，可是总让人感觉发言的人很不自然，发言的内容也是那么苍白。老师们在课堂上都可以滔滔不绝，为什么大家交流时会这样呢？

通过了解我发现造成这种局面的大致有两个原因：(1)刚到一个新的团队，彼此还不了解，不想贸然发言；(2)不知道自己该说什么。了解了大家的心声，我想到了平时我们管理学生的方法，想让学生发言，首先得给他信心，让他认为自己真的很了不起，确实在某一方面比其他人强。曾经我给自己定的目标是每天至少发现并表扬一个学生，让他充满自信，那么大人其实同样需要得到表扬，得到认可。

于是，从那以后，我准备了一个亮点记录本，每天将自己发现的老师们工作中的好方法或小妙招记录下来，开会或集体备课的时候，不经意地表扬老师们的做法。“二班学生的字体之所以写得好，不仅是因为东霞老师本人的字体漂亮，最主要的是杨老师把学生第一次在语文书上书写的字都改了，将学生的错字和错误字形及时纠正了，这样学生书写的字体不仅正确而且漂亮，杨老师快把你的教写字的妙招教教大家吧。”“最近啊，七班在背成语小儿歌呢，那些儿歌可有意思了，快让李艳霞老师给大家说说他们背的内容吧。”“六班的学生可爱劳动了，每天早上都能看到六班的值日生打扫卫生的身影，张老师你给大家讲讲你是怎么训练小值日生的。”……虽然老师们都很吃惊我是怎么知道他们的这些做法的，可是我发现，老师们的发言状态变了，变得眉飞色舞，变得自信起来。

从那以后，我的亮点记录本上变得亮点更多、更亮了。对了，我们还总结出了我们的“年级之最”：“写字大王”杨东霞，“最美老师”李贝，“金点子”

刘敏，“活词典”周红艳，“洁净大使”张彦，“美术大师”李艳霞，“才华横溢”赵慧萍。大家的积极性被充分调动起来了，他们在这个团队中找到了自己的价值。大家彼此学习借鉴，互相交流沟通，在交流中产生智慧，在沟通中将工作逐渐完善。

当大家知道了我的亮点记录本后，他们也送给我一个别称：“富有的黄世仁”。是啊，作为教研组长的我平时总是追着他们收各种学习资料，可是从他们身上我学到了很多很多。一个人的力量是有限的，只有大家聚在一起进行思想的碰撞，才能生成团队的智慧，才能助推团队的发展。

当好“领头雁”

陈　萍

前段时间，在风景秀丽的万仙山拓展训练基地，我们全校老师汇聚到了一起，进行为期两天的团队拓展训练。老师们被分成了四个组，组里的每个成员都要参与完成规定的训练项目。其中“穿越生死网”的团队合作项目至今让我记忆犹新。教练把我们组带到一个空旷的山坡上，平地中间有两棵距离不超过 4 米的树。在两棵树之间有用绳子织起的网，有大小形状都不规则的十九个洞口，假想为有高压的网丝。在规定的时间内，队员要互相配合在不碰触到网子的情况下全部穿过去，并且穿过的洞口不能再过人，而碰到“高压网”就表示任务失败，需要重新再来。在接到任务后，我们并没有急于通过，队长和队员充分发挥大家的智慧，广纳建议，制定穿越计划，男老师身强体壮，负责抬人，女老师则根据自身特点协调从哪个洞中穿过。经过一番周密的安排，大家共同协商协作，把每个人或抬着或扛着安全送过网洞。每次的成功换来的是大家的欢呼雀跃，最后所有的队员都顺利穿过了“生死网”。游戏结束后，当我们静下心来，反思我们成功的秘诀时，我们大家一致认为整个游戏凸显的就是团队合作，无论多么好过的洞口一个人是不能保障通过的，而大家认为很难过的洞，在大家的合作下也都顺利通过了，可见团队的作用是很大的，一些看似无法做到的事情，在合作好的队伍中都是可以完成的。

由游戏联想到群雁飞翔，雁阵齐飞。雁群以“V”字或“一”字排开，用阵型的变换去搏击气流，削减阻力。与群雁飞翔一样，学校的教研组就是一个

"雁阵"。就应该是这样一个团体。教研组是学校最基本的教与研的合作团队，是教师快速成长的摇篮。它应该是一个团结的集体，是一个让所有成员有所收获的集体。

开学初，为了提高教研组的凝聚力，彰显每个老师在团队中的重要性。我们对组里的老师进行了分工，每个人都承担了相应的职务。每个月的札记我们都交到制定的老师处，出去看望病人时，也有老师负责购买礼品等。组内的各项工作在老师的共同协作下有条不紊地进行着。

12 月初，年级要举行"书香少年"演讲比赛。筹备阶段，我先把活动中老师要负责的项目进行了细致的分工，但是没有指定哪个老师负责哪一项。集体备课时，我把要负责的项目告诉了组内的老师，让大家根据自己的特点进行认领。一时之间，大家开始踊跃报名，年轻老师紧跟时代潮流，自告奋勇负责活动音乐的搜集，生性腼腆，但字体一流的中年老师负责书写奖状，平时喜欢演讲，爱好朗诵的老师主动请缨，担任训练主持人的工作，而两位年长的老教师则主动承担了准备抽号箱的工作。于是，所有的项目在很短的时间内就分好了工。大家也觉得在这一过程中每个人都得到了尊重，每个人都是重要的，是缺一不可的。12 月 14 日活动如期举行，分上午和下午两场进行。老师也被分为了两组，活动进行中大家各司其职，各个环节有条不紊地进行。那天虽然报告厅外下起了今年的第一场大雪，但报告厅里却温暖如春，掌声和欢呼声此起彼伏。也就在那一刻，我们每个老师都体会到了自己在这个团队中的重要性，也理解了团队合作所发挥出的巨大力量。

但是，身为教研组长，全组的领头雁，对待学校的工作一定要讲原则，听取组内老师意见的同时，要与学校的要求保持一致。对于出现的意见分歧，要想方设法地做工作，做好"和事佬"，化解老师的不愉快，让老师愉快地投入到自己的工作中去。同时，自己要做好引领工作，做在前、想在前，让老师能心服口服，才能有效引领。其次，要随时接受领导的指导，以便在研究方向、重点、疑问等重大转折点中及时得到领导的帮助和支持。

我想要当好教研组长，就要把心态放平，真诚地帮助组里每一位老师，踏踏实实地做好计划中的每一件事，勤于反思和学习。我相信，自己一定能胜任这一职务，当好教研组的领头雁。

借智慧

张　敏

个人力量渺小，能人智慧精巧，集体力量强大。作为新教研组长的我，为了团队的发展经常向别人借智慧。智慧共享，发展你我，成为我们的行动准则。

智慧接力棒

在学校最流行的一句话是：没有完美的个人，只有优秀的团队；最温馨的一句话是：一个人的事就是大家的事，集体的事就是自己的事。

刚接一年级时，对教材不熟悉，学生陌生，担任了教研组长的我，心里十分忐忑，怎样理出一个清晰的工作思路，尽快适应新的工作？我找到刚教过一年级的数学组长贺小梅，向她说明了我的困惑，小梅爽快地说："没问题，这个忙我一定帮。"开学第二周的星期五下午，贺老师带着她的团队，进行了长达两个小时的传经送宝。我们每个人的本子上都记得密密麻麻，思路一下子清晰了许多。贺老师团队的倾囊相助，使我们的课堂教学、与家长交流都变得顺风顺水起来。这种"教研接力棒"活动受益快，颇为大家钟爱。

在教研组长工作交流会上，我把借智慧的做法与大家分享，恳请校长把"民间"交流变成"官方"要求。校长欣然应允，从此，"教研接力棒"成为开学初大家都期待的活动，各学科的上一个年级教师给下一个年级教师进行经验、教训交流，解析教材的难点、易错点，分析该年段学生的特点，介绍自己的经典做法。"接力棒"的传承，加强了教育教学的针对性，提高了教育教学的预见性，增强了教育教学实效性。

名师先行课

五年级时，教材上有些难点不好把握。我们组有数学名师杨爱珍，她教学经验很丰富，平时她的课总比我们快上几节，不好上的课她先上，我们去听，听课之后的再备课是立体的、鲜活的，比只分析教材、说教法的纸上谈兵似的备课，效果好、大家更喜欢。杨老师在大家不断的垂询中，发挥名师的引领作用，甘愿当好"领头羊"，更加积极地为大家上好先行课。

张琚英老师刚教过五年级，教材熟悉，学生难理解的题，她在原有经验的基础上，又思考出新的方法：小数除法的“代替法”、寻找中位数的“见缝插针”法、找次品的“分叉法”等等。她的每一个金点子，都得到大家的夸赞。

为组里的每一个人找到适合他的“一席之地”，发挥其所长，使每一个人在为大家服务的同时，也实现他自身的价值，双赢的事情何乐而不为呢？

集百家之长

“跳出教育看教育，跳出学科看学科”，才会使学科、教育有大境界、高品质的发展。前者，似乎不太容易；后者，我觉得可以试试。于是，我就带领大家开始了走穴般的听课，博百家之长，借众学科之智慧。

语文调研课活动开始了。语文课上学生是怎样进行学习的？小组合作学习怎样有序进行的？我们进驻语文课堂，带着问题的听课学习，使大家多了一双发现的眼睛、一对倾听的耳朵。听课后交流，大家茅塞顿开：“小组合作学习的顺序是这样”“预习中，我们应该改一改”“学生之间交流时应先这样说”……借智慧，快哉！

学生喜欢上英语课，英语教师定有高招。听后发现：英语课上，学唱英语歌曲、自编英语剧本表演，学生唱着、玩着，就学会了，更喜欢了。数学课怎样让学生学得有趣、积极主动？“先学后教，先做后讲，先练后讲”，先学了可以“哼唱了”，先做了可以“表演了”，先练了可以“显摆了”，自信与成功洋溢在小脸上，学生急着预约下一节课的发言，数学课也有了预约的精彩。

音乐课、科学课、思品课……集百家之长于一身，我们每个人也像长了隐形翅膀，能力大增。

俗话说：火车跑得快，全靠车头带。小小火车头的我，唯恐自己能量不足，常有“井蛙不敢讲海，夏虫不敢语冰”的感觉。向别人借智慧，不仅使团队共赢，也加快了自我成长的进步，还享受到团队的快乐与幸福。

三、班级管理

一个都不能少

王小红

9月份一开学，各个班主任就忙碌起来，准备参加一年一度的“红石榴”朗诵会。这是一次展示班级风采的好机会，也是搭建平台让孩子们在活动中成长的好时机，所以各班都紧锣密鼓地准备着，我班也不例外。

主题定好了，领诵选好了，道具准备好了，只要给孩子们排好队形，进行几次合练就行。可是，就像你无法把握住一颗流星的轨迹一样，你也无法控制住他——一切美好的设想被一个人打碎了，他就是俊俊。别的孩子的词都已经背得滚瓜烂熟，他却一句也说不出来；排队形时其他孩子都能安安静静等待，他却时而躺在地上，时而乱跑；好不容易排好队形，他又无论如何也安静不下来，搅得排练无法进行。好几个孩子看到我急得头直冒汗，说：“老师，别让俊俊参加了！要不我们肯定得不了奖！”帮忙的家长也说：“要是没有这个特殊的孩子，咱班的节目特棒！”

哪个班主任不想让自己带的班在比赛中表现出色、一鸣惊人啊？更何况孩子们为了这次活动付出了这么多，如果就因为一个孩子的特殊表现让他们的汗水付诸东流，以后的活动他们还会积极参加吗？怎么办？真的“抛弃”这个孩子吗？问题从孩子中来，开个班会，将问题“还给”他们吧。

周一班会课，孩子们正襟危坐，看着我在黑板上写下了大大的两个数字“56”“1”。大概他们从中明白了些什么，你看看我，我看看你，谁都不愿意第一个开口。

“老师，”终于有个孩子说话了，“能不能不让俊俊参加？他搅得大家都没法排练。”这个孩子的话音未落，教室里响起了一片附和声。等教室里安静下来，我问道：“那你们说，俊俊怎么办呢？”孩子们又开始七嘴八舌议论起来，有的说让他回家，有的说让老师看着他。我用红粉笔将“56”慢慢地圈起来，教室里顿时鸦雀无声了，是啊，他怎么说也是我们这个大家庭的一员呀，怎么能随随便便就不让他参加呢？

这时中队长细细的声音打破了沉默的局面："老师，我们让俊俊参加，不过能不能不让他站在队伍中？咱们班表演时不是有道具吗，要不让他来扮演小草小花吧？"

"对呀！咱们的表演更与众不同了，其他班肯定没想到这个。"一个孩子大声说。

大家脸上露出笑容，情不自禁地鼓起掌来。我用欣赏的目光望着这班孩子，转身用红粉笔又圈住了那个"1"："你们真棒！我们三(1)班是一个大集体，任何时候，我们都是一家人；任何时候，一个都不能少！"

"红石榴"朗诵会开始了！多么隆重的场面，多么精彩的表演！

轮到我们班表演时，一个特殊的场景吸引了大家的目光：花草丛中蹲着一个胖胖的男孩，他手中举着一束小花，等领诵根据安排"摘"走了那束花，他便摇摇晃晃退场了，场上响起了善意的笑声和掌声。参加朗诵的孩子拿出了百倍的精神，出色地完成了表演，不负众望，获得了特等奖。

捧着金灿灿的奖状，孩子们知道，"56"个孩子的共同付出，才有了这"1"份圆满的结果。

当孩子遭遇"爱情"

阮树芹

"老师，你快来看王月在肖文桌上写的字！"一个学生走进办公室拉着我就向教室跑。来到教室里，看到肖文的座位前围满了学生，有人捂着嘴哧哧地笑，边笑边指指点点地小声嘀咕："肖文喜欢袁园！""肖文喜欢袁园！"……一旁的王月气哼哼地、皱着眉不断地重复："就是，就是！"肖文满脸地不屑，一副好男不跟女斗的架势。

见我进来，嘈杂声停止了，目光全都聚焦在我身上。

我装作很随意的样子，说："肖文喜欢袁园，有什么稀奇，肖文还喜欢老师——我呢！对不对，肖文？"

"嗯，我喜欢老师！"肖文认可地点点头。

"袁园是女生！"王月不服气地争辩道。

"那我不是女的啊，我是男的？"我故意装糊涂，反问道。

学生们都笑了，气氛一下子融洽了许多。

“都回座位吧，以后别一惊一乍的，把我吓出心脏病来你们负责啊!”我故意捂着心口说。

学生们“轰”的一声全笑了，各自散开了；王月也抿着嘴笑了，随着同学们离开了。只剩下我和肖文，打量着站在我面前的肖文，我有些不认识他了。一年级新生报到时，他怯怯地拉着妈妈的衣角，躲在妈妈身后怎么也不肯向前来，我牵着他小小的手，俯下身，问他的名字，他仰起头，羞涩地说：“肖文。”

这一切仿佛就在昨天，一转眼就长成1米7的大小伙子了，我问：“袁园是谁?”

“我在体育队训练时认识的，(4)班的。”

“你喜欢她吗？为什么?”

“喜欢!”他毫不掩饰，“因为她对我好!”

“我对你好吗?”我问。

“好!”他不假思索地回答道，“不过——”他有些为难，嗫嚅地说：“那是不一样的好!”

肖文就是这样一个简单、单纯的孩子，虽然成绩并不出色，但他的率真一直是我所欣赏的。我想，那就利用他的率真来解决这个问题。

我把袁园叫来，他们俩站在我面前，袁园有些不好意思：“老师，我跟他没什么，都是同学乱说的，是吧，肖文?”

“不是，我就喜欢你!”肖文郑重其事地大声回答。

袁园的脸“刷”地一下红了，无奈地望着我。

听着肖文毫不掩饰的表白，我依旧微笑着，冲肖文说：“欣赏你的直率，这才是响当当的男子汉!”

转过身，我又无比羡慕地对袁园说：“袁园，你好了不起，肖文一向是很挑剔的，在我们班，他的心里只装着我！对吧，肖文?”

“对，我就喜欢老师!”肖文答道，神情十分严肃。

我依旧是笑容满面：“看看，现在你和我一样重要喽！我们俩肯定有很多共同之处，否则肖文不会喜欢你的!”

我冲袁园竖起大拇指：“怪不得肖文字写漂亮了，肯定是受你的影响。我一直让他好好写字，他都听不进去，还是你厉害!”袁园笑了。

肖文更高兴了：“老师夸你呢!”

“肖文这段时间数学不好，听说你的数学成绩在班里数一数二，向肖文传授一下学习方法嘛！”

“行，行！”袁园连声答应着。

肖文的脸笑成了一朵花：“还是老师好，不像我妈，袁园往我家打电话，妈妈竟然不叫我接。不叫电话里谈，我们就去见面谈，看她怎么办？”

“你除了袁园，还有其他朋友吗？”

“有，多着呢！”

“那别自私，老你俩聊天。一起玩，多热闹啊！”我很随意地说。

“行啊，我就愿意和同学在一起，人越多越好！”肖文眉飞色舞起来。

我暗自高兴。

“那星期天去我家吧，多叫几个同学，热闹！”

“好！好！我现在就去通知他们。”他扭身就跑，把袁园丢在了办公室。

我拍拍袁园的肩，重重地说：“好姑娘，你很优秀，不光肖文喜欢你，我们都喜欢你！”

袁园笑得更甜了……

曾经，爱情一直是学校教育中讳莫如深的话题。人们对于这个敏感话题总是尽量回避，对于这种美好感情总是尽力淡化。两千多年位居正统的儒教文化提倡“男女授受不亲”，传统的学校教育断然将这种感情“打入另册”；现实情况却是爱情泛滥，流行歌曲、影视作品……哪一种能不谈爱情？而且，人的成长无法回避这个话题。心理学研究表明，爱情的产生如瓜熟蒂落、水到渠成。让学生在一个到处都谈爱情的环境中来不谈爱情，那我们的教育就不是顺应学生心理生理发展的健康的教育；反之，主动地来和学生谈爱情，引导学生正确认识爱情，才会促进学生情感的和谐发展。

“我是班级小助教”

常艳玲

每个智慧的班主任，在班级管理方面都是八仙过海，各显神通。在班级管理中，我发现，在崇尚个性发展的今天，如何利用每个孩子的特长，将他们的潜能发挥出来格外重要。和这群小家伙们“斗智斗勇”的日子里，我们成立了“班级小助教”，通过让学生参与日常班级管理，不仅发挥了孩子们的潜能，而且让每个孩子的自主性在团队中得到了更好的发展。

在我们班，有星星助教团队(口号：像星星一样闪光)。三年级的时候，有一天上语文课前，我没来得及板书，临时叫一个平时写字很好的孩子书写生字词，没想到，那个孩子的粉笔字好得竟然出乎我的预料，我随口说："下次你还写吧。"等下次上语文课时我进教室一看，黑板上已经工工整整地写好本节课的生字词，好多孩子围在那个孩子身边，说："能不能也让我试试啊？老师，我也想当小老师！"看到孩子们的积极性，我茅塞顿开：何不组建一个助教团队？这样既可以锻炼孩子们的书写水平，也无形中培养了他们的综合能力。

助教团队组建起来了，团队的任务不仅是每天板书生字词，而且他们还负责定期给大家推荐好文章，向学校投简报，宣传我们的亲子讲堂、"我读书、我快乐"主题漫谈等班级特色活动。秘书团队的成员分工合作，他们互相鼓励，互相学习，很多孩子在参与班级管理中提高了管理自己的能力。

第二支助教团队是智慧主管团队(口号：智慧多多，成长多多)。我们学校向来重视小组合作，但是也因为T型座位分散、不方便管理而让老师头痛，怎样既能发挥小组合作优势，又能提高孩子们的自我管理能力成为亟待解决的问题。有一次在学校主管汇报工作时，我突发奇想，教师队伍中的主管能够把组里所有成员协调起来发挥每个成员的优势，班级里每个小组也是一个团队，何不也来选几个主管试试呢？于是我组建了班级的第二梯队——"主管团队"，并根据孩子们的能力大小，分为主管担当、组长担当、语文担当、数学担当、卫生担当等等。

小组主管的任务就是协调本组成员的学习、小组汇报、值日、活动等。主管上岗前，我为他们做了前期培训，使每个上岗的主管都知道自己的职责。同时，因为我们班的管理制度中有小组竞争和个人评比，主管团队中的各个担当们人人有任务，他们各负其责，在小组合作中齐心协力，为了一个共同的竞争目标而努力，忙得乐此不疲，家长也特别支持孩子们参与班级管理。孩子们在不同的担当中，体验着成功带来的快乐！

我们班第三支助教团队是快乐小天使团队(口号：帮助别人，快乐自己)。有一段时间，我发现班级卫生总不尽如人意，卫生部长干的时间长了，管理逐渐松散，像桌罩、桌椅、地面等关系到班级荣誉的小细节总是管理不到位。于是，我想到了成立快乐小天使团队。这个团队的建立更有意思，我平时习惯课下观察孩子们的活动，在观察中发现，一些孩子虽然看似调皮，但是在游戏中很遵守游戏规则，班里的卫生正需要这样的孩子来做卫生担当。

于是我非常隆重地在全班推出这几个卫生担当，并且神秘说："你们知道吗？常老师小时候就是卫生部长，管理全班的卫生，谁要是能做好咱班的卫生担当那会是最棒的！而且我们有个好听的名字叫'快乐小天使'，老师要每天和这些'快乐小天使'一起为大家搞好服务。""快乐小天使"的每一项任务都责任到人，有专门管地面卫生的，有管讲台桌卫生的，有负责给每天的值日生分配工作的，整个团队分工明确，责任到人。

各种助教小团队成立了，怎样更好地指导这些孩子开展工作呢？我列出了详细的计划，例如：每周一下午要召开主管会、快乐小天使会、秘书会。开会前让这些小干部分别介绍自己做得好的方面和不足的地方，我会把每个组的成绩适当地放大夸奖，还会一一指点他们怎么开展工作，例如：每个组要有评价，就会干得轻松一些，等他们已经能适应这份工作了，就开始开展竞争，看看哪个组最棒。

众所周知，班级管理制度必然存在管理和被管理的关系，而被动的奴役方式培养出来的学生缺乏创新精神和适应社会的能力。因此，我们提倡班级自主管理，自主管理就是把学生从被动地被人管理变为主动的自己管理自己，自己做自己的主人，做班级的主人，变"要我做"为"我要做"的新型管理模式，自主管理将为学生今后主动走向社会、适应竞争奠定坚实的基础。

我们班的三支助教小团队不但创造了班级自主管理的新模式，而且为孩子们搭建了自我展示的舞台，让他们的潜能最大限度地发展。孩子们在自主管理中体验着成功的喜悦，在各种担当中发挥着自己的能量。心有多大，舞台就有多大。这些班级管理中的精彩片段，折射出了他们小脑袋中的大智慧；每个孩子在这个成长过程中，都在努力成为"最佳的我"。

我去六年级展示了

李红霞

我是一个容易感动的人，总会轻易地被氛围所感动。

【镜头一】

那天，我站在六年级(8)班的窗户外面，看着讲台上那个稚气未脱的孩子正为全班同学深情地朗诵着李白的《梦游天姥吟留别》："海客谈瀛洲，烟涛微茫信难求；越人语天姥，云霞明灭或可睹……"听着那抑扬顿挫的朗诵，看着那充满自信的神情，我不由得被深深地感动了，情不自禁地为他鼓起掌来。

这个刚刚在六年级展示古诗词背诵的四年级孩子，正是我们班的古诗大王——秀秀同学。原来的秀秀可不是这样，说话总是吞吞吐吐，爱重复，有点结巴，不喜欢在别人面前展示自己，特别不自信。看到孩子这样，作为老师是看在眼里、急在心头，怎么让孩子找到自信？那就从秀秀最喜欢的古诗词开始吧。正好，学校"我爱古诗词"活动也在如火如荼地开展着。于是我们班的"漫步古诗苑，感受经典诗词"的活动便孕育而生了。

说做就做。首先我把全班同学按小组做了主题规划：送别诗探究、田园诗研究、李白诗集、月之诗、思乡诗等，然后请同学们以小组为单位讨论制定活动计划。讨论时要做好分工，如专人记录讨论结果，专人负责整理讨论意见，并形成完整的活动计划。

实践正式开始了，同学们有的搜集，有的查找，有的整理，个个忙得不亦乐乎。秀秀参加的是他最喜欢的李白专题诗集组，在这里，他可成了小专家了，李白的生平、李白的趣事、李白著名的诗篇，他都能讲得头头是道。渐渐的，我看到了秀秀的变化，他爱说爱笑了，爱表达了，背诵诗歌时竟然也不结巴了，还一度成为我们班周三"古诗大讲坛"的坛主呢！我真是看在眼里，喜在心头！

就这样，在我们师生的努力下，我们班的古诗文诵读正逐步走向深入。从那些朗朗上口的诗句中，同学们感受了李白的飘逸、杜甫的沉郁、孟浩然的清新、王安石的超拔、白居易的平易通俗。而古诗文诵读最大的受益者是学生，大量的诵读可以振奋精神、温润生命的诗文，将使学生受益终身。师生情感诵读，字字句句，抑扬顿挫，入情入境，令人陶醉。那一首首工整优美、寓意深刻的诗词，宛如一只短笛，吹奏出诱人的曲调，使人遐想，让人感叹，给人振奋，催人奋进。

【镜头二】

现在周三的晨会由学生自己主持，话题自己定。一次，我班"古诗词大王"秀秀要展示背诵李白的诗《梦游天姥吟留别》，这是一首七言古诗，是一首记梦诗，也是一首游仙诗，全诗414字。正好那天朱敏副校长巡查，发现了他的"小才艺"，立刻邀请他去六年级展示。像这样的展示以前还真没有，一个四年级的孩子到六年级展示，那得需要怎样的勇气，不是“关公面前耍大刀”吗？他不是在大哥哥大姐姐面前班门弄斧吗？同学们真为他捏了一把汗。

过了一会儿，只听窗外传来：“我去六年级展示了！我去六年级展示了！”从这高亢的声音中我们听出了秀秀有多开心。回来后他又向全班同学谈了自己的感受：“我来到六年级(8)班，看到那么多高年级的大哥哥、大姐姐在台下望着我，我还真有几分紧张，生怕朗诵时出差错，心里怦怦直跳。一旦开始朗诵，我便渐渐进入了诗歌的艺术境界，紧张的情绪也完全放松了下来……当我朗诵完这首长诗，六年级(8)班爆发出雷鸣般的掌声。一个大哥哥说：‘小弟弟，好厉害啊！我还不会背呢，我要向小弟弟学习。’另一个说：‘太震撼了，四年级的小弟弟都能背下来，更何况我们六年级呢，我要超过他’……”秀秀激动地向大家说着，眼里充满了亮光。

那个时刻，我坚信，在经典文化的熏陶下，每个孩子都会成为一个大写的人。中华经典诗文诵读活动，好似一根无形的教鞭，鞭策着我们教师在工作之余，勿忘“充电”“加油”。学生们朗朗的诵读声至今萦绕于耳，通过开展古诗文的诵读活动，不仅使中华民族的文化遗产得以广泛传播，而且使学生在这项活动中提高了诵读的兴趣，同时学生的综合素质也得到了提高。我们将在以后的教育教学工作中，继续深入地开展这项活动，让“古诗文”这一华夏精髓真正沁入每个孩子的心田。

“鸡毛”无小事

周　娟

一年一度的班主任工作交流会上，李霞副校长让大家互相谈谈自己一学期工作以来的困惑与苦恼，以便群策群力，进一步改进工作。一位老师谈出了自己的苦恼：每年“冬天到，跳跳跳”活动一开始，苦恼便来了。活动一开始，满校园的学生人手一个鸡毛毽的练习，大家只顾着兴高采烈地踢呀踢，鸡毛也随之舞啊舞，掉了一根两根的也在所不惜。这下可害苦了他们班的学生了，原来她班的清洁区正处在一个旮旯风口集中地，操场上掉落的鸡毛好像商量好似的，全被刮到了他们的管辖范围。每天的值日生那个“累”呀，大队部卫生委员检查，老师不厌其烦地督促上岗，可每周的班级各项考核，回回仍因为清洁区不干净而扣分。

今天，班主任倒出了自己的苦水，老师们深有同感，是呀，真够倒霉的，清洁区偏偏在那儿！听了这位老师的烦恼，我想到了自己和她一样的遭遇，踢毽子活动持续一个冬季的时间，与其这样“任劳任怨”，不如想个对策。

通过一段时间的观察，我有了发现：小小的鸡毛毽，构造很简单，几个铜铁片，中间一个橡皮小吸管，管内插大小不等、数量不一的彩色鸡毛。学生有时自己也会把几个鸡毛毽重新拆卸后再组装，尤其是女孩子爱漂亮，往往把不同颜色的鸡毛像插花一样摆弄，变成五颜六色的鸡毛毽，或者做成和别人不同的毽子以示区别，踢时给人以与众不同的美的享受。

不经意的，我被孩子们的创造所吸引，课间与她们一起欣赏不同的“杰作”，并拿来自己上脚一试。学生在一旁七嘴八舌地纷纷议论：这个毽子鸡毛太少，轻，不好踢，再加些鸡毛，重些有弹性，好踢！说者无意听者有心，我灵机一动！

晨会上，我就鸡毛毽怎么能够踢得多请学生说说妙招，你一言我一语，学生说到了点子上：要想踢得多，不光要多练，注意技巧，鸡毛毽也很关键，鸡毛的重量起到决定性的作用！学生谈到这儿，我知道教育的火候也到了，假装恍然大悟：“原来操场上飞舞的鸡毛是同学们踢毽子多少的关键呀！大家踢时可要格外珍惜自己的鸡毛呀，不过聪明的学生也会‘就地取材’，不捡白不捡嘛，一捡大便宜嘛！”全班学生哄堂大笑，互相神秘地诡笑。

功夫不负有心人！果真，一下课，学生满操场开始了捡鸡毛行动，那股热情劲真是空前高涨。课间，他们不仅在比赛踢毽子了，更是津津乐道地交流着自己的“捡拾收获”。一时间，整天让自己焦头烂额的一地鸡毛，终于有了好的去处，我可以高枕无忧了。

把这个小招数与在座的班主任老师交流后，大家乐不可支，都说这个方法好，没打击学生踢毽子的热情，又很好地解决了乱掉鸡毛的不卫生难题，可谓一箭双雕！呵呵，其实，细细想来，在我们的班主任管理中，类似的事情时有发生，当我们明令禁止一些行为时，往往适得其反。教育无小事，小小的鸡毛不就如我们的学生吗？只要我们能发现他的多彩，接受他并很好地给予创造的空间，惊喜就在其中。

教育，其实很美！

洋洋的快乐一天

周 景

他，叫“洋洋”。由于先天的原因，相对其他孩子来说他比较特殊。

记得一年级期末考试的时候，他竟然把卷子撕掉。监考老师问他为什么要撕卷子，他一脸迷茫的样子冲着老师直摇头。上课的时候他在教室里到处乱跑，根本没有上课的意识。有一次，我校开展“金钥匙”科技节活动，大家都在兴致勃勃地参观科技作品，我问他是否知道今天是什么节日，他竟然摇摇头说不知道。由于他身体的不协调，上下楼梯的时候还需要扶着栏杆一步一个台阶很吃力地走。他身上存在的各种现象、各种行为，包括他的名字，基本上在学校已经人人皆知了。一直以来，我绞尽脑汁，试着用很多种办法去改变这个孩子，结果都是微乎其微。我想，是否能通过一些活动使他从中得到锻炼，哪怕有一点进步，也是我心头上莫大的欣慰，但前提是必须找到适合他的活动。

正巧，全校将在今天举行大扫除，对于洋洋来说，正是一次好机会，我决定这次安排他和其他几个孩子一起来大扫除。虽然他在知识认知能力等方面可能不如其他的孩子，但是如果通过让他亲身体验大扫除这样的活动，或许他会有另一番收获。正如前苏联著名教育家苏霍姆林斯基说过：“只有当知识、科学、文化和孜孜不倦的活动的光辉照亮了个人点滴的禀赋、天才、爱好、才干的时候，后者才会闪耀出光彩来。”

这次大扫除活动，我从主动报名的家长中选了 7 名来打扫，加上孩子共 14 名，其中包括洋洋和他的爸爸。相信有了这些家长和孩子们的共同力量，足够完成这次的任务。我建议家长们只做本次大扫除活动的协调者、监督者，让孩子们发挥自己的聪明才干自主分工，之后在规定的时间内，高效地完成自己的任务。自己尽力但又无法完成的地方，或者较高、较危险的地方可以请父母帮忙打扫，如窗户、门头等。如果谁能在有限的时间内完成任务，并且打扫干净，可以得到一个小小的奖励。

大扫除正式开始了，孩子们个个精神十足。一个平时具有号召力的孩子主动承担起这次大扫除活动的核心组长的任务，并开始与其他孩子明确分工，并且还给洋洋安排了一个小任务——搬椅子，即把椅子放在不妨碍扫地的位置，等扫完后再放回原处。之后，大家便开始像完成一种“使命”一样努力地打扫着。看着孩子个个干劲十足，父母们脸上也露出了幸福的微笑，想到自己作为孩子的父母，更应该给孩子树起榜样的作用，于是家长们也拿出手中的工具，干得十分起劲，我也跟着大伙干了起来。

这时，我想到了洋洋，不知道他干得怎么样了。这次大扫除对于他来说，是第一次劳动，也是一次莫大的挑战。我的目光开始转移到洋洋的身上，刚开始他还在拿着扫帚挥舞着，看到小伙伴们都干得这么起劲，自己也很认真地投入到了自己的小任务之中。虽然他缺少了其他孩子的那种灵气，但可以看出他是一心要去做好的；虽然孩子在搬椅子的时候有些吃力，但还是在努力去做。此时的我感动于他的精神，我伸出大拇指并向他点头微笑。这一举动对于他来说胜过千言万语的说教，这其中包含的是我对洋洋的一种肯定，一种认可，更是一种信任。

转眼间，教室在最短的时间内，如约完成了打扫任务。一个宽敞明亮的教室展现在我们的眼前，包括教室的每一个角落都是干净的。我送给了孩子们每人一个小礼物，作为“劳动成果奖”。孩子们拿到用自己的劳动换来的“果实”，别提心里有多高兴了。“周老师，以后这种实践活动一定要让孩子们多参与呀。孩子们在家里都是很少干活的，今天就像您说的，放手让他们自己去做，其实他们也能干得那么好，我们做家长的也感到无比的欣慰呀!”一位家长激动地说。另一位家长也忍不住说：“以后班里有活动，需要我们家长参与或帮忙的您就尽管说，我们都会抽出自己的时间的。”大家你一言我一语尽情地畅谈着，此时的我心里只有感动和感谢。我想：活动的目的是什么？不就是增强班级的凝聚力，锻炼和发展孩子吗？通过这么一次平凡的大扫除活动，不也更加诠释和完善了我们的目的了吗？

和孩子、家长们一一告别后，我独自回到了教室，此刻的教室仿佛更加明亮与清透，墙壁上仿佛倒映着劳动后孩子们幸福的笑容，空气里仿佛弥漫着幸福的味道，久久回荡，散落在教室的每一个角落。

晚上，回到家中，我又习惯性地打开电脑，翻开校内博客，看看孩子和家长们的近期动态。正当我想写点什么的时候，一篇小日记浮现在我的视线里，是洋洋爸爸写的，刚刚发表的一篇今天大扫除卫生的博文，忍不住打开看了看，内容是这样的：

一次有意义的大扫除

今天周老师“特殊邀请”洋洋和我同几个热心家长一起大扫除，我们的心情格外地高兴。和孩子进班后，已经有家长在劳动了，同学们在扫地，家长们在擦窗户，看大家忙忙碌碌的，我赶紧拿起抹布擦桌子。洋洋看同学们都在干活，也掂起扫帚高兴地挥舞起来，看来这小家伙需要提醒，那是扫地的工具，不是让他玩的玩具。不过，有其他同学做榜样，他也规规矩矩地干起来。一会儿擦桌子，一会儿倒垃圾，小脸激动地通红。别的家长直夸他："洋洋，真棒呀。桌子擦得真干净！"孩子听了，干得更起劲了。我想：洋洋在这样的集体活动中又一次得到了锻炼。

人多力量大，不知不觉一个整洁干净的教室呈现在眼前。看着自己劳动的成果，家长和同学们心里都很高兴。周老师把同学们叫到一起，给他们铅笔和橡皮作为奖励，也是对他们劳动的回报。

回家的路上，洋洋拉着我的手对我说："爸爸，下次我们还一起来大扫除吧。"

2012.5.16

看到洋洋的进步，我真是打心眼里高兴和激动。

对于特殊的学生，更要给予他们特殊的爱，给他们更多参与班级活动的机会，才会使其潜能闪耀出光彩来。

从平凡的生活中，感悟其中的不平凡，才是生活的意义所在；从平凡的教育中，感悟其中的不平凡，才是教育的价值所在。

魅力"小标志"

陈姣姣

又一次接一年级新生班，并不陌生，但从其他年级的班主任、任课老师那儿屡屡听到："现在的孩子可不好哄，在家里得到的奖励、夸赞太多、太泛了，所以我们的小贴画都不放在眼里，就连奖品——什么尺子、橡皮、铅笔，没什么特色根本无法吸引他们，不服说，太'幸福'了！"心里还是难免会有些顾虑，因此打算要有备而战，更要以教育研究者的眼光去了解现今的教育对象。

"同学们好，今天的班会我们要向大家隆重地推出'岗位小标志'。"我边说边拿出早已准备好的一大张笑脸胸章。"哇真多，真漂亮啊！"在孩子们的赞叹声中，我提高音量："想得到它吗？""想——"很多孩子应声回答。"我知道大家都很爱班级，都很想为班级服务，是吗?”“是!”“(4)班是个大家庭，是我们共同的学习乐园，你可以为它做些什么呢?”话音刚落，一只只小手高高举起：“早上可以帮同学们开门。”“课间开窗通风。”“扫地。”“倒纸篓。”“开关饮水机”……“是啊，很多呢！你如果想负责哪一项小岗位，就要会倾听(这也是一年级语文组的小课题)，默默尝试去把这项工作做好，坚持三天便可以提出申请，合格后再工作七天佩戴岗位标志。如果有同学和你申请同样的岗位，那么能佩戴标志的一定是能力更强的那个。接下来想想你准备申请的岗位，再告诉同桌和小组的同学，说说你打算怎么争得标志……”

三天后，第一批小岗位负责人隆重登台并发表意见，虽然话语稚嫩，但我已经清楚地感受到孩子们“动起来了”。渐渐地，每个课间，甚至上午、下午一到校，班里的孩子都在发掘自己的小岗位，有的已经开始行动，教室里外的岗位负责人有序上岗，只需老师加以辅导。平日在家里饭来张口，坐享其成的小宝贝们开始完成力所能及的事，并享受付出的劳动带来的快感。

课上、课下孩子们的竞争更激烈了，不会倾听的，生怕被超越，使劲儿地听、认真地写，打架的也怕失去小岗位，逐渐成了活动中的文明之星。小标志的魅力可真大！我想因为正是它符合了孩子们的特点，指引了孩子们什么是具体地热爱集体，增强了孩子们的荣誉感、成就感，在他们心中渐渐树立起竞争意识，才会深受他们的喜欢，以至于不小心丢失了小标志，都会伤心不已；小标志被妈妈洗了，变色了，也会哭喊着与妈妈理论半天；更有趣的是怕丢了小标志不能再当岗位负责人，于是买来新标志——“咦，冬冬，你的小标志怎么和我们的不一样呢?”一个胸前佩戴三个小标志的孩子和另一个戴着“升级版”小标志的孩子在冬冬胸前看来看去。“我，我的原来那个丢了!”冬冬不好意思地低下头。“怎么这么不小心?”“我——我跑了一圈，和另外一个同学撞了，还，还丢了，以后，我再也不乱跑了!”“喂，你仔细看看，他戴的是个‘女’笑脸!”“啊？是‘笑脸妈妈’呀!”他们一左一右摇晃着这个瘦男孩冬冬，喊道：“笑脸妈妈，笑脸妈妈!”冬冬使劲儿用手护住这个冒牌笑脸，生怕再丢了呢！我赶紧上前，告诉冬冬：“我想你一定会保护好它的，再送给你一个新的。”说着，我拿出新标志给他换上，他眼含热泪，那眼神仿佛在说：“一定不会丢了，我要保护好它!”

任何一种奖励机制都应努力做到符合儿童的兴趣点，最大限度调动孩子们的积极性，才能确保其行之有效。

书香致静

张　丽

“张老师，高远把后门玻璃撞破了——”下午第一节课前的课间，我刚走到班级门口，几个学生便争先恐后地向我报告。“嘘——”我向他们示意不要慌乱，可是心里却七上八下起来。

经询问，我叫来了高远。“什么情况?”他摇摇头，既不解释，也不反驳。两年来，每次犯错，他都一言不发，就这么静静地站着，考验我的耐性。换作其他同学，我也许早就怒火中烧，可是对他我早已司空见惯了。

两年前，初次拿到学生名单，看到“高远”这两个字，我还想到“宁静致远”“志当存高远”之类，猜想这个学生应该很安静吧。没多久，我就发现他就像一颗小炸弹，随时会炸得班内鸡犬不宁。所有你能想到的你不能想到的，他通通做得出来。比如拿橡皮屑往同桌脸上撒，抽掉前面同学的课桌，走路时猛地朝前面同学肩上一趴，把同学的书藏起来……很多很多，不计其数。

我也尝试对他严厉一些。他总是犯错后乖如绵羊，一转身，又是下山猛虎。有时候我对他无计可施，因为他根本软硬不吃。我常常在想，怎样才能让他安静下来好好学习呢?

正当我百思不得其解时，一件小事让我找到了解开高远心锁的钥匙。一天中午我吃完饭后去班里，发现班里很嘈杂，再看看高远，他正专心致志地读课外书呢。我假装不看他，留意了他 20 分钟，他一直那么目不转睛。我突然明白为什么他上课时总会妙语连珠了。他看书的样子特别虔诚，纹丝不动。他的眼睛那么明亮，时不时嘴角还露出微笑，完全沉浸在书海里。我深深地感受到“兴趣是最好的老师。”这句素朴的话其实很深刻。

从那以后，我发现凡是与书相关的事，都少不了高远。学校的“小蜜蜂书市”上，高远是买书最多，推荐好书最多，最活跃的“小蜜蜂”。校刊、日报上，班里变成铅字最多的也是他——高远。书让他安静，让他专注，让他可爱，让他与众不同。

高远也许是个问题学生。当我们为这些问题学生发愁的时候，换个角度，换种思维审视。总有一条路通向孩子的心灵，总有一把钥匙能开启学生的心扉。要用兴趣去引领他们走向知识的殿堂，去规范他所有的行为习惯。现在当高远无所事事或者捣乱的时候，我会送上他喜欢看的课外书，让他在书香中浸润。每逢节日，我还会赠送他一本书。有了书，他就像变了一个人。

就让书香去慢慢浸染影响他吧。

第二章　教研之窗

每一步探索都是弥足珍贵的

人们认识一所学校，一般是从这所学校的教师开始；而认识一位教师，往往是从听这位教师所教的课开始。

学生喜欢上，质量有保障——这是我们认为最能够体现"主体教育"理念的好课标准。为了达到这个标准，我们的每一位教师都在思考着、探索着……

"主体教育"视野下开放性高效课堂研究，让课堂从封闭走向开放，从低效甚至无效走向高效。在这样的课堂上，孩子们不再是"会说话的工具"，而是有思想的"课堂的主人"。

读书分享、大道论坛、观影悟道、名师带徒……教师团队抱团发展，青年教师百炼成钢……

一个人可以走得更快，一群人却可以走得更远。

一、开放课堂

让课堂归于平静

朱　敏

本学期我听了100多节课，无论是各学科的轮流试教课，还是平日推门所听的“家常课”，都不乏精彩之处；特别是22届策略研讨会上的10节示范研讨课，可谓精彩纷呈。这些课上，教师激情澎湃，学生积极兴奋。欣喜之余，一丝担忧涌上心头，我们称赞的这些精彩课堂，似乎味道有些异样。

味道一：许多课上，学生没有自我学习，没有独立思考，直接进入小组讨论。众所周知，小组讨论是建立在自学基础之上的，小组讨论是解决个体不能解决的问题的。没有自我学习、自我思考的小组学习，讨论的问题，交流的话题，其实效性与价值究竟有多大？

味道二：许多课上，学生积极主动发言，无须举手站起来便可讲。于是，常有几个、十几个学生同时站立欲发言，来不及谦让则七嘴八舌都说，谦让者自觉坐下再等时机发言。学生此起彼伏地站立坐下，课堂上热闹得有些喧嚣。

味道三：课堂上(尤其语文课上)，学生毋庸思考，不需准备便可妙语连珠、语出惊人。怀揣疑问，课下询问学生才发现，其课本上批注得密密麻麻，有个别学生的语文书上已被批注得“密不透风”，还有个别学生的语文书上粘贴有各式批注纸条，但均为《教材全解》所言，也有从网上或其他媒体所获信息，很少有学生自己的感悟、认识或观点。

味道四：课堂上，教师提出一个问题，即刻指名来回答，不给学生思考时间；课堂上，教师的问题刚一提出，“唰”地一下小手林立，纷纷要求作答。试想，不用思考即可回答问题，不假思索便可对答如流，是否神奇得不可思议？倘若学生已达这样水平，这节课还有必要上吗？

味道五：每个班都有优秀学生，这类学生往往是课堂主角，甚至是课堂“明星”，他们确实能为课堂增色添彩，有时还会有“一石激起千层浪”“一语中的"之效果，然而我们的课堂是面向全体，还是面向精英？我们追求少数学生的"精彩展现"，还是每个学生的优质发展？

究竟什么是精彩课堂？"主体教育"的课堂应从师生两个维度来评价：

教师	学生
1. 教学目标符合该年段《课标》要求，教学设计科学、合理、有针对性。 2. 根据学生发展需要创造性地使用教材，智慧地利用课堂生成的学习资源。 3. 营造和谐、民主、活跃的课堂学习氛围，给学生提供更多思考、创造的时间和空间。 4. 欣赏每一位学生，尊重学生的独特体验，评价语言准确、丰富，具有引导性和激励性。 5. 注重学习策略的指导，能给予学生及时有效的帮助。 6. 注重学生差异，提供有层次的问题和活动。 7. 不断激发和引导学生的学习需要。 8. 组织不同形式的学习和交往活动。	1. 理解、掌握课堂学习内容，每位学生都有一定的收获，在学科素养方面都有不同程度的提高。 2. 积极主动、有效地参与到学习中去。 3. 能提出学习和研究的问题。 4. 针对学习问题，独立思考，自主探究，积极合作。 5. 能主动发表自己的见解，认真倾听、补充、完善他人发言。 6. 不满足于已有的答案或方法，勇于质疑，善于争辩。 7. 能总结或寻找到适合自己的学习方法。 8. 课堂学习中的体验是愉悦的。

这也是我们追求的理想课堂境界，但是，为什么我们的课堂又会"精彩"得变味呢？我以为，我们有些教师对"精彩课堂"，对"发展学生主体性"的理解有些偏颇：

A. 学生在课堂上不进行小组学习、不争先恐后地发言，就没有发展学生的主体性，课堂则不精彩；

B. 课前让学生充分准备、充分预习，课上只需交流、展示，这样的课堂才叫高效，才叫精彩；

C. 个别(少数)学生的语出惊人，既可代表全班最高水平，也即代表全班发展水平。

……

课堂精彩与否不仅要看外在表现形式，更要考量其内在实质。精彩不是热闹更不是喧嚣，精彩的课堂要看学生上课前后发生了多大变化。例如：朱鹏宇老师执教四年级音乐课《竖笛声声》，学生上课伊始，不知"竖笛"为何物，更不知如何吹奏。40分钟后，90%的学生能吹奏《竖笛曲》，而且吹奏的曲子优美动听，这就是精彩的课堂。

课堂精彩与否，还要看学生在课堂上是否真实地读、写、算、唱、画，是否提出自己的思考与问题，是否真实、自然地表达表现。

课堂精彩与否，还要看教师适时、恰当点拨指导得如何。

精彩的课堂学习是真切的，是生活化的，是自然而然的，抑或是平淡的。课堂学习生活不同于舞台话剧，预演过的、彩排后的课堂教学也许应该叫“课堂秀”，它华而不实，称不上精彩。

让课堂归于平静，是我们应该追求的精彩课堂。

我的写绘我做主

李艳霞

刚入学的孩子们似乎天生都是小画家。无数次看见学生们课间趴在桌子上着迷地涂画，也无数次收到学生们塞到我手中的涂画作品。当和孩子们一起端详他们的画作时，孩子们兴奋不已；如果询问他们的作品，他们就会变得滔滔不绝，哪怕是平日里话语不多、不善言谈的孩子

多次耳濡目染这样的情景，于是我的脑中有了一个这样的念头：能不能让看图写话练习融于孩子们自发的涂涂画画之中呢？

于是，我和组里的赵慧萍、范琳琳老师商议，共同设计了一张写绘纸，取名《我的作品我做主》。纸的左边留白让学生绘画用，右边是四线三格，让学生用学过的拼音写一句话来介绍作品。

这样的写绘纸一发到学生手中，他们很是欢迎，简直有些跃跃欲试了。学生们把它当成了绘画纸，在纸上快乐地信手涂鸦，然后在旁边很轻松有趣地写一句介绍画面的话。原来让学生为难甚至有些畏惧的写话练习，现在因为让学生们先画再写，一下子吸引了孩子们。写绘纸受到了学生的喜爱，学生书写的能力渐渐提高了。

一年级的第二学期，学生识字量增加，于是，一年级语文教师共同商议后将写绘纸作了调整。我们将四线三格改为田字格，又在绘画部分加入了评价栏。写绘纸的头上增加了日期、作者，题目更名为“我手绘我心”。这样，我们的写绘纸让学生练习写的部分变得日趋正规了，学生拿到新的写绘纸时也更加认真地对待了。开头记得空两格，写字时一笔一画，小标点也要占格……

写绘纸由原来的以画带写慢慢地变成了写写画画，学生们的兴趣越来越高。

一日，在办公室里，老师们相互看着各班学生的写绘作品，纷纷赞不绝口："应该把学生的作品展示出来，让学生们体验到被肯定、被欣赏的快乐！"于是赵慧萍老师当即决定：(1)完善写绘纸，让写绘纸更适合学生书写和展示；(2)选择优秀作品过塑，将学生作品布置在走廊两侧。

我们与印刷厂联系，将原本白色的写绘纸印成了淡淡的黄色、绿色和粉色。当我们崭新的写绘纸又一次亮相时，学生们双手捧着，小心地铺平，慢慢地边思考边写写画画……家长们也反馈信息说，孩子做写绘练习时选取生活中的趣事作为素材来写写画画，画自己觉得好玩的事，写自己想说的话，孩子很轻松，练习很主动。写绘纸真的是既锻炼孩子写话能力，又深受孩子喜欢啊！

还记得我在布置新版的写绘作品时，学生们围在我的身旁，他们兴奋地谈论、交流，被选中作品的学生那种自豪、愉悦之情更是溢于言表。"你看他画得多好！""这是我们班李沛璠的作品！""呀，快看施展的字写得多漂亮！""星期天，妈妈带我去公园玩耍了……"听，还有人读起了别人的文章呢。写绘作品的展览变成了学生们展示自我、交流学习的平台。

之后，我们一年级语文老师在实践中，又对写绘页不断改进与完善，让学生将自己的作品集结成册，变成自己的第一本书；每个学生挑选自己最棒的一篇文章，全班合起来成为班级写绘代表作；择优挑选合成写绘精品，让学生换班交流展示等。

写绘让学生在愉快的自主参与中练习了写话的能力，将被动的看图写话变得主动、生动。写绘纸的设计和使用，让我们欣喜地看到，当教师所做的事情适合学生的需求和发展，能吸引学生的兴趣时，我们的教育往往更容易取得事半功倍的效果。

温　暖

李　伟

七八岁的孩子，天真纯净得如一泓清泉，他们欢快流动的过程，就是体验人生、感悟自然的过程。这时候，有一丁点的风雨，都可能让这泓清泉泛起涟漪。二年级语文上册第六单元就是让孩子们学习用真情获得真情，用关爱赢得关爱的一组课文。其中23课《窗前的气球》表现了同学之间的友爱。

得了传染病的科利亚在医院是多么的寂寞无聊，“谁都不能来看他，他也不能出去。”他的同学们想出了特殊的问候方式，在气球上画张笑脸飞到科利亚病房的窗前，一个飘在窗前的红气球，对躺在病床上的科利亚来说，就是一声问候，一张笑脸，一连惊喜。红气球带来的是教室里的朗朗读书声，是操场上的奔跑和欢笑，透过这个红气球，科利亚的心飞到了窗外，飞到了伙伴们的身边。传染病房把科利亚和伙伴们隔开了，但它无法隔开孩子们的心。这窗前的红气球，使得科利亚的心离开了“真没意思”的病床生活，回到了小伙伴身边，科利亚“高兴地笑了”。

孩子们的友谊是多么真挚呀！同学们读着这篇课文都被这“窗前的气球”深深打动。课堂上我问孩子们：“窗前的气球代表着什么？”一个同学说：“代表同学们对他的问候。”（课文之中的句子）。“同学们会怎样问候科利亚呢？”有的说：“祝你快乐。”有的说：“你快点好起来吧！”还有的说：“我们很想你。”……我接着问：“这个气球仅仅代表同学对科利亚的问候吗？”“还有同学们对他的关心。”“有同学们对他的友谊。”“有同学们对他的想念”……我把孩子们说的这些词语都写到了黑板上，说：“是呀，一个小小的气球都包含了同学们那么多的情感。让我们再来读一读课题，读出这个气球里所包含的情感。”此时学生读出来的已经不仅仅是那个五个字“窗前的气球”，而是给这五个字注入了深深的情感。

课文讲完了，我问孩子们：“你们还有没有其他的问候科利亚的方法。”孩子们争先恐后地说开了：“我可以扎一只风筝，在上面写上祝福的话，把风筝放到科利亚的窗前。”（他的灵感来源于课文《纸船和风筝》）我笑笑说：“好主意，那我们可以把课题改成《窗前的风筝》了。”“我给科利亚做一个卡片，上面写上‘祝你早日康复’，交给护士阿姨，让阿姨送给科利亚”，另一个孩子接着说。纤纤迫不及待地说：“最简单的办法就是打电话，或者发短信。”“对，对，这个办法最方便。”大家随声附和。

此时我突然看到教室里一个空座位，那是凡凡的，她得了腮腺炎，已经一个星期没来上课了，这不正是个教育孩子们的好时机吗？我说：“是啊，科利亚得到了同学们的问候，高兴地笑了。我们班也有一个得传染病的小朋友，正期待大家的关心和问候呢！就让我们用这个最方便的方法捎去我们的问候吧！”从来没有在课堂上打过电话的我，掏出了手机，拨通了凡凡妈妈的手机，凡凡的妈妈说，她和凡凡的爸爸都要上班，把孩子自己锁在家里了，我又问了她家里的电话。教室里安静极了，电话刚响了一声，就听到了凡凡的声音。我简单问候了几句，全班同学大声喊起来："祝你早日康复!"我听出来了，凡凡的声音有点哽咽了，激动地说："谢谢大家!"

过了两天，凡凡来上学了，她把日记本交给了我，我看到了一篇名为《温暖》的日记，凡凡在日记中写道："……生病在家的我真无聊，当我听到电话铃声，马上跑过去接，我听到了李老师和同学们的声音，激动地哭了。更让我感动的是晚上我又接到好几个同学的电话，我感到了集体的温暖，真想赶紧回到学校，回到我们这个大家庭……"

一个问候电话，让孩子感到了班级的温暖；一个问候电话，增进了孩子们之间的友情；一个问候电话，让一个寂寞无聊的孩子得到了快乐；一个问候电话，让这个冬天不再寒冷！

"老师，那您就做太平洋吧!"

郭丽艳

真正的课堂，学生是学习的主人。为了更好地培养学生的主体性，在最近的课堂上我做了两点尝试：第一点尝试：鼓励孩子们课堂上大胆主动地发表自己的看法，想说不必举手就站起来说，但要关注到别人，不能呼啦一下都站起来，要学会谦让。"我想谈一下我的看法……""我给某某补充……""我想读一下……"这些课堂文明用语会有利于课堂良好氛围的营造。第二点尝试：三年级孩子在课堂上谈对课文的理解时总会遇到"茶壶里煮饺子——倒不出来"的状况，心里明白，但不知如何表达。于是我教给孩子们表达观点的三个好方法：(1)当无法用准确的语言表达自己的看法时，可以读一读相关的句子，例如："我从'……'这句话感受到了，我想读给大家听一听"。这也给一些胆小的孩子降低了发言的难度，打开了发言的渠道。(2)结合相关词句谈出自己的理解。(3)结合生活实际谈看法。几节课的引导下来，孩子们渐渐进入了状态，课上发言的孩子越来越多，越来越积极踊跃了。

这不，今天和孩子们一起学习了《陶罐和铁罐》这篇童话故事。本文讲的是国王御厨里的铁罐自恃坚硬，瞧不起陶罐。然而，埋在土里许多年后，陶罐出土成宝，铁罐却化为泥土。故事告诉人们，人都有长处和短处，要看到别人的长处，正视自己的短处，相互尊重对方特长、和睦共事。围绕"为什么说陶罐是谦虚，宽容的，铁罐是傲慢无礼的?”这一个问题孩子们积极展开了讨论，学得甚是投入。课末，我问孩子们：“学了这课你有什么收获?”孩子们纷纷发表自己的看法：

“我们要像陶罐那样做个谦虚、对人宽容的人。”

“我们应拿自己的短处与别人的长处比，取长补短；而不能拿自己的长处比别人的短处。”

“我们不能像铁罐那样故意去挑衅别人，就算有人挑衅你，你也不和他计较。”

琪琪补充道：“就像一颗小石子，扔进脸盆里，会溅出水花来；而扔进大海里，就不会溅出水花来。”

多棒的孩子啊！理解得是那么深刻，表达得又是那么清晰！我问孩子们：“大家明白琪琪说的是什么意思吗?

“我明白琪琪说的，我们都要去做大海，不要去做盆里的水，更不能做那颗小石子。”

“我们要像大海一样有宽广的胸怀。”

我调侃孩子们：“如果你们都做小石子变成了一座小山，扑通扔进我这宽广的大海里，那我这大海也会咆哮的呀!”

“老师，那您就做太平洋吧!”小蔚站起来，是那样恳切地望着我。我心中一震，竟不知应如何回答他。片刻，其他同学也热情附和道：“郭老师，那您就做太平洋吧!”

一天下来，我脑海里一直充盈着这句话，我能感受到孩子们是多么希望我们为他们提供一个宽松、自由、民主的生活环境啊！让他们可以随心所欲、自由地发表自己的言论，自由地游戏，自由地成长！没有那么多的条条框框去圈住他们，束缚住他们。可周围的教育环境呢？太多的不可以，都冠上了“为了孩子好”这个冠冕堂皇的理由，

作为老师，应从内心尊重每个孩子，创造平等和谐的师生关系，才能培养出全面发展的学生。让我们去做孩子心目中的“太平洋”吧!

“小数”表演剧

魏艳红

每当夜深人静，伏案备课时，课堂上的精彩花絮就会不断地涌现在脑海中，我沉浸其中，体会着做教师的幸福与自豪。可是今天，我实在轻松不起来，因为明天就要学习小数的数位顺序表，它是学生系统理解“小数意义”的关键，也是学习后面“小数的读写法”“小数的大小比较”及“小数点移动引起小数大小变化的规律”这些内容的重要基础，是整个单元的精髓，不能忽视，可是用什么样的形式才能让学生在理解的基础上熟记于心呢？我在苦苦思索着……

对，办法有了！上一节小数数位顺序表的表演课，让学生扮演其中的角色并作自我介绍，这样既让学生亲自参与了，又可以融入一些语文的元素进去，让这节课更加丰满有趣！主意已定，我信心十足。

第二天来了。

师：同学们，今天的第一课，我们已经认识了小数的数位顺序表，为了牢牢记住它，印象更深刻，这节我们来上一次有关“小数数位顺序”的表演课。（学生一听，来了精神，觉得新鲜刺激，都想跃跃欲试。）

经过精心的筹备，第一小组十人闪亮登场了。

生1：我是小数，我拥有整数部分、小数点和小数部分。（伸开双臂）

生2：我是小数里的整数部分，我拥有个位、十位、百位等等。（拍着肩膀）

生3：我是小数里的小数部分，我拥有十分位、百分位、千分位等等。（拍着肩膀）

生4：我是小数里的小数点，别看我小，没有我可不行。我是整数部分和小数部分的分界标志。（竖起大拇指）

生5：我是整数部分里的最低位（老小）——个位，计数单位是一。

生6：我是整数部分里的十位，计数单位是十。

生7：我是整数部分里的百位，计数单位是百，我们整数部分没有最高位。

生8：我是小数部分里的最高位（老大）——十分位，计数单位是十分之一。

生 9：我是小数部分里的百分位，计数单位是百分之一。

生 10：我是小数部分里的千分位，计数单位是千分之一。我们小数部分没有最低位。

第一组表演完了，真是出乎大家的意料，组织是那么条理有序，语言是那么完整，他们把小数数位顺序表里各个数位之间的关系表述得清晰准确，使平时难以理解的知识点变得通俗易懂，教学更加高效了。

第二组三人上场了。

生 1：我是整数部分。

生 2：我是小数部分。

生 3：小数点就是我。

（齐）：我们共同组成了小数。

生 1：我是整数部分，我不仅拥有个位、十位、百位，我向左还有很多数位。所以我没有最高位，只有最低位——个位。

生 2：我是小数部分，我除了拥有十分位、百分位、千分位外，我向右也还有很多数位。所以我没有最低位，只有最高位——十分位。

生 3：我是小数点，我最了不起，是整数部分与小数部分的分界标志。

……

我陶醉其中，欣赏着他们伟大的“杰作”！第二组的表演不仅吸取了第一组的优点，而且对他们的想法进行了整合，形式上更加简单化，更便于学生从整体上理解掌握小数数位顺序表。

的确，学生是一座资源丰富的宝藏，当我们用他们喜闻乐见的形式，多为他们搭建参与的平台，知识上的难点就会迎刃而解，我们的数学课也会变得更加生动、有趣、简单！

“就义”与“牺牲”

杨东霞

在带领学生做练习试卷时，遇到了“就义”一词，一个男同学举手说：“杨老师，我想问一下，‘就义’和‘牺牲’是不是一个意思？”

我略加思索，回答：“‘就义’和‘牺牲’都是指为了正义事业而献出自己的生命，意思是相同的。但也有不同的地方，‘就义’用在刑场上，‘牺牲’却是用在战场上。”

片刻过后，该生又举手，我再次请他发言，他若有所思地问道：“杨老师，刘胡兰遭敌人杀害的情景，能不能说‘英勇牺牲’了?”我随口答道：“当然可以!”他紧接着反问：“那么，你刚才说‘牺牲’是用在战场上，刘胡兰的壮举是发生在刑场上，不是也可以用‘牺牲’吗?”

我开始感到有点不能自圆其说了，于是谦和地问道：“那你有什么看法呢?”

这位同学一本正经地说：“您刚才的讲法不妥当，应该说‘就义’一词一般用在刑场上，而‘牺牲’一般用在战场上。”

我恍然大悟，连声说道：“对，对，说话不能过于绝对，你改得很好!”

这个“小插曲”给我留下了深刻的印象，也给我留下了许多思考。

我想到法国文学家阿纳托尔·法朗士(Anatole France)的话：“教学的全部艺术就是唤起年轻心灵天然好奇心的艺术，它的目的是为了让这种好奇心得到满足。”教师的责任正是要不断满足并提升学生的好奇与探索欲。

我感觉到，学生的主体地位、健全独立的人格以及平等和谐的师生关系，是培养学生创新精神的基本前提；而学习中能认真倾听、寻根究底，并敢于质疑权威的人是最富有创造力的人。

无疑，学生心目中的“权威”是自己的老师。这位学生敢于质疑老师，敢于纠正老师教学中的不足之处，实在难能可贵。从这件小事中，我欣喜地看到学生思想上闪烁的智慧与创造的火花。

“教室里切莫疾跑”(数学版)

方　敏

我们学校场地小，学生多。为了安全，学校费了不少心思：开通文明活动小广播，设置文明活动检查员……但这些“手段”对于爱玩、爱疯跑的孩子们来说，有点隔靴搔痒的感觉。

这两天恰逢学《面积》，当孩子们已经明白了面积的含义时，我们谈到了“教室里切莫疾跑”的话题。

课堂上我提了两个问题，让孩子们算一算。

(1)我们教室的面积有多大？

(2)平均每个学生可享用的面积有多大？

因为有以前估长度的经验，孩子们大致估出了教室的长是8米，宽是7米，很轻松就算出了面积是56平方米；而班里56人，平均每个学生可享用的面积是1平方米。

孩子们只是简单地算出了数据，也许并没有想些什么。

我问孩子们："每人可享用的面积约是1平方米，听到这个数据你想说什么？"

认识1平方米时，我给孩子们准备了一张1平方米的大纸，他们非常清楚地知道1平方米是多大一片地方。顿时，他们的思维被打开，话匣子关不住了。

"一平方米就老师那张大黄纸那么大，太小了吧。"

"1平方米，有4个人拉起手来围成一个正方形那么大，太小了，再加上还有桌椅占地方，活动的地方实在太小了。"

"还没起跑，就有可能撞上其他同学了，不是他伤，就是我伤，要么大家都伤。"……

在这你一言我一语的讨论中，"教室里切莫疾跑"由原来学校的、老师的硬性规定，变成了孩子们自发要求："那我们就约定：教室里切莫疾跑！"

交流让孩子们受到启发，他们的思维如脱缰的野马。

"校园里也不能疾跑。"

"小区里也不能疾跑。"

"公共场所都不能疾跑。"……

本来控制在"教室里"的话题自觉地延伸到了课外。尽管没有刻意布置作业，让孩子们课下去用数据研究"校园也不能疾跑""小区里也不能疾跑"的问题，但他们还是自觉行动起来了。

课间操一结束，(1)班有两个男生忘记了我们的约定，又玩起了追跑的游戏。班里原来最闹腾的元元，很安静地走到他俩跟前，用很严肃的口吻教训他们："老师让咱们用一节课的时间，又是算又是想，告诉我们不要疾跑，你们怎么还不懂啊？应该狠狠地罚一下你们！"瞧，这样的教育的确有效果啊！

第二天一早，又有孩子拿"小区里不能疾跑"说事。

“我们小区占地6公顷，去掉房子、绿地，可活动的场所只剩下2000平方米，小区里住着450户人家，大约1400多人，每人的活动场所仅1.4平方米，就这么大点的地方还被乱停乱放的车辆占去了不少，我们真的也不能疾跑。”

“我还对爸爸妈妈说，小区里开车一定要慢，小区里给汽车的空间也很小，开快了会撞到别人。”……

试想：当学校的文明礼仪教育，穿上了严谨的数据说明的外衣，枯燥的“说教”变得更具说服力了，理儿清楚了，孩子们的行动就更到位了；当数学知识一旦与五彩缤纷的生活挂上了钩，孩子们自觉地带着生活经验走进数学课堂，更会主动地带着数学知识走进生活，孩子们的发展就变成水到渠成的事了，这也就是我们追求的开放性教学的一种境界了。

课时不够用怎么办

赵素梅

记得刘可钦校长向我校数学老师征求新课标修改意见稿时，我们组的老师提出“单元课时不够用，实践活动没有时间进行”的困惑。由于教学时间紧，实践活动内容又不考试，不知不觉被老师们忽略掉了。

主体教育的课堂，真正把课堂还给了学生，课堂上学生自主学习、主动参与，学习积极性很高。可是一节课下来，总是完不成教学任务。这是摆在我们面前的一个比较棘手的问题，看来有限的教学时间和无限的教学内容总是一对不可调和的矛盾。

集体备课时我把这个问题抛出来，请大家一起来思考。心直口快的王老师说：“课堂又要开放，还想轻松完成教学任务，那是不可能的。”

“是呀！有时一节课只能探讨一道题，时间根本不够用。”李老师接着说出了困惑。

“其实知识点并不多，只是学生不会灵活运用，题目一变就不会了。”

大家七嘴八舌地谈着，辩论中似乎有了点眉目，可以肯定的是我们应该从整体入手，抓住教材中知识的生长点，做好知识前后的沟通联系，给学生提供一个系统的学习过程，这正切合系统论所说，系统整体大于它的各个组成部分的机械相加。

仔细看我们的教材，就会发现许多内容会分得特别细，它们分散在不同年级、不同层面。这样把知识掰得过碎，破坏了数学的整体性，使学生只见树木、不见森林。如果按照教材的编排顺序，一节课一个例题既不能满足孩子们的需求，也不合主体开放高效课堂的要求。经过慎重思考，我们尝试了教材整合，即根据学生的学习能力和知识间的联系，进行单元前后的调整或单元内部的合并，这样一来单元备课就显得尤为重要。实践证明，根据各个知识点间的联系进行有效的整合，可以提高课堂教学的有效性，发展学生学习数学的能力。

三年级下册正在学习小数初步认识，其中包括小数的意义、读写、比大小和小数简单的加减法。到四年级下册还有小数的加减法，不同之处是三年级只学习一位小数的加减，四年级学习两位小数加减和整数、一位小数与两位小数之间的加减，是在学习了小数的性质之后进行，难点是在小数末尾填零后再进行运算。时隔一年，孩子们对小数的认识已经淡忘，到四年级还要重新拾起这方面的知识。

在教学中满足学生学习的需要，也是我们要进行整合的原因。当孩子预习了一位小数加减之后，在整数加减法的基础上学习就非常轻松。孩子们就提出了心中的疑问，“老师：如果是 3－1.2 怎么算?”这时有的孩子大胆地进行了猜想，“就把它想成 30 减 12”，“那你们是把他们想成了 30 和 12 个什么啦?”“十分之一。”“对!”此时我们可以引导孩子们把 3 写成 3.0，因为孩子们有生活经验，知道 3.5 元与 3.50 元大小相等，不用非得告诉学生这是小数的性质才能进行学习，我们感到教学在满足孩子的需求时是最高效的。

在三年级上册第六单元是“多位数乘一位数”，共有 7 个例题，按照不进位、进位、连续进位、积是两位数、积是三位数、因数中间有 0、末尾有 0 多种情况来划分。如果一节课讲一个例题，按类型分得那么细，对孩子的学习来说是不利的，无形中给孩子增加了许多负担，而且不便于发现规律和总结算法。表面看起来每个例题都有自己的知识重点，其实算理和算法都是一样的。

在认真思考后我尝试了调换顺序、内容整合的方法进行本单元的教学，在学习口算的第一课时，我把例五中 0 乘任何数都得 0 的乘法与口算和估算三个内容安排在了一起，本来需要三节课的内容在一节课完成。接下来的笔算中，我把前四个例题放到一起进行学习。这样老师便于发现问题，并及时指导。我们不但保证了教学质量，还大大节省了课时。

在教学中这样的例子还有很多，做这样的整合和调动，都基于对教材的分析和学生认知的需要。事实证明，这样做不仅没有增加孩子的负担，反而提高了孩子的学习兴趣与效率，我们何乐而不为呢？以前，我们一个学期下来新课讲完都感到很紧张，单元课时少不够用，实践活动的内容没时间进行；现在教材整合后能省下不少时间，我们可以给孩子们充分的时间开展数学实践活动，让他们在活动中感受学习数学的价值。

对教材进行较为合理的整合，挖掘教材内在的隐性联系，使教材结构有效地转化为教学结构，由此进一步形成符合学生认知规律的知识网络结构，成为我们教师研究的重要内容。作为数学老师，在教学中要善于把“合并同类项”这个解题方法转化为一种做事的方法，内化成一种思想，从而提高教学的有效性。“单元课时不够用，实践活动没有时间进行”这一问题也得到了彻底的解决。

快乐的 English

杨　波

“我家有 orange，apple and banana，我可以拿这些水果。”

“我给大家提供一些漂亮的水果，火龙果和山竹，这可是很好吃很好吃的哦。”

“瞧你那馋样儿，口水都要出来了，哈哈哈……”

英语课堂上大家你一言我一语，每个小组聚成一团，圆圆的小脑袋向前探着，为了我们的主题活动 Fruits party(水果聚会)而热烈地讨论着。

他们是多么期待英语课的到来啊！第二天还没上课，孩子们纷纷涌到办公室来请我欣赏他们的杰作。看着面前一盘盘漂亮的水果拼盘，我感叹在活动中学习单词和句型，是一次多么愉快的课堂体验。

“这是我们小组集体的智慧结晶！不说英文吃不到哦!”课堂上学生们正在使用课堂中所学到的英文单词和句型愉快地交流!

在缺少语言环境时，想要每个孩子都学好英语，是一件很困难的事。我们认为小学阶段学习英语并不是机械地训练和重复，而是沉浸在恰当的语言环境中，通过自然的方式获得语感。所以在英语课堂中，尽量多地使用活动来辅助教学，能够极大地激发孩子们学习英语的兴趣。

万圣节就要到了。可是书上笼统的讲解并不能让孩子全方位地理解万圣节这一节日来历，体验到节日的方式。我们设计万圣节鬼脸大搜集活动。每个孩子在家拍了自己的鬼脸照片拿到学校来。孩子们千奇百怪的表情逗乐了办公室的老师们，同照片一起拿过来的还有他们自己制作的南瓜灯、鬼脸面具……我们把这些照片贴在展板上，并附上了万圣节完整的来历以及国外的过节方式。当展板放在校园的时候，现场气氛十分轰动，孩子们围着展板热烈地评论着。

万圣节活动正式开始了：孩子们到各个班敲开门之后会说：Trick or treat！(不给糖果就捣蛋!)然后其他班的孩子们就会拿出自己准备好的小礼物赠送给对方，一块橡皮，一支铅笔，大家在互动中认识了彼此，加深了友谊，更深深地记住了万圣节这一西方传统节日。

制作圣诞大邮筒，大家齐上阵！一年一度的圣诞节将要来到，每年孩子们都会很期待这个节日，因为在这一天我们会把教室变成充满节日气氛的圣诞主题，还会有圣诞小信使帮彼此送上最深的祝福。孩子们在节日来临前，用漂亮的信纸写好了一封封充满祝福的英文信，投进可爱的大邮筒里。在节日的当天，会看到戴着圣诞帽的小信使们手捧邮件在各个班级穿梭着，收到信的孩子们都会用“Merry Chirstmas!”这句话来表示谢意。小信使们个个忙碌并快乐着，孩子们收到信都会非常认真地打开阅读并回信，快乐之情溢于言表!

此外，birthday party、hello meeting、字母大比拼、英文歌曲演唱会等活动也在英语学习中穿插进行着，让孩子真正地在活动中用英文进行生活交际。

我们认为，在英语学习中，应该为孩子们创造一个良好的学习环境，因为每一种语言学习的目的就是为了能获得与他们用这种语言进行交流的能力。英语活动的开展提供了一个很好的平台，它不仅能作为教学活动的补充，更使教师有效地与学生们进行互动，孩子们在游戏中与同伴交往并展示自己，体验

成功的同时刺激孩子们对语言的内化与输出。

在不久的将来，我们将尝试着，把其他更丰富的内容融入英语活动中，真正地使英语学习在形式上有一个质的飞跃。

抱球跑为什么跑不快

刘小勇

体育课上，学生跑步时都有一个共同的问题：不会摆臂，手臂不是左右晃，就是抱胸前。提醒过多次，依然不见效。前几天看到一本书上提到了一个办法，感觉不错，就在我的课上尝试了一下。

“同学们，我们今天来一次抱球接力赛，好不好?”

“好，好!”同学们兴趣高涨。

讲好规则，分好组，第一轮比赛开始了。只见学生怀抱三个小足球，踉踉跄跄地跑了出去。为了不让球掉下去，跑步的同学明显(地)放不开手脚，速度受到很大影响。比赛结束，同学们七嘴八舌地开始议论：“抱着三个球，根本就跑不起来。”

“好，既然大家这么说，那就去掉一个球。”

第二轮开始了。比赛的同学明显比上一组跑得快多了。可尽管甩开了膀子，两只胳膊还是受到了约束，放不开。

“老师，要是不抱球，我们一定赢他们!”第二轮输掉的同学不服气地对我说。

我让同学们稍微休息了一会儿，对他们说：“同学们，抱球跑，发挥不出你们的最高水平。那好，第三轮我们不抱球了，看看谁跑得最快。”

比赛开始了，同学们没了小足球的束缚，一个个似离弦之箭，最后两名同学几乎并排同时冲过终点线，大家欢呼起来。

在小结中，我问大家：“你们前两次的抱球跑，大家都觉得放不开、跑不快，跟第三次比，明显慢多了，这是怎么一回事，问题在哪儿呢?”

“手里抱着东西当然跑不快。”

“胳膊摆不起来，当然跑不快!”

……

“好了，同学们，大家通过今天的亲身体验，真真切切地感受到了手臂的摆动对跑步的重要性了，那么我们在今后的练习中一定要更加注意摆臂的姿势，从而来保证和提高我们的速度，好不好?”

“好!”同学们异口同声地答道，有几位同学还在队伍里比划了起来。我知道，这会儿，同学们是真正上心了。

让学生在竞赛环境中体验身体动作的变化对运动成绩的影响，比简单地说教会更有说服力。

一票难求

闫红闯

T 台秀是我校五年级的传统美术活动。每年的 5 月，学生自己准备一件白色的 T 恤，用纺织颜料在 T 恤上画上喜爱的图案，然后在学校小桥上进行展示，我们称为 T 台秀。

T 台秀结束后，我们决定把优秀的 T 恤在其他校区再展一次，让没有到现场表演的学生再欣赏一下。同时还发一些选票，借他们之手，选出孩子们喜欢的作品，作为评奖的依据，让老师们知道现阶段孩子们对 T 恤图案、样式的偏好，作为我们辅导下一届学生的参考。

T 恤到分校之前，我是忐忑不安的。现代的孩子生活比以前富足多了，平时穿的衣服比我们绘制的 T 恤面料好、样式好，当然他们对服装的要求也很高。我们展示的这些衣服，是学生们第一次尝试使用纺织颜料，第一次在衣服上绘画，第一次设计图案……这么多的第一使得我们的 T 恤非常粗糙，图案位置不太合理，涂色不够均匀。我们展示的这些手绘 T 恤能满足孩子们的要求吗？他们感兴趣吗？展示会不会冷场？

出于这种考虑，我给每个班的孩子发了 10 张票，并且考虑让班主任鼓动一些孩子去投票。

当我们把展览布置好，刚好下课，学生们蜂拥而出，走到我们的 T 恤前，指指点点地说起来。看到有学生投票，他们纷纷给投票的学生建议，场面一时热闹起来。(如图 1、图 2)

我教四年级，有些学生知道我手里有一些票，纷纷找我来要。当我把一些票递到学生手里时，更多的手向我伸过来，我的面前一时拥挤起来，几乎把我都挤倒了……

图 1

图 2

三年级的张老师带学生出来时，现场发选票时，不明真相的其他年级的孩子也把手伸过去，场面一度混乱起来。这真是一票难求啊！（图 3）

图 3

来晓梅副校长看到此景，灵机一动，广播了一个通知："同学们如果实在想投票，可以自己设计选票，投给自己心爱的 T 恤……"这才解决混乱的场面。

学生们纷纷自己设计选票投给心爱的 T 恤，装选票的信封都塞满了，撑爆了，选票散落在地上……

出人意料，太出人意料了！如果这些衣服真的挂到服装店里，他们可能看都不会看一眼，然而正是这些看起来不起眼的衣服挂到了我们的校园里，却出现了这么火爆的场面。原因在哪里？值得我们思考。

思考一：内容和技术，我们应更多地关注什么？

多年来，在人们的印象中，美术课就是绘画课。难道我们美术课只是绘画吗？我们的美术课只是为了让学生学会画几幅画吗？为什么有那么多孩子不喜欢美术课，而在美术课之外却拿起笔来画得不亦乐乎？学生们也说，我们喜欢美术，但不喜欢美术课，原因在哪里呢？

学生在美术课之外拿起笔来画，说明他们并不讨厌绘画，而只是不喜欢美术课上老师给选定的绘画内容。如在 T 恤展中，有一个 T 恤上画了个动漫形象，是个什么形象，我也说不清楚，因为我不太关注动画片（如图 4）。

这件作品老师评比，没有一人选中它，因为从绘画的精美程度到色彩的运用等一些专业的角度去考虑，它都不是一件完美的作品；而学生喜欢它的程度远远超过了我们的想象，它得了 228 票，超过了第二名两倍还多。得票屈居第二的，从技术上很过硬（如图 5），6 个教师评委中有 5 个人都选中了它，学生们也很喜欢它，给了它 86 票，这说明技术好的学生也喜欢，只是它和内容比起来，只能排在第二的位置。

图 4

图 5

这带给我们很多思考，小学美术课上，老师们不能只关注学生绘画技术的提高，更应该多关注学生的内心世界，选择学生喜欢的内容，并用相机提高学生的表现技术。把自己喜欢的内容表现得更好，想必每个学生都不会拒绝的。

思考二：我们的美术课是干什么的？

美术是用来美化生活的。

很少有把美术课安排在早上第一二节这样的大好时光来上，许多人认为，美术课只是在学生学累了，活跃一下脑子的工具而已。从 T 恤绘制带来的轰动来看，学生对能直接美化生活的美术是喜欢的。我们的美术课和美术学科活动，应该选择一些与我们生活相关的活动，如生活用品的装饰、生活用品的设计等，而不仅仅是绘画，若如此，学生可能会更喜欢美术课。

如果我们不再给学生的画上标上优、良、中、差，而是指导学生把画儿用一个精美的镜框小心地装裱起来挂在家里，是不是比用红笔圈在画纸上的痕迹更能促进学生的自信心，调动起学生绘画的兴趣呢？

盐水蒸发的水蒸气咸吗

王保和

我和学生学习《盐和水的故事》单元中《水落盐出》一课时，探究到“小红军让盐水受热就又得到了盐，同时产生了水蒸气”的情景，一只小手高高地举了起来。由于正进行小组合作，担心他的发言会吸引其他学生的注意力，所以，我右手做了个向下压的动作——“暂时放下手”的意思。

没想到那个学生看着我把脸扬了扬，举起的手迅速晃了晃，又向更高处挺了挺。没办法，我只好让他一吐为快：“老师，盐水蒸发出来的水蒸气咸不咸?”我稍一愣，知道又是一个令人匪夷所思的问题。“真想知道?”他冲着我用力地点点头。“好，先把这个问题记到你的《小科学家记录本》的‘问题银行’当中，课外时间去办公室，我给你准备实验材料，自己想办法解决。”“好!”我知道，他可能又会像其他多数学生一样，下课后只顾着玩，这个问题也就会到此为止。

出乎我意料的是，当天第二节课后，他居然来了，“老师，我来做实验。”虽然有点意外，我还是很高兴：“好啊，东西在墙边的那个木头实验箱里。”“你做吧，有问题可以随时问我。”

他边动手，嘴里边嘟囔着：酒精灯、三脚架、石棉网、蒸发皿……

“老师，”他突然叫我，“水蒸气怎么尝呢?”

“是啊，水蒸气是气体，摸不着，怎样才能尝到它的味道呢?”我也突然一愣，并飞速思考着，瞬间，我想到了解决的办法，但仍不动声色地看着正在思考的他。

“液体、固体我们都可以放到嘴里尝一下，那么，气体如何尝呢？有啥办法能把‘气体’放到嘴里呢?”

我看着他。他看着眼前的实验材料，陷入了冥思苦想中。

几分钟过去了，看着一筹莫展的他，我进一步提示道：“要想知道从盐水中蒸发出来的水蒸气咸不咸，尝一尝水蒸气就知道了。但，水蒸气又没办法直接尝？水——不是有‘三态变化’吗？”

我把话语打住，盯着他看。

突然，他激动地说：“老师，我有办法了！”

“说说看。”

“我们不能直接尝水蒸气，但水蒸气遇冷会凝结成小水滴，只要尝一尝盐水蒸发时凝成的小水珠，也就是尝了盐水蒸发出来的水蒸气。”

“不错，但如何让水蒸气变成小水珠呢？”我进一步追问道。

“这个好办，在上面盖个盖子，就像做饭时开水锅锅盖上会有小水珠一样”。

“OK，太棒了！你真聪明！”

“那就赶快动手吧！”

此时，我已无心再做自己的事情，在旁边津津有味地欣赏他的实验过程。

当他伸舌头在凝结着小水珠的玻璃片上舔了一下后，惊喜地喊道：“啊，太咸了，比老咸菜汤都咸！”

“这是你的结论？”我哈哈笑着问他，他点点头。“许多科学家的实验都会反复地做多次，要不——你也再做一次？”他看着我点（点）头说好。“不过，这次你不要用蒸发皿了，用个大点的烧杯，盐水的量小一点。”

当他第二次伸舌头舔过玻璃片上的小水珠时，一脸疑惑地看着我：“咦？没味，跟白开水一样。”

看着他满脸的迷茫，我说：“今天晚了，你回家吧，认真想一下两次实验哪些地方不同，为什么？明天告诉我你的想法。”

第二天见到我时，他迫不及待地说：“老师，我知道为什么了，蒸发皿低而浅，盐水沸腾时很容易溅到当作冷凝器的玻璃片上，所以第一次尝的水珠会咸，而烧杯很高，装的盐水又比较少，沸腾时就不会溅到玻璃片上，因此也就尝不到咸味。结论是盐水蒸发的水蒸气不咸！”听着他逻辑清晰的回答，我非常高兴：“把这个过程写下来吧，你是一个了不起的孩子！”

后来，我把他的文章传给了《少年科技》杂志的编辑，编辑认为稿件不错，可以发表。我没有告诉他投稿的事，我在等待这篇科学小论文出现在杂志上的那一天，当他的姓名出现在作者一栏时，给他一个惊喜。

一个小小问题的追问、实验、探索，带给孩子的是对科学的执着。或许他的成功就将源于这个小小的问题，抓住这个问题不放，点燃他心中的梦想，是我要做的事情。

作文课上的“心理会诊室”

赵 鑫

我和学生们从相知到相识已经六年了，进入六年级，我欣喜地发现学生经过自己积累和阅读，似乎在作文方面有了自己的心得体会。他们似乎一下子有了自己的风格，更喜欢自然地说话，而不是像以前一样，一写作文就像董存瑞去托炸药包，全是豪言壮语；也不像一个老学究板起面孔去说教。那种不掩饰、不做作的姿态，是我最为欣赏的。读着他们的文章，我竟有些爱不释手。记得刘可钦校长在《教育其实很美》一书中写道：上好常态课就要求老师课上的语言和课下的语调一样亲切、自然。其实，写作文就和我们平时说话一样，但要稍高于现实中的口语，稍作一些“修辞”“装饰”，真情和文采兼备就是一等佳作了。

从最初的“规定动作”作文，我们常说的命题作文，到现在的“自选动作”作文，我们叫自命题作文，学生们逐渐变得爱写了。至于半命题作文，那可是学生们最爱的话题了。每当半命题作文题目出示后，孩子们总是说，这样的题目既能有个范围供参考，空白的地方又留出无限的遐思，这才是富有挑战的作文。比如：班有______；又如：今天，你______了吗？学生们写得五花八门。

今天的作文课，又要写一篇半命题作文：有时候，我也______。学生们交上来的作文不乏视角独特者。其中一篇题为《有时候，我也很困惑》的文章映入我的眼帘：小作者困惑的是一同学习、同坐校车的亲密朋友突然对自己置之不理，且不明原因，这让作者心生悲凉，渴望重拾友谊的她感到孤独无助。当这篇情真意切的文章被作者声情并茂地朗读过后，学生中甚至有了唏嘘声。我想：他们这样的年龄，注定是由少年烦恼组成的，这是他们不可逾越的成长阶段。也许今天的作文讲评课，要离写作方法的指导远些了，顺水推舟，我能做的是让学生们进入“择友观”“待友法”的探讨和交流。

果然，文章读完后，那个“抛弃朋友”的同学在座位上按捺不住了，她信步走上讲台，做了一番表白：“我这样做并不想伤害谁，只是认为以前我们两个太好了，没有一点距离，这样有的时候觉得喘不过气，所以需要给对方一个小小的空间透透气。”这是从哪儿学来的说辞，听着却有点像青春偶像剧的台词——现在的学生真不能小觑啊！接着，其他同学也纷纷支招：有的说这两位同学性子都太要强，太在乎自己，好朋友要学会互补，要懂得迁就对方，而不能一遇到问题就针尖对麦芒……刚才还“此情同谁诉”的作者这会儿听得那么专注，还不断地点点头。真没想到她们俩的友谊一直是大家关注的焦点，好像今天我创造的“心理会诊室”有些晚了。真的，步入高年级的他们确实需要诸如此类的“会诊”，因为他们的学习习惯渐渐养成，对按部就班的学习生活也已经十分熟悉，由此就更加渴望来自学习之外的交流和指导了。

这节“少年友谊之烦恼”在轻松而又不乏真诚的作文讲评课上完成了。我有时还为《有时候，我也很困惑》的作者担忧，怕她一下子远离朋友的关注，有些怅然若失，谁知她没多久又交上了一位密友，看来，她的生命中注定不会让友谊缺席。

二、读书分享

读书之旅很美

王 萌

在春日里，开始细细品读刘可钦的《教育其实很美》，很惬意。她的书带来了“大家”风范，令人如坐春风。短短一个月后，再次写有关《教育其实很美》的读后感，心中油然而生的是一种“相识已久”的亲切感。

刘可钦校长的笔锋是那么的触动心灵，让我忘记了流动的时间、喧闹的课间以及心底的躁动，静静地、慢慢地走进她和孩子们的世界。读书时禁不住会心地微笑，让人想听一段婉转的音乐，想品一口淡香的绿茶。读书是如此滋润你我的心灵，仿佛已经轻柔地流淌在血液中。

从最初的对于此书某个章节的喜爱，到现在，泛滥成了一片热爱的蓝色海洋，在炎炎夏日里，心境清凉而惬意。

在一个午夜，孩子睡觉后，得以静下来读书的我，在《摘抄本》的扉页上写道：

“夜深时，心静处，摘抄《教育其实很美》，于心灵感悟中，才真正懂得了‘不动笔墨不读书’的些许含义。字里行间，笔尖攒动，思绪泉涌。不再是纯粹的摘录，更多的是与‘大家’思想的小碰撞。心灵间的对话——呼之欲出……每一次的共鸣，都会有喜悦，唤起付诸行动的欲望。改变，改变！感谢此书。”

结合学校的开放性教学研究，我逐渐地这样来理解开放性，“开放源自于教师本身的教育信念，较强的专业素养，对教学的严谨态度，还有豁达、关爱的学生观。”

（一）教育信念

四年级学生处于学习的疲惫期，班级里形成了较大的落差，做教师的角色就很难把握，一会儿面对可以很放心的孩子，在数学的思维世界里遨游；

一会儿却要面对突发的某些比较幼稚的课堂事件，懊恼于被打断的教学思路无法顺利进行。

书中写道："要坚持不抛弃、不放弃、不冷漠，相信教育会使他改变，这就是当教师不能丢掉的教育信念。""最好的教育就是用50种方法教育一个学生，最糟糕的教育就是用一种方法教育50个学生。如果不能让学生变得更好，至少不能让他变得更糟。这就是做教师的底线。"这些话一字一句，字字锥心。当我们面对反反复复挑战教师忍耐极限的孩子时，一度曾动摇过坚持的信念，是做教师的良知和道德底线支持着我们。可钦校长的提醒，更督促我反思，用心去寻找第51种方法去教育我们的学生。

(二)学生观

"好的教育是'当春乃发生'的，因而能带来'润物细无声'的美妙效果。"

教师能够理解和尊重学生，顺应他的心中渴求，真正在乎他的成长需要，孩子才可能自然接受你的关爱。教育不是硬塞给谁的物品，没有走入孩子的内心世界，说一千道一万，也是枉然。

在豁达、平等的学生观越来越明确后，我越来越感到，课堂里学生与老师的对话，已经不仅仅是关于数学，而是更深层地为生命成长助力。教育、育人，或许点燃他心中的小小火种。

我们努力，让开放性教学在学生心中种下"尊重、分享、严谨、求知、努力"的种子，为他的一生奠定坚实的基础，这就是我要追寻和实现的教育目标！

由一本《教育其实很美》牵引，读书之旅逐渐开阔，书打开了我心灵的许多以往不曾触及的窗户。读《宽心》，体会到教育者首先要做一个有血有肉有爱的人、有佛心的人，让自己生命的河流里能够承载更多孩子的未来；读《捕捉孩子的敏感期》，我特别想了解孩子们的差距是在何时？怎样拉开的？有哪些是现在可以弥补的？在以后与家长的交流中，就可以更多角度、更贴切地给他们一些建议。

读书是一个漫长的旅程，细细去品味，告诉自己：千万不能"贪杯"、走过场！要学会记录下读书时心跳的瞬间，不断反思、咀嚼书的"滋味"，去享受那美丽的、读书与心灵的和谐旅行。

书友相伴的成长足迹

刘　敏

时光飞逝、岁月如梭，时间在绘声绘色的讲课声中，在上课铃与下课铃的交替声里悄然滑走。很喜欢这样一段话："生命属于你，它需要热情；而机遇却不一定属于你，它拒绝冷漠。职业属于你，它需要执着；而事业却不一定属于你，它拒绝功利。大脑属于你，它需要敏锐；而创新却不一定属于你，它拒绝固守。成绩属于你，它需要淡泊；而成功却不一定属于你，它拒绝浮躁。"审视自己，在行走的途中，是否以热情饱满的状态面对工作？是否以稳定平和的心态对待生活？是否用敏锐创新的头脑传递给学生知识？是否给自己定下更具体、深远的目标？

行走在路上，无论是暑期进修或是班级活动，抑或是奔波在列车上，包里、手中总不忘留一本书。同室一个病友的爱人也是老师，她做了一辈子的教育，出院时送我一本书，说特喜欢我在床边阅读刊物时满足的样子。我想，一个喜欢阅读的教师，才能成为促进学生阅读的真正动力；一个热爱学习、不断充实自己的人，才会有更大的发展空间。《刘可钦与主体教育》、李镇西《做最好的老师》、于丹《论语心得》……一本本闪耀着智慧与哲理的优秀书籍让我如获至宝，爱不释手。在阅读中心灵得到了净化，知识得到了提升，思想得到了启迪，它们源源不断地输送给我灵感与营养，丰富着我精彩的教育人生。

读《刘可钦与主体教育》，我了解到了"主体教育"实验发展的艰辛历程，也慢慢从刘老师的课堂中寻找自己课堂的影子和努力方向。它给我一种莫名的动力，因为"主体教育"发展到今天，我们可以说是"站在巨人的肩膀上"行走。书中，一个工作者有什么样的工作思想和教育理念，会直接体现在工作之中。只有通过不断的学习，不断接受新观念，充实完善自己的教育教学思想，才能有不竭的动力和创新的源泉。这本书为我的教学工作提供了丰富的资源和宝贵的经验。在学品李镇西老师《做最好的老师》，真正体会到"腹有诗书气自华"的深层含义。一个老师的人格魅力，给学生留下的是深远的影响，能一直吸引、感染、激励着学生。于是我对自己说："做最好的老师"，对学生说："做最好的自己"。其实，"做最好的自己"，就是自己和自己比——昨天的自己和今天的自己相比，不断地超越自我的过程，我与学生同勉。就像在事无巨细的班主任工作中，每次活动都力求让孩子有所得、有所获。也如在我的语文课堂中，每节课后的反思，都为下一节课堂而准备，让自己真正成为具有人文精神的语文教师，力图在我的每一堂课上，都能以思想点燃思想，以自由呼唤自由，以平等造就平等，以宽容培养宽容。

"静能生慧。"静下心来品读于丹的《论语心得》，书中讲了儒家之"道"，真的是道可道、非常道，它处处给我以心灵的启迪，使我能以更加平和稳重的心态面对工作和生活。"天地人之道"，让我学会用眼睛看心灵，收获平静；"心灵之道"，告诉我如何用平和的心态对待生活和学习；"处世之道""君子之道"，使繁忙的生活变得轻松而有节奏……博大精深的文化，奇妙神秘的历史，让自己置身于与书之间的交流，那是一种心灵的交流，是一种不言而喻的美妙的感觉。"读书而无所获，未思也。"每一本丰富着我教育人生的书籍，我都会一而再、再而三地反复阅读，每次的阅读都会有不一样的感受和新的思维碰撞。

行走在路上，书籍留给我的，至深、至远……就让这些书籍，伴随成长，为我坚实的脚印留下更深远的印记。

行走在路上，踏着成长的足迹，浸润在大道浓厚的读书氛围中，我将坚持阅读，完善自己。

走近经典　正己化人

温玉玲

《弟子规》是一本让人感动无言的教科书，重在以优秀传统文化塑造人格、培植教养，是古圣先贤留给我们的一笔厚重的精神财富。在很多学校轰轰烈烈地组织学生进行各种形式的学习时，大道科研处却倡议每一位教师先来做一名学习者和践行者。

清晰地记得，朱敏副校长在例会上带领大家逐句学习《弟子规》总序时，整间阶梯教室传来大家抑扬顿挫的诵读声，整个会场仿佛一个巨大的磁场，使身处其中的每一个人都凝神静气的神圣。

后续的学习形式也颇有新意，以教研组为单位进行申报，结合《弟子规》中不同章节的内容采用灵活的方式进行解析，这也极大地调动了大家学习的积极性。

开学初，我们四年级语文教研组便主动申报了解析《弟子规》的“入则孝”篇。

如何给本次解读定位，采用什么样的方式进行诠释？组里的教师，有的查找钱文忠教授在中央电视台《百家讲坛》栏目讲课的视频，有的查找相关书籍，还有的走访学识丰富的老师……在第一次集体备课时达成共识：《弟子规》是一本古人指导孩童基本行为规范的书，重在践行。它不仅是童蒙养正的最佳教材，教育学生的一剂良方；对于今天的我们来说，也是教会我们学会感恩、幸福生活的一本终生受益的书。如何取其精华，贴近大家的生活，引起精神的共鸣，引发行为的改变，是我们这次交流分享的目的。

方向明确后，全组12位老师依据各自的特长认领任务：有的擅长电脑操作，为本次活动制作相关PPT；有的喜欢音乐，就负责为本次活动查找、配置相关音乐；喜欢朗诵的老师，主动提出在会场上现场诵读和解析；还有的提出台上台下互动效果更好……那几日，只要有时间，大家就会凑在一起商议、排练。

伴随着舒缓柔美的音乐，PPT上出现了一张张温馨的照片，那是组里每一位老师与父母的合影。看着一张张亲情照片，耳边回荡着感人的旋律，我以冰心老人曾经写过的一首小诗《母亲》引入：

“天上的风雨来了，鸟儿躲进它的巢里。心中的风雨来了，我只能躲进您的怀里。是呀，我们常常感叹时光的流逝，感慨于生命的轮回。曾经为人子女的我们，也开始体悟为人父母的幸福与辛苦。可不管我们长多大，我们从未走出过父母爱的牵挂。”

当我把照片背后的故事讲给大家听时，我看到很多老师眼中泪光盈盈。

王丽娜、田艳、张志新三位年轻教师解析了《弟子规》中“百善孝为先”的小典故，透过这一个个生动的小故事，使大家明白：行孝必须从细小处入手，要做到孝心常在，而非一时之念。

此时，台上台下响起了《弟子规》“入则孝”篇的诵读。“父母呼，应勿缓……”我想，此时的诵读已不仅仅入耳，而是已经入心。

最后，小梅校长以韩国总统的一首小诗《没有以后》将情感推向高潮，没有以后，因为“树欲静而风不止，子欲孝而亲不待”。最后，我们提出倡议，每个周末要回家看看，陪父母说说话，替他们揉揉肩，给父母做可口的饭菜……

这次《弟子规》解析，得到了校领导、老师们的频频好评。在解析的过程中，我们首先涤荡的是自己的灵魂。

我想，这样的文化学习和交流形式，不仅为大家搭建了锻炼、展示的平台，也使我们在参与的过程中深切地体会到：每一个人都是重要的，每一个人都可以为集体做贡献，团队中每一位成员在合作、分享的过程中体会着共同学习的幸福。

我们明白了，经典文化就是在讲生活中的智慧，“圣人述之，后人用之”“道不远人”，传统文化就在我们的身边，是传授打开幸福之门的钥匙。育人先育己，正人先正身。教师在这个过程中，其实是最大的收获者。教师的一言一行，都会潜移默化地传递给我们的学生。修身、齐家、治国、平天下，教师的高度影响着学生的视野，教师的厚度影响着学生发展的深度，教师的人格塑造着学生的心灵。教师寻找到了走向幸福的通道，才能给学生指点迷津。

感谢这样的学习方式，让我们走进经典，感受幸福。

三、大道论坛

大道的“百家讲坛”

朱　敏

作为主抓教学科研的副校长，听了百余节课后，让我明显感到：今天人民大道小学的课堂教学，教师不缺少理念，但缺乏文化。然而，文化又非朝夕即可培养，从何而来？小学教育对教师的学科专业知识不需多精深，但对教师的文化素养则需广博深厚。然而，教师们虽大学毕业，但各自学业有专攻：学文的缺“理”，学理的“文”不足，学“文”“理”的欠缺艺术素养。

这个问题曾经困扰了我很久。渐渐地，在聆听老师们各种会议上的发言时，在参加各组集体备课教师活动时，在与老师们的闲聊谈话时，我有了许多惊喜的发现：

从中学引进的梁景仁老师文学底蕴十分深厚；原本在中学教政治的李万红老师对鸦片战争有新解；作为书法协会会员的美术教师张凌霄对书画颇有研究；大队辅导员李晓明对电影的拍摄制作、片中人物了如指掌，新片几乎不落都看过；语文课上，牛艳丽老师随口吟诗诵词，她已将《红楼梦》读了十余遍，许多段落、章节脱口而出；音乐教师朱鹏宇对交响乐、圆舞曲、爵士乐喜爱有加……

大道教师酷爱读书学习，很多人学有所长，有的人在某一方面颇有建树，借鉴央视“百家讲坛”栏目，何不为教师成长、发展搭建一个大平台，让这些教师以“坛主”的身份一展风采，作专题讲座传播文化呢？于是，在大家的酝酿下，“大道论坛”便应运而生了。之后，周六的上午，我们大家就在学校的电教中心报告厅，随梁景仁老师感受《秋白霜凉——印象瞿秋白》《走近〈诗经〉》《初读林徽因》，欣赏李万红老师《万红“析”鸦片》，聆听李晓明老师《一己之见说霸王》，朱鹏宇老师带领大家《拜访施特劳斯》，闫红闯老师将《盛世青铜——安阳文化符号》生动呈现给大家，牛艳丽老师的《概说红楼引玉来》、张凌霄老师的《中国书画片隅》引人深思、回味无穷。

李建娜老师说：“如果不是聆听朱鹏宇老师主讲的‘大道论坛’《走进施特劳斯》，我想作为‘数学人’的我可能永远都不会知道施特劳斯这位伟大音乐家的名字，也不会领略这位伟大作曲家音乐背后的坚韧和执着，更不会由此而爱上如此高尚的交响乐！这就是‘大道论坛’带给我的。这种感受与震撼会穿越时间、跨过校园，在我的内心与生活中不断蔓延……”

范晶晶老师说：“身为大道的老师，我是如此幸运，因为在‘大道论坛’上我认识了许多名师及名家，每一次论坛都会带给我极大的震撼，启迪我更多的思考。”

贺丹老师说：“‘大道论坛’让我们拓宽了视野、陶冶了情操、涵养了气质，使我们在一周工作劳累之余，能轻松徜徉在历史文化之海。腹有诗书气自华，不断学习着的每一位大道人都是美丽的。”

作为“坛主”，李万红老师说：“讲座结束，走出礼堂，同事兴奋地对我说‘嗨，李老师，你讲得真好！真没想到，历史背后还有这么多有趣的故事，回头再给我们讲一集其他历史吧？’我笑笑，心中升腾起些许欣慰：如果这一年的准备，一上午的讲座，能够引起大家对这段历史发人深省的咀嚼，引起大家对自己教育工作价值的重新审视，值矣！”

张凌霄老师说：“整个准备的过程不仅对专业知识进行了系统的梳理，也感觉自己确实受到了一节‘大课’的历练。那次讲座后，觉得自己成长了、成熟了，从中体会到了一种快乐，能把普及性的书画专业知识和同事们分享，能帮助同事们了解书画领域的知识，并得到了大家的认可，觉得学校开辟这样一种学习的形式实在是太好了。”

“大道论坛”期期受到大家的欢迎，北关区、安阳市的许多学校也纷纷邀请他们去讲学，“坛主”们渐成“名人”了。

“大道论坛”原本就是大道老师的读书分享，这个平台不但成就了教师个人，而且提升了全体教师的文化素养。教师都是需要不断发展的个体，每个教师都是促进团队发展的优质资源。学校不但要让学生成才，也要让教师成长，让教师成功，让教师成名，让学校成为教师的精神家园。

游弋在大道文化里

——我与“大道论坛”二三事

梁景仁

五日工作一日进修，是大道小学坚守了二十多年的科研制度之一。因为有一点读书的爱好，就感到比较适合这项制度，又因为榜样的引领、示范和团队的协作，便得到了一些发展。随着逐步的成长和进步，学校又适时地搭建平台，让自己在专业化发展的道路上又向前挪了一步。

故事一：讲段什么

每逢周六，全体教师都会自觉到校学习，形式多样，一般是先分组学习、交流，然后推选代表进行大会交流。开始，我在李霞副校长为组长的心理、思品和一年级语文组。有一次小组交流前，组长提议让我先用十分钟左右时间讲段什么。于是，便有了第一次在同仁面前“讲段什么”的开始。

当时讲的是苏东坡的“悼妇词”，很冒失。因为好多事例拿捏不准，轮廓也很粗糙。不过毕竟时间很短，就十来分钟；范围也较小，小组内。但接下来的一周时间里，就过得很充实喽——在完成分内工作的同时，还要搜集、整理大量资料。

不知不觉中，又一个学习日来了，接着侃。哎，还有点儿意思……

于是，不用别人催，便接着查资料，赶紧把刚才讲错的纠正过来，把模棱两可的弄牢稳了。然后在大伙的“怂恿”下，加班加点做摘抄，编辑文字、音像资料等，鼓捣成能在较大场合讲时可以利用的辅助资料。

说话不及，2007年的寒假就过完了。这个假期，带着学校科研处领导的嘱托，做好了给全体老师讲“一长段”的准备。

故事二：讲“一长段”

开学不久的又一个周六学习日，带着领导和同志们的信任与支持，我走上了首期“大道论坛”，同相亲相爱的大道人一起进入《走近〈诗经〉》的意境……呀，不讲不知道啊。一讲才知道自己有多浅薄，才知道“春月读诗正当时”的妙意，才知道大道文化给予自己多大的帮助。试想，如果没有大道这样的学术空间，没有大道领导良苦用心打造的发展平台，在自己惰性使然下，咋会有进步？就算有进步，又能有多大？

因为搜集资料过程中用诗的清雅去寻找、用经的深邃去看待，自我感觉虽是春寒料峭，但美丽无声的《诗经》因浸淫古风而温润如春；又因为自己的讲解，感觉三千年之久的风雅依旧灵动，流传至今的四百多条成语真的缤纷如花；感觉生命轮回震荡山谷时的回响，原来你、他，还有我，都是从时光彼岸被无声遗落的贤哲或俗民。《诗经》，是前世的前世，我们一起唱过的歌谣；“诗三百”，是我们前世今生无邪的记忆和念叨哇。

从此，带着对远古文明生成场所的遥想，感到内心的爱恨、雨雪的飘落多了一份亲切和真实。当然也带着一点点似乎的成就感，体会到在大道文化里游弋的幸福和自豪。

这是 2008 年 2 月份的事情了。

故事三：《印象·苏东坡》

当时为什么没有先讲已经在小范围内讲过的“苏东坡”，而先讲《诗经》呢？因为胆怯嘛。《诗经》，老早以前讲过，只是没有形成“气候”，但毕竟准备得稍充分点儿。领导给鼓劲打气：“要乘胜追击，‘大道论坛’第二讲还是你讲，就讲‘苏东坡’！”

于是，带着近八个月的准备和练得稍厚了一些的脸皮，走上了第二届“大道论坛”。

这次讲的是《印象·苏东坡》。

初稿 300 多页，朱敏副校长把关，理出思路，随时修改。于是，在做好本职工作的同时，忙着去核实资料。网上的文字资料有时自相矛盾，有的自觉浅显，就泡书店。上午、下午的上班时间不可以，下午下班也不可以，书店也要关门儿，只好趁中午。很专业的相关书籍大书店也不是太多，终于找到一本，就买回来，利用晚上时间看。就这本书算是按学校要求做到了圈点批注，好儿百页，每页都有。怕悟得不够深、不够准，便从网上下载了《百家讲坛》《风则江大讲堂》里专家、学者讲苏东坡的所有视频，反复看，再比较优劣，为我所用。在借鉴的基础上，又改了 5 稿，130 多页，打印出来，朱敏副校长、殷慧芳主任又提修改意见。自己忙，领导更忙，时间就像海绵里的水，都是挤出来的，还得挂一溜儿小跑。在学校没时间看，朱校长便把稿子带回了家。

第二天八点半就要讲，所以一大早就来到学校。没想到，行李摊儿还没放好，马丽娜校长就来了，一句话，好好讲，看你的了。感动、感激便像触电似的，“唰”地一下就涌到脑门上了。

一讲罢，老师们的反映比上次好，有进步，深刻了，层次也清楚了。很受鼓舞，当然也特感动，因为有大道浓郁厚重的文化氛围。工作在这种文化环境里，除了有一种时不我待的紧迫感外，传帮带的科研传统也时时呈现出来，很可贵。这份讲稿耗时之多，费力之大，是我以前从来没有遇到过的。如果不是浸润在这样的文化里，我是不会也是不敢去做这样的事情的。

马校长说再磨磨，有机会到更大范围去讲。

时隔不久，学校领导便给搭建了更大的平台。在大道小学，北关区四大班子领导、主任以上学校领导，听了“北关教育论坛”的《印象·苏东坡》，反响较好，都说大道有文化，大道文化能培养人。个别领导还当场向学校发出邀请，适当时候到他们单位去讲。

后来，应豆腐营小学的邀请，受学校委派，在赵慧萍主任的带领下，把又一次修改后的《印象·苏东坡》带到了兄弟学校。收到的回馈信息是，“要学大道、赶大道，因为大道有文化。”

在大道文化里游弋，自己就像化成了一尾鱼、一只蜢、一粒尘。无论如何都是“美好”的，因为大道文化的意境是纯洁的、是丰厚的。

栋梁·景·仁

刘　敏　周红艳

邂逅一首好词，如同在春之暮野；邂逅《大道论坛》，眼波流转，微笑蔓延，黯然心动。大道之道，在于其根深蒂固的大道文化。凡高楼大厦，固于根根栋梁。大道之文化大厦，就是由梁老师等诸多平凡岗位上做着不平凡之事的师者共同建立。一问一世界，一景一心态。师者，仁者，仁爱、仁心、仁德。

梁景仁老师在《印象·苏东坡》中谈起苏轼的词："十年生死两茫茫，不思量，自难忘……"读《江城子》，读破苏轼一片心。苏轼和李白一样是天才，天才每不为世俗流法所拘。梁老师每每淡笔描摹东坡居士所经所历，隔千年却不减其意。

论坛中谈及《诗经》，仿佛让我们看到了"所谓伊人，在水一方"那歌咏的女子，素色衣裙，幽立水边；又坚定了心中"执子之手，与子偕老"的信念。梁老师不仅在用他的语言讲述《诗经》，更是用《诗经》中的"道"启迪每一个人。走近《诗经》，我们理解了无论何时都要心态平和地面对生活、面对工作；走近《诗经》，我们更懂了人要心存一份善，追求美好生活的同时，不忘纯真的那份初衷。正如我们所从事的这份工作，十年树木，百年树人；学会等待，静听花开。

梁老师在论坛《印象·瞿秋白》时，把一个革命者心中那份坚定的信念，那种笑对死亡的淡然，再次刻画到了那个伟岸的身影上。他的《初读林徽因》讲座，让我们从这个唯美女子的身上，懂得了追求事业的成功是笼罩于女子身上最美的光环。

梁老师告诉我们，心中有梦，手中有事。这样的老师才当得舒坦，在岗位上做事才会找到幸福感。

走近《大道论坛》，追寻身边的那片景，感悟心中的那份仁。

四、观影悟道

周六，真好

朱 敏

大道小学 20 年坚持“五日工作，一日进修”的学习制度，即每周六到校集体学习，让老师们有个静静的读书日。多年的“周六学习日”，教师大多是学习教育教学理论，辅之以摘录或分享交流。这样的学习的确提升了广大教师的理论素养，使其转变了教育观念，收到了良好的效果。

随着时间的推移，老师们对这种以阅读文字资料为主的“平面学习”形式习以为常，渐感单调乏味，周六学习的实效性受到了挑战。经过近二十年主体教育实验的大道老师们，现代教育理念亦根植于心中，但老师们普遍感觉很忙，长时期的忙碌致使有的老师感到身心疲惫。怎样改变老师们这种“亚健康”工作状态呢？科研处的老师们都在思考着。

一次谈话中，马丽娜校长说：选一些与教育相关的好片、大片，组织老师们看看，也是很好的学习。受此启发，科研处的老师们便创设了“观经典影片，悟教育真谛”的学习形式，认真挑选、广泛征选影片，精心设计观什么影片与怎样“悟教育真谛”的活动形式，周六又成了最受大家欢迎的“学习日”。学校为此将报告厅的音响和灯光又重新装配，俨然成为一个放映厅。科研处先后组织老师们观看了《放牛班的春天》《阿基拉拼字大赛》《小孩不笨》《肖申克的救赎》《热血教师》《春风化雨》等国际大片。

每次观影后，大家的热议、讨论、分享，更全面地领悟到电影的内涵，将电影这种综合性艺术文化类型中兼容的政治、经济、社会、哲学、法律、文学、教育等多种深邃的思想内涵、价值观念，从不同角度去诠释解读，场面异常热烈。

张永霞老师坦言：“大家在一起看电影的感觉真好！”

王晓霞老师说：“这些影片真好，我喜欢；我更喜欢观后集体的分享。”

王晓琼老师有点激动地讲：“这些电影，往往以小见大，以浅显深，蕴含了深刻的教育思想，很容易与老师们的情感发生共鸣。”

张莹老师如是说：“电影没有晦涩难懂的大道理，却能使人在熟悉的场景中领悟生活的意义、生命的价值，抑或受到某种行为的启迪，对每一位教师都有现实的指导意义。”

刘丹老师直抒胸臆道：“观经典影片是对我们自身的一次对照、剖析和认证的过程。观经典影片就好比享用精美大餐，让人垂涎三尺，欲罢不能！影片来源于生活但又高于生活，都是我们每个人内心深处最渴望达到的理想教育境界。”

……

观经典影片，不仅是视觉上的享受，更是一种情怀的升腾。有情怀的老师，才有可能培养出拥有良好“情感、态度、价值观”的学生。观经典影片，是与大师对话，是对经典的立体解读，是对教育的多方位理解和认识，它会改变教师的理念，影响教师的教学行为，提升教师的文化素养，促进教师专业化成长。

周六观影悟道，学习分享，大家喜欢且获益，此乃真好！

观影片　悟教育

李艳霞

在众多校本培训形式中，我特别喜欢“观经典影片，悟教育真谛”活动。因为它形象、生动，能在短短的一两个小时中给人启迪，耐人寻味，让人反思，我们也在这样的活动中一次次被震撼、被感动、被净化。

科研处提供给教师观看学习的影片都是经过精挑细选的，所以每次学习都会让人不虚此行。《放牛班的春天》是一部很好的电影，片中教师克蒙特·马修用音乐开掘了孩子们童年的乐趣和人生价值。马修老师用他的爱，他的无私，他的包容，他的精神力量和人格魅力去感染和帮助这些在别人眼里无药可救的问题少年，给孩子一双勇敢追求梦想的翅膀，帮助孩子寻找一把遗忘记忆的钥匙，这是一个爱与音乐交织的震撼教师心灵的故事。

印象最深的是影片《美丽人生》。片头开始我们就被主人公的风趣、幽默吸引了，在笑声中我们看到主人公的乐观、积极和顽强不屈。也正因如此，当他和孩子被纳粹党带入集中营时，他用自己的行动诠释着伟大的父爱。这部电影让我领悟，在与学生的相处之中我们真地要向主人公学习，学习他尊重孩子的想法，维护孩子的自尊心，顺应孩子的心理发展，在巨大的困难和压力面前，用自己的智慧和担当，去营造最适宜孩子成长的环境。

学生们在校园生活中，也会有很多的问题，这些问题在成人眼中可能是微不足道的，可能是极易被我们忽略的，但是，当我们能怀有爱生若子般的热情时，当我们能蹲下来以孩子的眼界和想法去理解和沟通时，我们一定能做得更好！

一次次的观影，一次次的心灵震荡。每次看过影片后教师们都在反问自己，要向片中的主人公学习什么，作为教师的我又应该怎样教育自己的学生。正是这种不断的反问和思考，让我们在繁忙的工作中能停一停，能从不同的角度去看待问题，能从他人的经历中去感悟人生，参悟教育。

谢谢科研处匠心独运的安排，让我们能以这种寓教于乐的形式去叩问自己的心灵，感悟教育的真谛。

共享是一种快乐

郑斯琪

“长大后我就成了你……”小时候我就希望自己可以成为一名老师，长大后真地成为大道中的一员，作为这个大家庭中的一分子，真地觉得自己是幸福的。大道提供给我很多学习机会，我们有集体备课、好书分享、周末观影等多种学习形式，让我的生活从进入大道的那天起就变得丰富起来。

在这么多的学习方式中，我最喜欢的还是星期六上午“观经典影片　悟教育真谛”活动。平日里我也喜欢约上三五个朋友一起去电影院看电影，但只是一种休闲、娱乐。可是在学校，我们200来名老师聚在一起看电影，就会有别具一格的风情和感受。这里虽没有影院那样舒适、华丽，却有着一群教育者的企盼和智慧，没有影院中的喧嚣，却有着激烈的讨论和交流，仿佛一个强大的磁场把我紧紧地吸引着。科研处的老师们更是为大家精心挑选了经典教育影片，比如《美丽人生》《热血教师》《叫我第一名》等，每次观看教育经典影片，都会带来心灵的震撼，不仅仅是泪水和感动，更多的是带给我想要改变自己教育行为的冲动。

心灵的感动、泪水的洗礼、感情的震撼都只是观影的一部分小小感受，我最喜欢的是观影过后各组激烈的分享交流。老师们聚在一起，争先恐后地说着电影带给自己的启迪。更多的时候，在你一言我一语中碰撞出了教育的火花。

就拿我最喜欢的一部经典影片《叫我第一名》来说吧。影片结束后，每个老师都兴致勃勃地想要一吐为快。

“我先说，我先说。从这部影片中我感触最深的是：成功喜欢眷顾那些肯努力付出的人。”

话音刚落，李老师接着说：“这部影片是要告诉我们教育要公平，要有智慧地启迪学生的心灵……”

李老师的话还未说完，这边的杨老师忍不住站起来说：“这部影片中最令人感动的应该是母爱的伟大。”

“……”

身处其间的我恍然大悟，原来自己看电影时往往会忽略很多细节，但是在大家的分享中一个人的思考燃起一群人的智慧，教育的火花冉冉点亮，一种文化的发祥也在此孕育。

俗话说得好：独乐乐不如众乐乐。如果说一个人独自看电影是视觉上的冲击，那么大家一起看电影就是一种精神的享受。我喜欢这种一起观影的感觉，喜欢观影结束后大家争前恐后的讨论，更享受“观经典影片　悟教育真谛”这项活动带给我成长的感觉。

五、名师带徒

师带徒攻略

胡 静

每天早上来到学校我都会迎来最美的问候：一声声“老师好”“老师早”……那是天真活泼的孩子们对我的问候，顿时，心情愉悦。“师傅早”“师傅好”这是徒弟们真诚的问候，瞬间，幸福之情又会裹满我的全身。

“师傅，我们今天第一节还到班上听您上课。”

“师傅，这节课的难点该怎样突破？”

“师傅，我备好了‘角的初步认识’这节课，您明天听听我上这节课。”

“师傅，我们班的东东不但自己不学，还一直影响别人，他老是……我该怎么办呢？”

“师傅，我们的……”

每天早上伴着这声声、句句的问候和交谈，我们就开始了充实而又有意义的新一天的工作。

三年前，学校把四个数学专业的本科毕业生带到我面前，让我做他们的师傅，帮助他们在工作中迅速成长，可想我心中的那份责任与压力。所以，在拜师大会上我真诚地说：“我深深地知道‘师傅’这个称谓在大道的含义，它是一份责任，一份期待，更是一份重托。”怎样做才能对得起这声“师傅”的呼唤，对得起这份满含期待的重托？为了让初登讲台的他们得到真正的成长，根据她们几个的情况，我为她们量身订制了“成长九招”。

第一招：听课。因为对于初登讲台的她们来说，学习的阵地一定要在课堂，所以每天的前两节课是她们固定的听课时间。我的课比她们都快一到两节，她们先听一节，反思后再上一节。我则是每周听她们两节课。

第二招：看课。为了让她们真实地感受到成长历程没有捷径，成绩的取得是辛勤地付出与无私地投入，我常常给他们聊自己当年是怎样摸索着备课、上课的。我把自己参加省优质课比赛的录像带，近几年自己录制的录像课拿给他们看，让她们细细品味、进行对比。

第三招：说课。帮带半年后，我对她们帮扶的方法又稍作了调整。要求她们不仅听课，还要给我说课。每天下午，我会很随意地问她们明天讲什么，准备怎么讲，适当地给些建议。记得在听了她们的课后，我写了一篇《照搬不来的好课》的札记，让她们每个人看，看后谈感受。告诉他们，别人的课设计得再好，不适合自己的课堂、不适合自己的学生都不行。师傅领进门，修行在个人，每节课都要有自己的思考，好课是硬搬不来的。

第四招：邀请课。对于大家都感到困惑的课，或者是本册书的难点课、起始课，我会主动邀请她们来听课。比如，开始讲乘法口诀时，我会告知，“明天我讲口诀的第一课时，5 的乘法口诀，你们调课来听”。听了这一节，其余的课基本上他们自己都能把握了。

第五招：互听课。这一招类似于我们常说的“兵教兵”。董焕敏治班有招，张丽洁把握教材有招。每当丽洁因自己上哪节课，班上哪些学生不听话了，感到没招时，我总是说，先让小董给你支一招，到她课堂上感受一下；每当小董因哪个知识点弄不清有什么好办法突破时，我就说，先听听小张的方法，让她教教你。我觉得这很类似于学生间的同桌互助，常常窃喜于这个好方法使得她们能共同进步。

第六招：试课。帮带他们一年后，我开始要求她们每两周，带着自己的收获在组内上一节小型展示课，同组老师参加评课、研讨。

第七招：赛课。曾有人说：公开课是青年教师最好的炼炉，也是促进其专业成长的最佳舞台。青年教师在反复地上课、磨课中，会迅速成长起来。所以我会鼓励她们抓住机会，积极参加一些赛课活动，让她们在参与中进步，在活动中成长。

第八招：同化。“言传不如身教”。平日我很注重从师德以及工作作风上以身作则，潜移默化地引导她们。每天我会早早地来到学校，认真写小黑板，精心准备教具、提前候课，让她们从点滴小事上感受如何做个合格的好老师。

第九招：做知心姐姐。对她们的帮助，不仅仅停留在教学上，还涉及其他的方方面面，比如说：如何发校信通、如何和家长交流、家长会上如何发言、生活上的小事……全方位的关注，促其尽快成长。

作为师傅，看到徒弟经过 3 年的潜心学艺，如今都能从容、自信地站在学校举行的“青年教师汇报课”的大舞台上作汇报课，能大方、自如地站在“安阳市北关区优质课比赛”的赛场上亮出让人刮目相看的现场课，能脱颖而出站在“安阳市优质课比赛”的现场取得一等奖的好成绩，作为师傅又怎能不为她们的成长感到欣慰呢？想起和她们一起备课的过程中，一起翻来覆去地研究、思考，收集大量的资料阅读、借鉴，在研究教材的基础上又一遍遍地备课、试教，这样的历练，她们的教学艺术怎能不提升，不丰盈？这样的过程不仅成就了徒弟也锤炼了我自己。师带徒的过程真是一个教学相长、互相促进的过程。

师带徒的过程，让我感受到，作为青年教师的他们能在大道这片沃土上得到历练与成长，真乃他们人生的一大幸事！他们个个在短时间内都已出落得有模有样，可谓“青出于蓝而胜于蓝”。相信不久的将来，他们就会从模仿、跟随到奔跑，最终会自由飞翔，这是做师傅的最大幸福！

走进成长的“大道门”

卢莎莎

每个人都是一粒种子，成长的大门对每一个人开放。恰逢感恩节，腾些许时间，去触摸这扇为我开放的“大道门”。——题记

参加工作整整一年了，每天在充实而快乐的工作中，无暇细细品味一年来自己的变化。

是什么力量可以让一个五音不全，甚至在KTV唱歌都没有自信的中文系应届毕业生在音乐课上大胆地边跳边唱？是什么力量可以让我放弃去郑州北大附小的面试机会而甘心留在安阳？

我要骄傲地说，是大道，她为我开启了人生一扇成长的大门。她是海，她是矿，她是妈妈。

当我开始带音乐课时，我就被送上了大道培养青年教师的生产线上。只是这个道理我是在自己触摸到大道灵魂时才知道。

第一条流水线：代音乐课。

在开学一周后我来到大道，作为代课老师，每天在教务处跑跑腿，或者听听课，那时最大的期盼就是有课代。但是，接到代课消息兴奋之后伴随我的是一丝小伤悲。音乐课？开玩笑吧，虽然我简历上写自己会弹钢琴，但我唱歌可是跑调的。见师傅、领教学用书、听课……就在两小时三十分之内，我要在明天开始成为一名音乐老师。我坐在陈师傅(陈丽敏)对面，她开始给我讲如何上音乐课。说真的，我当时是真的一句都没听进去，就记住了临回家前她给我讲的一句话“杜郎口都能教英语，你一定没问题”。回到家我第一件事情查了查谁是杜郎口，顿时，信心十足。看谱子，跟着磁带一遍又一遍地唱；按教参编舞，一遍一遍地跳。第二天和师傅交流，她边弹，我边唱，看着我笨拙的编舞动作，她耐心地一遍又一遍地教我。赶鸭子上架，我红着脸硬着头皮，做了一件我做梦都不可能梦见的事情——上音乐课。接下来的三四天，陈老师每天听课、帮我备课，很快，我就找到了上音乐课的感觉。

第二条流水线：副班主任。

当我游刃有余地美美地上着音乐课时，突然又被通知去跟班上课。我匆匆地跟着陈师傅走在二年级的走廊上，要去拜见我的第二任师傅慧芳老师。如果说陈师傅教会了我在老师的这条道路上如何行走，那么殷师傅教会了我如何跑，如何做人，做一名合格的人民教师。殷师傅话不多，我每天就像个跟屁虫跟着她。给我印象最深的一件事就是春季报到前一天，她不仅把教室打扫得干干净净，而且还把孩子们的每一张课桌都擦得一尘不染。当时我是无法理解的，而当我成为一年级的班主任，当我像她一样擦干净每一张课桌等孩子们来报到时，我终于理解了，原来，在她的心里每一个孩子都是自己的。

在一个人的成长过程中，仅仅学会行走、学会奔跑、学会做人，够了吗？是不够的！我们还要有思想，可以说正是大道给了我灵魂。在我心里，大道像一所大学，“大道讲坛”、周六学习、专家讲座……每一次都会给我心灵的洗礼，它不仅使我开阔了眼界，而且让我对生活的态度，还有自己的世界观、人生观，都有了更加准确的定位。

大道是海，海纳百川；大道是宝藏，让我不舍离去；大道是妈妈，给了每个人温暖的同时教给我们如何爱孩子。大道是门，一扇为我开启了走上教育大道的成长大门。

我的师傅“百度王”

李桃莉

他视野宽阔如百度，处理事情如包公，研究学问谦虚严谨，做人办事低调幽默……他就是我的师傅，一个我欣赏又敬佩的人，一个我感激又尊重的人。

记得初次来到大道时，校长说会派师傅来带我们学习一段时间，熟悉一下教学和环境。一会儿，一个个同伴有说有笑地被师傅带走了，而我却忐忑地等待着，我的师傅又会是一个怎样的人呢？会不会很严格呢？

就在我浮想联翩时，一位40岁左右的、个子高高的、瘦瘦的穿白色T恤的男教师向我们走来，校长示意我和另外一个女孩："这是王保和老师，你们两个人先跟着王老师学习。"他就是我的师傅啊！严厉，是他给我的第一印象。到办公室后，王老师给我们安排好座位，说："先暂时在这儿吧，过几天我到教务处给你们排一张听课表，每个年级每个学科都接触一下，我的课可以随时听，平时没事的时候可以看看书。"

听课开始了，至今我仍然清晰地记得听的第一节课是六年级的科学课《植物角里的科学》。上课时王老师拿了一盆枝干倾斜的花，让学生观察猜想：为什么我这盆花的枝干会倾斜呢？孩子们顿时沸腾起来，经过一番激烈的讨论后，他们猜想出来多种原因争论不休。该验证了，王老师话锋一转："这样吧，孩子们，我们先排除明显不合实际的猜想，以确保更具有价值的假设得以验证。"随后王老师同大家一起排除了不切实际的猜想，又对剩下的合乎逻辑的猜想进行严密的组织与计划。下课了，实验这个最有趣的部分仍然吊着孩子们的胃口，我想他们肯定回家会亲自尝试。我问王老师花的由来，他说："每年我都会培养一盆这样的花作为教学用。"原来是这样啊，王老师真是个有心人。

一个月后，王老师有事要出差几天，我心里暗喜：终于可以检验一下我的学习成果了！需要讲的内容，我已经听王老师在其他班上讲过好多遍了。于是我学着王老师的样子"胸有成竹"地走进教室，可真正上起课来才发现问题重重，孩子们提出的问题有很多根本就不在我预先考虑的范围之内。我失去了上课前的平静，想想王老师在课堂上的镇静自若、游刃有余，不由心生佩服。后来我一五一十地把问题说给王老师听，他笑着说："没事，你才刚教课，这很正常！想上好科学课要扩展自己的知识面，更重要的是不要担心学生问的问题我们不会，上课本来就是和孩子们共同探究，有了不会的问题及时查阅资料，一点一点积累，相信时间长了你也会游刃有余了。"我不得不承认他有着渊博的知识，对很多问题达到了不仅知其然而且知其所以然的境界。

第二学期，我开始信心十足地和孩子们一起学习探究科学这一门学科。备课过程中总是出现这样那样的问题，有时候同一个问题百度上会给出很多不同的解释，让我难以抉择。我只好向王老师请教，王老师一般都会耐心地给我解释，久而久之，我发现似乎什么问题都难不倒他，后来就给他起了个外号叫“百度王”。

有一次，为了辅助教学，他让六年级学生观看视频，需要用马赛克处理影片，他没日没夜地靠自学钻研了很长时间，最终掌握了这门技术。王老师孜孜不倦、潜心钻研、学而不厌的精神一直激励着我拼搏向上。

随着时间的流逝，我和王老师越来越熟悉，在我心目中他的严厉逐渐被热情幽默和随和所取代。但是我做错了事情，他还是会很“严厉”的。那次轮流试教时，我执教《体积变化之谜》，这也是王老师最得意的课题之一。为了让我上好这节课，王老师无私地把他的“宝贝”(一些瓶瓶罐罐，全部是他自己亲手做的)拿出来让我做实验用，并且把以前的教学设计和视频送给我看。我觉得这节课对于理工科的我来说很简单，但是上得很糟糕。课后王老师严厉地批评了我，并拿出他的记录本，一一指点我上课出错的细节，实在令我汗颜。尽管事后他一再后悔我说他自己心太急，但是我知道一切都是为了我好，严师才能出高徒嘛。这件事，我对他有了进一步的认识：研究学问谦虚谨慎。

身为组长，但他从来没有命令过我们，做人不张扬，默默无闻地工作，看待和处理事情公平公正，做人严厉、幽默又不失分寸。有时候我们在一起还会聊一些新闻、生活、饮食等方面的话题，他都能说得头头是道。身体上有不适，他能给出一些小偏方；思想、情绪方面的问题，他会给我推荐书和电影；我看不惯的一些人和事情，他总会给我讲一些道理，教我如何适应社会。

这就是对我影响最深的人——我的师傅“百度王”。他是一个淡泊名利、乐观向上的人，从他身上我看到了善良和真诚、聪明与严谨、执着与自信。我敬仰他，佩服他。我知道在未来的路上还有更多的荆棘，但我相信，在师傅的带领下，我一定会披荆斩棘，勇往直前。

夸夸我的徒弟

贺晓梅

《南风和北风》的寓言故事大家都很熟悉，它向我们昭示了一个真理和法则：方法对结果的重要作用。在教育中，亲切的语言、真诚的欣赏犹如温暖的南风，它比声色俱厉的批评更能起到激励人进步的作用。在师带徒的年度交流汇报中，我校推出了“夸夸我的徒弟”的活动，我欣然上台。

——题记

张君是我们组的一块“宝”。他虽然最年轻，可却是我们组唯一的数学系本科生。备课时，他独到的想法常常会引发大家深入思考，去挖掘教学内容的本质。比如，在教学“求比一个数多几分之几”的分数应用题时，他建议上一节铺垫教学课，还原知识的本来面目，让学生经历这句话的省略过程，然后通过比较，让学生理解“为什么学了比多少(差比)”还要学习“比一个数多几分之几(商比)”。解决了学生的真问题，对于突破这个教学难点起到了重要作用。教了多年毕业班的老师也不禁感叹：我怎么没想到这个问题呢？在办公室里，大家已经习惯了把问题抛给他：张君，“比号”是怎么来的？圆周率为什么用“π”来表示？他俨然替代了“百度”！

在教学上，他很有想法，希望他的学生能在更广阔的数学背景下学习。记得在学习分数除法应用题时，他给学生介绍了“丢番图”的“墓志铭”，让学生感受方程解题的优越性，引得班中很多孩子对方程产生了浓厚的兴趣。当他把孩子们收集的资料递给我看时，其中一个孩子亲手抄写的一大段《九章算术》(有关“方程”的来历)让我很受触动。孩子们在他课上收获的何止是方程知识。

张君称得上是“文武双全”，不仅数学功底厚实，而且能吟诗、会做画，文笔流畅，遣词造句合仄对仗，参投的第一篇论文就获得了全国二等奖。他不仅人长得帅，字写得也漂亮，因此，有关我们组的文字记录、通讯报道、板书绘画皆由他全权负责。

当然，他也有迷茫的时候。毕竟，作为年轻人，又是第一次带毕业班，缺少经验，摸不着路径，实属正常。作为师父，我会常常去听他的课，对他的每一个优点，会细细地指导，大到每个环节的处理，小到课堂上的一言一行。作为师傅，我也经常会拉着他一起去听课，讨论哪些方面值得学习，哪些方面该如何改进，使其在不间断的学习中快速成长。

匆匆之间，一学期即将过去，我想对张君说：“爱读书，爱思考，爱学生，是一个优秀教师必不可少的素质，你已经拥有。注意扬长避短，虚心学习，永远相信自己，你一定会成功！”

第三章　活动之旅

每一次体验都是受益匪浅的

有一首歌唱得好："动起来，为新的力量喝彩；动起来，每一秒都期待；动起来，为新的纪录喝彩；动起来，就拥有精彩未来!"

我们相信，没有活动就没有教育。对于学生来说，每一次体验都是受益匪浅的。

学校十大特色活动，陪伴学生走过春夏秋冬；手绘T恤T台秀，展现的是创造之美；打造特色班级，彰显的是个性风采；学生大讲堂，"小堂主"们走上了中国国家图书馆的讲台；维也纳金色大厅，学校艺术团充满激情的鼓乐合奏《龙腾虎跃》点燃了现场观众的热情……

让学生在实践中得到发展，在体验中学会做人，才能实现"全面发展打基础，个性发展有特长"。

一、校级特色活动

十大特色活动　伴你春夏秋冬

李　霞　李晓明

20 多年来，我们遵照胡锦涛同志给少先队员的题词："立志做祖国的小主人，学习的小主人，少先队的小主人"的题词精神，根据小学生活泼好动、喜欢合群的特点，积极开展了丰富多彩的德育实践活动，让学生在实践中得到发展，在体验中学会做人，真正成为德育的主人。

为了将活动持久、深入地开展，结合学校特点，我们将十大系列活动主题化、课程化，在时间上、内容上、形式上不断探索设计，使其积淀凸现成为我校的一大特色——

春天：(1)"小蜜蜂"读书节；(2)"走进春天"春令营；(3)"阳光爱心"工程。

夏天：(4)"十佳""百优"队员评选；(5)"爱家乡，做主人"暑期实践活动。

秋天：(6)"红石榴"朗诵会；(7)"牢记胡爷爷教诲，做少先队小主人"系列活动；(8)"金钥匙"科技节。

冬天：(9)"冬天到，跳跳跳"活动；(10)寒假"十星"小主人行动。

1."小蜜蜂"读书节。为了落实胡锦涛同志为学校的题词精神："多读书，读好书，立志做有知识的人，做对人民有用的人"，让书籍滋养孩子心灵，让读书伴随学生成长。学校开展了"小蜜蜂"读书节活动。各个班级建立图书角、成立读书社、开展好书推荐、好书漂流、最喜爱的图书分享、自编图书展示、亲子共读、"小蜜蜂"书市等活动。孩子们在浓浓书香校园的熏陶和感染中健康、快乐地成长。

读书节启动式上五年级学生展示古诗接龙

热闹的书市现场

“好书快来买!”

书市上的小小售书员

2.“走进春天”春令营。春天来了，麦苗绿了，小草发芽了，桃花开了，昆虫从地下钻出来了，春天的一切都呈现出生机勃勃的景象。在这美好的春天里，“走进春天”春令营活动让师生们走出校园，走进春天，走进大自然，去感受春天，去探索大自然的奥秘。与春天一同成长，一起收获，为美丽的春天增添一份异彩。同学们在参与中认识自我，在表现中感受成功，在体验中主动发展，激发了孩子们对大自然的热爱，增进了师生、亲子之间的情感交流，焕发了孩子们蓬勃的朝气和活力。

走，到郊外去踏青！

畅游绿色庄园

3.“爱心阳光”工程。为了让每个孩子成为有爱心、有责任感的人，从小将团结友爱、助人为乐的精神扎根心中，学校开展了爱心阳光工程。多年来，学校和多所农村小学建立了手拉手联系，开展了多次手拉手联谊活动；多次走进福利院、特殊学校、养老院开展慰问活动；向汶川灾区、西南冰冻灾区、西南旱区、青海玉树、四川雅安灾区等地捐款捐物；产生了很大的影响。

走进特殊教育学校

为福利院的孩子献爱心

4.“十佳”“百优”队员评选。为了表彰先进，学习榜样，树立典型，激励队员们崇尚先进、学习先进，争当最佳的我。学校在每年“六一”前夕都会进行“十佳”“百优”队员的评选，为全体队员树立可亲、可敬、可学的身边的榜样。让队员们从身边榜样的感人事迹和优秀品质中汲取力量，健康成长。

我们的“十佳”队员

我们的“百优”队员

5.“爱家乡，做主人”暑期实践活动。社会是孩子们成长的大舞台。每年暑假，我校少先队总队都要举行“爱家乡，做主人”暑期实践活动。每个班级学生自主成立6～8个小队，由班主任统一协调，聘请家长担任辅导员，以小队为单位开展活动。暑假实践活动把学校教育、家庭教育和社会教育有机地结合起来，让学生在活动中了解安阳，增强了对家乡的情感和对社会的责任感，在实践中得到锻炼成长。

参观污水处理厂

走进消防队，了解消防知识

6.“红石榴”朗诵会。在学校的小花园，有六棵石榴树。每当秋天到来的时候，石榴红了，放眼望去，饱满的石榴缀满枝头。虽然果实诱人，但是同学们都十分爱护，没有一个人会去触碰它们。这些石榴树见证了大道学生良好的修养，表明了大道小学优良的校风。大家会一起喜摘石榴，分享果实的甜美，还会举办“红石榴”朗诵比赛，讴歌哺育我们的祖国，养育我们的家乡，培养我们的学校和老师。每次的朗诵会上同学们都会受到一次思想的教育与艺术的熏陶。

歌唱祖国，赞美家乡

爱学校，爱老师

7.“牢记胡爷爷教诲，做少先队小主人”系列活动。进入十月，我们少先队将会迎来建队日。为了庆祝我们自己的节日，学校少先队总队会开展一系列庆祝少先队建队日的活动。有体现我校三自主活动模式(即自主性组织、自主性活动、自主性评价)的总队干部竞选和就职仪式，也有让每个一年级新生终生难忘的新队员入队仪式。这些活动培养了少先队员对党、对祖国的热爱，引导队员们继承和弘扬少先队的光荣传统，增强少先队员的光荣感和自豪感。

一年级新生入队仪式

“超级总队委”竞选现场

8."金钥匙"科技节。为了培养孩子们从小爱科学、学科学、用科学的精神，增强他们的创新意识和创新能力，每个学年的第二个学期学校都会举行金钥匙科技节。从每年暑假开始，活动就开始了。各班都成立了科技小组，开展丰富多彩的科技活动。科技节的口号是：用眼睛去观察；用双手去操作；用头脑去思考；用智慧去创造。特别是科技节展示会，更是普及科学知识，展示班集体成果和孩子们互相学习交流的盛会。在老师的带领下，大家纷纷制作精美的版面，布置科学小展台，演示科技小实验。形式新颖、作品丰富的科技节，吸引了孩子，也吸引了家长，形成了人民大道小学一道亮丽的风景。

自己动手搞发明，争做科技小主人

科学大讲堂——"揭秘 3D 电影"

9.“冬天到，跳跳跳”活动。冬天是锻炼身体的好时节，我校的传统活动——“冬天到，跳跳跳”活动从每年 11 月份就开始了。跳绳、踢毽子使每个学生增强了体质，锻炼了意志，丰富活跃了同学们的课间活动，增强了班级的凝聚力和集体荣誉感。活动的口号是：“跳起来，蹦起来，让我们的身体棒起来。”“不怕冷，炼身体，为集体，增荣誉。”人人参与、亲子共同锻炼。在跳绳、踢毽子的过程中，孩子们从不会到学会再到熟练，最后成为一个个跳绳、踢毽子大王，充分感受体育锻炼带来的乐趣。

跳出好心情，跳出好身体！

10. 寒假“十星”小主人行动。在每年寒假到来之时，为了让每个队员度过一个文明、健康、平安、愉快而有意义的假期，喜迎中国传统节日——春节，学校都会开展“十星小主人行动”活动。“十星”是：读书星、孝敬星、爱

我们的“金星”队员

我们的“十星”队员。

心星、健康星、节俭星、遵纪星、安全星、自理星、才艺星、环保星。同学根据自己的情况自主申报，在寒假里开展争星活动，不仅做学习的小主人，同样做自己生活的小主人。这项活动告诉同学们，在学校要做一名好学生，在家里要做一个好孩子，在社会上要做一个合格的小公民。

附一：“小蜜蜂”读书节书市学生感受

(1)这时，一声又可爱又亲切的“姐姐”，我寻声望去，原来是一群二年级的“小豆豆”们来咨询我的书呢！

“这本书多少钱?”

“给你便宜点，一块五吧！”

“我只剩下一块钱了，能不能卖给我呀?”

听着她稚嫩的声音，我真不忍心拒绝，就爽快地答应说：“好吧，卖给你，再加个小礼物，回家好好看吧！”虽然没有卖出高价，但我的心里甜滋滋的，因为这个“小豆豆”如愿以偿地买到了自己喜欢的书，因为我从她的身上看到了自己的影子，我也是从这样的“小豆豆”一步步成长，成为她眼中的“大姐姐”的。

——六(2)班王艺骢

(2)今天，书市上我们摩肩接踵。同学们如同不辞劳苦的小蜜蜂一样穿梭于群花百卉之中，饱饮蜜露的甘甜。一番番精挑细选，一番番左顾右盼，一番番手忙脚乱，一番番讨价还价后，大家对书爱不释手。一次次喜上眉梢，一次次东张西望，一次次笑逐颜开，一次次怀搂爱书，脸色喜气洋洋，目光炯炯有神，双手左摇右摆，步伐坚定有力。同学们自己筑造了指路的灯塔，进步的阶梯；请来了托运知识的骏马，无所不知的顾问。

——六(2)班高宇翔

(3)今年的“小蜜蜂”读书节，既让我得到了惊喜，又让我收获了友谊。“小蜜蜂”读书节买书、卖书只是一个形式，真正的目的和收获是让我们爱上书，让我们成为不怕辛苦的读书人。

——六(1)班王佑东

(4)盼望着，盼望着，“小蜜蜂”读书节终于迎着春风来到了。

……

来到楼下，我不禁惊呆了，迎接我们的是那五彩缤纷的书海。四条鲜红的条幅从二楼直垂一楼，仿佛从天而降，在绿树红墙的衬托下显得格外气派。只见一条条幅上写着：“最是书香能致远，花开时节满校园”……

——六(2)班王言

(5)学校在书市上总会举办一个“春芽在行动”活动，同学们把想捐的书或文具都捐到这里。老师带领几名同学把捐来的物品进行分类整理，再运到偏远的山区。我的任务就是把参与活动同学的班级、所捐的物品数量登记清楚。

……

在回家的路上，我想：这次书市上我虽然没有买卖书，但是我却觉得怀着一颗充满爱的心去做事非常充实。

——六(10)班谢思远

附二：“红石榴”朗诵会班主任感言

(1)让我们荡起双桨，在大道扬帆起航！(王菲)

(2)从孩子们凝重的神情，动情地诵读中，我知道一粒粒种子已经深深扎根在他们心中。我想，我们的心声，红石榴一定听到了，祖国妈妈也一定听到了。(温玉玲)

(3)爱要从小事做起。孩子们通过朗诵活动感受爱，体味爱，进而学会爱！(张爱民)

(4)孩子们不仅品尝到了亲手采摘校园石榴的香甜，更享受到了团结一心的快乐！(周娟)

(5)教育的话用故事说，教育的事靠活动做。(殷慧芳)

附三：人民大道小学2010年“爱家乡，做主人”暑期实践活动地点列举

(1)中国文字博物馆

(2)殷墟博物苑

(3)羑里城

(4)曹操高陵

(5)马氏庄园

(6)文峰塔

(7)袁林

(8)郑州科技馆

(9)安阳革命历史博物馆

(10)安东新区

(11)安阳师院

(12)安阳市干休所

(13)安阳市中心血站

(14)安阳红十字会

(15)安阳市福利院

(16)安阳电视台

(17)安阳市环境监测中心

(18)安阳市园林处

(19)安阳市地震局

(20)安阳市气象局

(21)安阳市消防支队

(22)安阳市蔬菜研究所

(23)安阳市少儿图书馆

(24)安阳烟厂

(25)安阳联通公司

(26)安钢职工总医院

(27)北关区消防支队

(28)北关分局刑警队

(29)文峰区消防支队

(30)龙安区法院

(31)华隆针织厂

(32)开元金属制品公司

(33)开发区有声幼儿园

(34)彰武水库

(35)岳城水库

(36)生态园花卉市场

(37)北蒙生态观光园

(38)妙角士蛋糕房

(39)吕村桃园

……

和孩子一起系红领巾

李　霞

50年校庆活动中，孩子们承担了多项任务：接待团、礼仪队、花束队、管乐队、讲解团、小记者团、敬献红领巾队、国旗队、演出队等，校园的每个角落几乎都有他们的身影。因为我们知道，给每个孩子发展锻炼的机会，让孩子们在参与学校活动中感受学校的底蕴，体悟大道精神的重要，只有这样，孩子们才会理解“今天我为大道自豪，明天大道因我精彩!”今后他们也会这样去做。学校对学生的理解与信任让校园充满生机，让学校充满魅力。成长需要这样的环境。

校庆那天，各级领导、各届校友如约而至，共同庆祝大道50岁的生日。东操场上坐满了人。少先队员向来宾敬献红领巾是活动的前奏。主席台上就座的领导有近40人，献红领巾的队员早就准备好了，而且非常充分。献红领巾开始了，队员们走上主席台，大方得体地为来宾佩戴红领巾，非常好，非常顺利……可有一位队员站在那里，左压右交叉，戴不上；右压左交叉，还是戴不上，反复了几次，未果！看来孩子是太紧张了！是呀，这样的场合，别说是孩子，搁着谁都会紧张。开始想最好是孩子自己给领导戴上，但现在看来靠孩子已经不可能了。台上、台下一片寂静，时间不等人呀！怎么办？我快步走上了主席台。走到那位专家面前，说：“您是我们最尊贵的客人，为了表达我们的敬意，今天让我们师生二人共同为您佩戴上红领巾吧！(随即麻利地系上)，让我们一起向您——敬礼!”因为有语言提示孩子，我们俩的敬礼还是很齐、很标准的。客人很高兴地坐下了。我扶着孩子的肩自然地走下场。这时我听到台上台下响起热烈的掌声……后来有人开玩笑：“李霞，那个孩子是你安排的托儿吧？当幕后英雄不行？还非要冲到台前亮相啊!”

事后我和那个孩子交流，问我们师生一起为客人系红领巾的感受，他说：“我终于得救了!”孩子的父亲那天也在场，那一刻，我想他比孩子更紧张，因为结束后孩子的家长说得最多的就是“感谢!”能在孩子们最困难的时候帮助他，是对他最好的尊重；能在关键的时候“救场”，是对更多人的尊重。

给落选的孩子发证书

李晓明

学校每年都会举行“牢记胡爷爷教诲，做少先队小主人”总队干部竞选。在每次竞选活动开始之前，我们都会在“金喇叭信息港”里贴出大幅海报，在“红领巾广播站”里发出邀请，希望所有有能力、有热情、有责任心、愿意为大家服务的队员都来参加竞选。除了每个班推荐的学生外，队员们还可以将自己的报名表投入学校的“小主人信箱”来自荐参加竞选。所以每一次竞选都吸引了许多孩子参与，在接下来一场又一场的比赛中，展示着自己，锻炼着自己，发展着自己。

广泛发动学生们参加竞选，这样有利于锻炼学生，也有利于选拔出更优秀的孩子；但是烦恼也随之而来，因为相对于当选的队员，落选的学生是绝大多数。每次看到有的孩子由于在比赛中表现不好，眼泪在眼眶里打转时，我总不知道如何去安慰他(她)。每次孩子们兴奋地唧唧喳喳问我自己是否当选时，我又不知道如何开口，怎样才能让他们明白重在参与的精神，了解失败、挫折虽然是痛苦的，但却是一个人在成长过程中必不可少的，从而保持这种积极向上、热心为大家工作和服务的热情呢？

为此，我思考了很长时间。在一次整理奖状时突然想到，奖状和证书是为了激励获得成绩的同学，而参加校级竞选的孩子，每一个都是做了充分的准备、战胜了自己才敢于站在竞选台前的，这种精神本身不就值得肯定和鼓励吗？想到这里，我便设计了“人民大道小学总队委员参选证书”——

亲爱的　　　同学：

非常感谢你参加　年人民大道小学总队委员竞选，我们相信敢于参加竞赛的你不论成败都是好样的。勤奋使你获得佳绩，执着使你再创辉煌。希望你胜不骄、败不馁，继续朝着“我要成为最佳的我”的目标不断奋进！

人民大道小学总队部

×年×月×日

在每一场竞选过后我都会把证书发到每个参选的孩子手中。每个拿到证书的孩子都很高兴，因为他们知道自己的勇气、自信和努力得到了肯定。

接下来我们还邀请在初赛时落选的孩子在复赛时到现场当观众评委，准备问题提问进入复赛的选手。这使得他们在复赛时也十分主动活跃，并有不少孩子询问我下一届选举什么时候进行……

每个孩子的内心都渴望被理解、被尊重。我想，学校应该是这样的地方，让每个孩子的心灵在这里都能得到滋润。结果是重要的，但过程往往更美、更震撼、更值得让人去尊重。

小毽子　大智慧

李晓明

转眼间冬天到了，一年一度的“冬天到，跳跳跳”活动又要开始了。这项活动在我校可谓历史悠久，已经进行了十八届。活动内容为1～3年级开展跳绳活动，4～6年级开展踢毽子活动。内容虽然简单，但是对身体是十分有益的。

一下课几乎每个孩子都拿起毽子在操场上、走廊里踢起来。我心里纳闷：一个小小的毽子有什么魔力让学生们如此着迷？直到有一天，我和一个女孩在一起踢毽子才明白了其中的奥秘。

一天下午，我和一个五年级的女孩(是个踢毽子好手)一起玩对踢毽子。我们踢了十多分钟之后，我感到有点累了，另外也觉得有点乏味，就提出不玩了。小姑娘很聪明，看出了其中的端倪，说：“老师，咱们玩踢毽闯关游戏吧。”我十分惊奇，问：“踢毽子还有闯关游戏？”“当然。”小姑娘说，然后就兴致勃勃地给我演示了闯关的步骤。第一关，连踢5个；第二关，踢毽子的脚不落地，连踢5个；第三关，踢一个毽子拍一下手，连踢5个；第四关，踢一个毽子摸一下地，连续5次……我一下子被她精彩的表演震惊了，问她怎么想起来这么玩。她说这都是她和同学在踢毽子的时候想出来的，除了这么玩，其他方法还多着呢！什么正反踢，左脚右脚轮流踢，编花儿踢呀等等。她说得那么随意和自然，但我的心却被深深地震撼了：孩子们的创造力是我们不能小觑的。想当初我们让孩子们踢毽子是考虑到这项活动安全又不受场地限制，评价时只是以一次性踢毽的个数为标准，制定了每个年级男生、女生的及格与优秀的个人项目标准，而孩子们却能从小小的毽子中找到这么多的乐趣，有着自己全新的解读。他们把踢毽子看成一项群体游戏，并设置了闯关等多项内容，而且是不断更新的。更有一些男生踢毽子总是不得其法，干脆将毽子当成沙包扔来扔去，或是将它看作篮球往篮筐里投。这使得我们成人看来枯燥乏味的毽子在孩子们手里变得充满魅力，足以吸引着他们一下课就带着毽子走出教室。

从这时起，我开始留心学生们在游戏中所体现出的智慧。在跳大绳中，两个抡绳的孩子可以交替边抡边进到大绳里跳；乒乓球台被人占满了，就拿乒乓球随便找一块空地两个人对打；再平常不过的针线和彩色的绳子，在女孩子手中可以变为精美的十字绣或是编成漂亮的饰品；就连树上掉下来的落叶孩子们也有他们自己的妙用……

孩子们在游戏中所表现的童真、童趣值得我们敬畏。这让我认识到在开展活动的时候，绝不能忽视孩子们的意见。多听听孩子们的想法，使活动变得更有趣、更吸引人，在评价时可以有比赛、有展示，用多元化的方式来考虑，我想孩子们一定会更喜欢这些活动的。

在工作中，我们有时候增长了知识但却丧失了智慧，习惯了循规蹈矩却丧失了创造力，思维被束缚了，即使有了新想法也不敢尝试，怕出错，怕被别人指责，于是我们甘于平庸，甘于人云亦云，不敢表达自己内心的想法。我们应该向孩子们学习，学习他们敢于天马行空的想象，敢于用创新的精神对待身边的一切事物。也许只有这样，我们才能走近他们，理解他们，更好地服务于他们的发展。

二、年级特色活动

年级活动　别样精彩

周　娟

年级特色活动，是根据学生的年龄特点"量身定做"的，是年级老师智慧的结晶，更是年级组在合作中提高，在继承中发展的大练兵场。

(1)入队活动。学生进入小学不久举行的入队活动，是对学生生理与心理的一个"断奶"行动。是学生从幼儿园生活到小学生活的一个里程碑式的过渡。入队前的教育在年级组长统一组织带领下，展开一系列活动。庄重而严肃的入队仪式将永远留在孩子的童年记忆里。

(2)亲子运动会。这是一年级的特色活动，更是增进学生亲近校园、家长了解学校、老师走近家长的一个很好的渠道。活动中，每个班级家长和学生代表一分钟精彩展示，反映了各班的整体风貌，学生与家长的互动游戏把活动推向了高潮，她们在嬉笑中体验着亲子的快乐，浓浓的亲情拉近了学校与家庭的关系。

(3)单项运动会。如果说亲子运动会是“扶”的过程的话，那么单项运动会则是学生开始走向独立的起步。家长不再手把手地指导，而是每个学生在自己申报的体育项目中勇敢竞争，大胆拼搏，体验成功，品尝失败。

(4)百米画卷。低年级学生爱写爱画是他们的天性，美术组老师呈现在操场上百米白布，让学生们在上面尽情书画，水粉画、水彩画、想像画、连环画……操场成了一个露天展览馆，学生们得到了淋漓尽致的发挥。

(5)T 台秀。中年级段学生的心理特点是，逐渐摆脱幼稚单纯，他们已经不能满足于自我的欣赏，更多的是想得到群体的赏识与肯定。此时，关注美并刻意创造美、独显个性是他们的天性，我们就让他们在 T 恤上自由涂鸦，再穿在身上彰显自己。学校搭建平台，让学生在这种自由的展示中提高自我的品位，展现自我的风采，达到心理的巨大满足。

(6)“阳光少年体育节”活动

我校是省田径运动传统项目学校。为积极响应国家“阳光体育”运动的号召，树立“我运动，我健康，我快乐”和“每天运动一小时，健康生活一辈子”的理念，进一步提高学生综合素质，活跃校园文体生活，充分展示大道师生“快乐健身我先行”的风采，我校在每年 11 月开展“阳光少年体育节”系列活动，如“冬季长跑”“校园足球赛”“校园乒乓球赛”等。同学们走出教室，走到阳光下，跑步、踢球，锻炼身体。

(7)“感恩母校”活动

“不忘大道，永念师恩”，每次“感恩母校”活动都会让每一个在场的人被浓浓的师生情、离别意所感动。学生们用真情和行动生动地演绎了小学生活中难忘的“最后一节课”。充分表达了六年级学生对母校深深的眷恋，以及对辛勤哺育自己成长的老师们无限的感恩之情。学生们为辛勤培育他们六年的恩师献上了最美丽的鲜花和最美好的祝福，当师生相拥而泣时，现场每一位来宾又一次热泪盈眶。学生们在无比留恋同学、老师，感恩母校培养的同时，心灵受到洗礼，情感得以震撼。每年毕业之际，学生为感谢母校培养，将自己最喜爱的图书精心写上给学弟学妹的赠言，捐献给学校。这项活动不仅丰富了学校的藏书，更是一种感恩教育、传承教育，让真挚的校友情谊和独特的大道文化薪火相传。

水果荟萃庆六一

刘海慧

你一定吃过青辣椒和红辣椒拌到一块的菜，如果再赋予一个充满侠骨柔情的名字，那就是：绝代双“椒”；西红柿和黄瓜组成凉拼，我们可以用“万绿丛中一点红”这样的名字，让你想象出叠加的绿和画龙点睛的那点红……相信你看到这些菜，听了这些趣味盎然的名字一定会“口水直流三千尺”。

“六一”儿童节马上到了，如何让孩子们度过一个别具一格的儿童节呢？从上面的菜名中我深受启发：用水果拼出造型，并起一个好听的名字。

“六一”这天，各路水果“粉墨登场”。

“大肚能容天下难容之事”，这是佛家的最高境界。小博同学将西瓜里的“内容”掏空，精心刻出了锯齿形盖子的西瓜空壳，可别小看了这个空壳，打开盖子见分晓，里面是火龙果、香瓜、葡萄等各种水果，俨然成了一个水果宝库。只听他滔滔不绝地介绍道：“大肚子西瓜里装了这么多水果，你看它多‘包容’呀。”

“快乐大巴，马上出发”，这个名字出自中央电视台少儿频道《大风车》栏目，不用品尝，光听一听这个名字，孩子们就能乐上半天，因为所有孩子都是少儿频道的“超级粉丝”。只见小林同学拿来一个椭圆形的香瓜，用西瓜刻了几个红轮子，再用牙签将红轮子固定在香瓜的两边。为了让这辆大巴更逼真，他还在香瓜的两侧刻了几个小方块，当作车的窗户，香瓜上面还刻了天窗。孩子们捧在手里看呀、乐呀，仿佛自己就坐在了大巴上。

“幸福时刻”这一水果造型更让你意想不到。在圆形的塑料盘上，用不规则的西瓜当成 12 个小时的数字，再用红红的西瓜瓤刻成长长的时针、分

针、秒针，摆成一个固定的时间，让这幸福的时刻永远定格。

用黄瓜拼成的大树，菠萝拼成的叶子，象征着孩子们自己每天都在茁壮成长，这个拼盘更是意味深长，这就是“茁壮成长”。

几枚袖珍西红柿拼成几朵梅花，再用红萝卜条代表梅花遒劲的枝条，取名“梅花香自苦寒来”。

还有“花开富贵”“日月同辉”“火烧赤壁”“轻舟已过万重山”……

平平常常的水果，因为有了孩子们精心的设计，显得那么别有一番趣味；简简单单的水果，因为有了孩子们对生活的感悟和平时学习的积淀，就变成了一幅疏影横斜的画，一个耐人寻味的生活场景，一句与大家共勉的警句……

孩子们将自己的杰作摆在长长的展览桌上，尽情地欣赏着。一声感叹，是为对方别出心裁的设计；一声惊呼，是品尝到了别样的花样年华。小记者们更是忙得不可开交，唯恐落下一丝精彩，穿梭其中，远近高低各自拍下了一道道独特的“六一”风景。

三、特色班级活动

为每个孩子提供、创造适合他们发展的最佳的教育环境，使每个孩子都能找到展示自己才华的天地，是班主任的责任。近年来，我们致力于特色班级创建活动，涌现出一批特点鲜明、色彩斑斓、生机盎然的特色班级。“我的班级我做主”。请跟我一起走进几个特色班级，欣赏它们个性十足的风采——

“羊村故事”
——孩子们自己的故事

张爱民

一直以来就想写一本属于自己和学生的故事，像叶圣陶先生那样用故事启迪学生心智，激发学生兴趣，让学生能够在无痕的教育中纠正不良习性，养成良好习惯……但这个想法却因种种原因一直未能付诸行动。2009 年又重新接手一年级，也许是放下了很多，舍弃了很多，只想做自己喜欢的事，才得以让自己能够轻装上阵，努力实现自己的梦想，有机会静下来思索与写作。同时感谢校信通为老师们搭建的写博平台，让我拥有了天时；感谢领导给我一个班级，让我拥有了地利；感谢支持我的老师、家长、学生们，让我拥有了人和。正是这些原因，使得我能在这个平台上，拥有一颗宁静的心，享受一份温暖的情，重新燃起了“志在千里”的豪情。在这里我幸福地阅读

着，感受阅读的畅快；幸福地思考着，品味着生活的美好；幸福地写作，享受着博友们温馨的鼓励；幸福地当老师，与学生一同拥有生命成长的快乐。

我们左右不了其他诸多的因素，但我们能左右自己的教室。希望我们的教室能像美国雷夫老师的"56号教室"那样，让每一个孩子变成爱学习的天使；像台湾老苏的"希望教室"那样，让学生的心中充满了爱和希望，使教育变得轻松、明快、幽默、睿智；让我们的学校像英国著名的"夏山学校"一样，成为"最富人性化的快乐学校"，充满无穷的活力，让更多的"巴学园"来传承这样一个教育理念——"让学校适应学生，而不是让学生适应学校"。

基于上述种种的感触，又在梅子老师的博文《羊羊们的趣事》的启发下，让我萌生了为这群属羊的孩子们写下属于他们自己的故事，于是现实版的"羊村故事"就这样诞生了。而我自封为"村长"，我们的学校是羊镇，羊镇有八个村落，我们是其中的一个。我希望它是羊羊们快乐学习的地方，因此，给它命名为"快乐航班"，赋予它"学习乐园"的美誉。在这里无论是取得成绩，还是遭受失败，都成为小羊们成长中的财富，成为我们的教育资源，我们的羊羊们都在健康快乐地成长。作为"村长"，我尽情地享受着其中的甜蜜，虽然没有耀眼的光环，但却更让人惬意。

播撒一颗爱的种子——

感受爱：《为孩子们的成长喝彩》

感恩爱：《过生日给孩子们的启迪》

分享爱：《奇异果》(食物的分享、快乐的分享)

学会爱：《爱之歌》("红石榴"朗诵会)

……

做生活、学习的小主人——

自主管理：《迟到之后》《小鬼当家》《羊村自制书》

自我教育：《羊村的早晨》《羊村淘气包》《撞车》《黑板上的留言条》《叶子轶事》

自我积累：古诗词大赛、故事会大赛、弟子规的品读、跳绳大赛

……

这个被羊羊们快乐地称作是新版"喜羊羊与灰太狼"的羊村故事，深受大家的喜爱。

家长们看了羊村故事后写道：

——很有创意，很细心的老师。这是一个窗口、是一座桥梁，让家长与这个班级不再陌生。希望老师能连载，更加了解到羊儿们在羊村的点点滴滴。

——虽然没有亲眼目睹“红石榴”朗诵会的盛况，通过孩子简单的描述，已提前感受到了这次活动的成功。孩子的话：“咱班太棒了！老师不用说话，一个动作，同学们就能做到整齐划一！”羡慕村长笔下的小羊们，你们太幸福了，为你们能够生活在这样一个团结协作、积极向上的羊村而骄傲，为你们拥有这样一位可敬可亲的村长而自豪！

——一篇小童话，讲出安全大道理！羊村长真是一个好村长！（天外飞鸿）

学生读了羊村故事写道：

“张老师你太有才了，写得比动画片《喜羊羊与灰太狼》都有趣，我一口气把它读完，我喜欢我们的羊村和村长！”

最近因为身体的不适，羊村故事间断了，但当我打开博客，看到纸条中的期盼，让我感觉到，羊村故事已经不再是我自己想写就写的事情了，无论怎样我都要坚持写下去。同时欢迎大家走进羊村故事，多多指导，为羊村注入新鲜的力量，让俺村儿的精神文明建设更上一层楼！

与“植物宝宝”共成长

范琳琳

担任班主任以来，我发现孩子们大胆、活泼、求知欲强，但同时又以自我为中心，对自己做过或做错的事不能主动承担责任。一开学，我就为每个孩子设定了自主小岗位，有的负责擦窗户，有的负责开关灯，还有的负责倒纸篓……但是，孩子们并不是以积极的态度去做，而是想方设法应付差事，更有甚者，为了自己的小岗位而去损害别人的利益。我立即制定了很多严格的制度来管理，但收效甚微。就在我束手无策之时，机会来了。

当时正赶上我校50年校庆，有同学提议每人搬一盆绿色植物来装点教室，并立刻得到了同学们的响应，此时的我却故意面露难色：“孩子们，你们连自己都照顾不了，能照顾好花吗？要知道责任比黄金更重要！”也许是这句话刺激了他们，孩子们一个个摩拳擦掌，坚定地说：“能，一定能！”我心中窃喜，还有谁比爸爸、妈妈对孩子的责任心强呢？于是趁势批准：“好吧，每位同学带一位‘植物宝宝’，你们都荣升为爸爸妈妈，到学期末，我们比比看谁的小宝宝长得最好。”

孩子们陆续把花摆满教室，我也兴奋地拿来相机，一一给他们拍照留念。开始几天，孩子们干劲十足，有的同学在照顾自己花的同时，还帮同学的花浇水、晒太阳。看到责任心在他们心中已悄悄生根发芽，我打心底里高兴。谁知好景不长，问题来了。“老师，我的花一个月才用浇一次水，可是不知道谁天天给我浇，您看，花都快死了。”“老师，我的花就像长了腿一样，总是被人搬来搬去，有时候就放在外面，要是丢了怎么办?”我明白孩子们还是很想把事情做好的，只是不知道方法。我让他们商量怎样才能把这件事真正做好，班会课上，同学们讨论得热闹极了，有的说：“花的主人应该在花盆上写上姓名，以及多长时间浇一次水。”话音没落，就有同学站起来说：“那我怎么知道你上次浇水的时间？应该直接写每月几号需要浇。”又有人补充：“或者写出来，泥土成什么样子时需要浇水。”讨论基本上有了眉目，大家一致认为这个办法好。我连忙提醒：“一定要准备一张漂亮的纸，字体要工整，这样才能赏心悦目，让大家更愿意帮助你。”于是，孩子们设计了不同造型的卡片，写上提示语，使我们的植物角充满了文化气息。

生活就是这样，只有知道了负责任的苦处，才能体会到尽责任的乐趣。同学们渐渐地明白：只有充分地了解，不蛮干，才不会好心办坏事，大家的事大家做，班级才会更美丽。

如今，走进我们的教室，满眼绿色，那么富有生机。陶醉其中，我不禁痴笑：随着孩子们的健康成长，“植物宝宝”也一定会茁壮成长，孩子们的责任心将与植物宝宝们一同成长！

大道雷锋班

张秀萍

眼前这本日记没有华丽鲜亮的封面，一抹素色，看上去质朴、端庄。掀开扉页，“大道雷锋班日记”七个工工整整的楷字映入眼帘，稚嫩中不失认真。它，是我们大道雷锋班每位学生心中的最爱，因为其中的每一个故事、每一段心语，都记录了大道雷锋班的诞生以及成长的点点滴滴——

记得那是初春的一个早晨，悦耳的晨会钟声响了，同学们在班长的带领下有序地交流一周的好人好事。倾听着大家的发言，有同学不禁提到“雷锋”这个闪光的名字。作为全国人民学习的榜样，孩子们会有多少了解呢？我顺势让孩子们交流这一话题。说实话，孩子们了解得不多，甚至有的孩子提到自己的父母说雷锋精神已经过时的话。望着眼前稚嫩的孩子，我陷入了沉思：孩子的发展离不开精神的领航，我们新时期的少年不仅要学习雷锋精神，还要传承接力下去，这毋庸置疑。

于是，我决定利用班会请孩子们思考、交流：雷锋精神过时了吗？我们身边有哪些行为是令人温暖的？我们小学生应该怎么做？……班会课上，同学们各抒己见，从身边的小事谈起，或激烈地讨论，或发表自己的看法，或沉思其中，最后达成了共识：我们要学习雷锋叔叔闪光的精神，将真善美的传承落实到成长中每一天。于是，“大道雷锋班”这个响亮的名字诞生了！“学习雷锋好榜样，传承接力放光芒！”的班级口号响亮地喊起来了。

接下来，走近雷锋，争做小雷锋便成了大道雷锋班的主旋律。

班里吹起了强劲的雷锋之风：阅览课上，课间十分钟，同学们手中捧的是《雷锋故事》《雷锋日记》；周末、晚上看的是《雷锋》电影和中央电视台《永远的雷锋》节目；走廊上张贴着同学们自己办的手抄报、书写着雷锋名言；

每周五晨会，是我班固定的“雷锋班故事多”栏目的时间，讲感动中国十大人物的故事，讲孩子们身边的好人好事，表扬班级小雷锋……当然，我总会及时提醒孩子们把他们记录在班级日记中。

走近雷锋的同时，我充分发挥学生的主体性，依托小团队活动，争做小雷锋。同学们自发成立了“小鲁班工作室”，在小队长郭振宇、赵紫煜同学的带领下，小鲁班工作室的同学们利用课余时间，在班级内外维护修理公物。同学们还成立了“尖尖角学友社”，学习雷锋钉子精神，珍惜分秒，勇于钻研，互帮互助，共同成长。“桃李芬芳园小队”引领同学们满怀感恩之情，尊敬长辈，在校内尽其所能协助老师工作，在校外自觉为长辈们让座、扶老人们过马路等等。

一天，同学们在《安阳日报》上读到这样一则新闻《捐出您的旧挂历，为盲童奉献一份爱心》，里面说到有很多盲童在学习过程中因为没有盲文纸而发愁，而挂历纸则可以代替盲文纸。这时我们就号召全校同学捐出家里的旧挂历，为盲童献爱心。短短两周时间，同学们就收到了全校同学捐来的200多份挂历，有的还是当年的新挂历，这使得大家深深感受到了人间的温暖无处不在，而这也成为同学们最美好最难忘的记忆。

随着时间的流逝，班里做了好事不留名的现象越来越多。这天，下课铃声刚敲过，同学们欢笑着走出教室。大队部李老师快步来到我们大道雷锋班，向我讲述了这样一件事：有一位老奶奶，说我们大道小学的一位学生捡到手机找不到失主，主动交给了小区门卫师傅帮助寻找。老人拿到手机后特地从铁西区跑过来要好好感谢这位做了好事不留名的“小雷锋”呢！通过查找，这位小雷锋就是我们班的孙心怡同学。

2012年3月5日，虽然天气还有些寒冷，但是我们“大道雷锋班”的全体成员们内心却炙热如火。因为这天是全国学雷锋日，学校举行了“学习雷锋好榜样”主题升旗仪式。仪式上，我们班被安阳市少工委授予了“大道雷锋班”的光荣称号。升旗台上，我和中队长申澳同学接过了市领导授予的锦旗。

2012年5月18日，北京师范大学“教育家书院”的专家领导们走进了“大道雷锋班”，认真观看了我班的“学习雷锋好榜样”主题中队会，并与同学们亲切交流。两位专家在赞扬孩子们大方、主动、热情的同时，对我们开展学习雷锋活动给予了高度的评价。

大道雷锋班，让孩子们感受着温暖；大道雷锋班，让更多的人感受着向上的力量！

迷宫，我们自己绘

殷慧芳

午饭后，照例是我们师生最快乐的时光。因为，深受大家喜爱的迷宫绘制又可以开始了。

阳光静悄悄地洒进我们的教室，教室里变得出奇的安静，每个小朋友都在专心地绘制自己的迷宫。他们有的先要花一部分时间冥思苦想，有的上来先设计起点、终点，还有的在根据纸张大小控制通道的长短、粗细……

大约十多分钟过去，开始有学生陆陆续续站起身来交流，互相试着走对方绘制的迷宫。总有孩子忘不了让我也走走他们设计的迷宫，最爱来到我身边的是我们的小雨晨。她画的迷宫常常占满整整一张纸(哪怕是一小片纸)，曲里拐弯，一不小心就会有走不出来的危险，常常会迷倒好几个人呢！这不，放在我眼前的迷宫又是画得满满的，起点多多的，稍微不仔细，就会在一条路还没走到一半时碰得“头破血流”。每一次，我都很佩服雨晨缜密的思维，一个小小的迷宫，在她的笔下变得看似条条道路通终点，真走起来却又是“山重水复疑无路”；当然，只要你有耐心，仔细观察，小心谨慎，走一步，看两步，终会迎来“柳暗花明又一村”的大好局面。我顺利通关的那一刻，她没有忘记给我以夸赞，并得意地不失时机地说明：“前面有四个小朋友都没有走出来呢！”

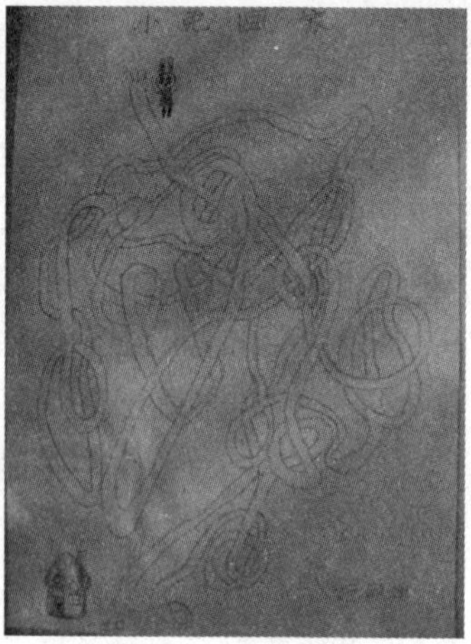

关于绘制迷宫，有很多人总结过它的好

处，例如：(1)它是对孩子涂鸦、着色、握笔能力再延伸训练；(2)可以增进运笔快慢的控制，比例大小的控制；(3)提高孩子们笔力大小的控制能力；(4)可以帮孩子建立起点、终点的概念；(5)有利于孩子方向感的建立；(6)增强孩子视觉广度的训练……总之，对孩子逻辑、推理、判断、记忆、观察、空间等能力的提高都有好处，有人还把它称为治愈心理疾病的新方法。对这些益处，我在慢慢体会，感受最深的一点是：孩子们非常喜欢，而且乐此不疲，我也尽情地享受其中。

红苹果 绿苹果

常艳玲

“老师，评委什么时候到啊？”

“怎么还不开始？我都等不及了！”

“老师，评委是谁啊？”

相同的问题几个孩子不停地问着……

周五下午，筹备已久的诗歌晋级赛特色活动如期举行。孩子们早早地来到比赛现场，那些平时个性张扬、爱说、敢表达的孩子们，看到电视台的来录像都自信满满地跃跃欲试，恨不得评委马上到了就比赛；而那些胆小、从不敢在众人面前主动表现自己的孩子，则稍微有点紧张。

下午2点30分，评委们宣读评分标准：吐字清晰、感情丰富、脱稿背诵、鼓励原创……如果晋级，五位评委会同时举“绿苹果”，如果不晋级，就举“红苹果”。因为是初赛，我之前给评委打过招呼，尽量让每个孩子过关，想给那些不爱说话的孩子自信和机会。

比赛顺利进行着，孩子们有的背诵《水调歌头》，有的背诵《将进酒》，还有的背诵毛主席诗词。“绿苹果”不断在评委手中挥舞着，孩子们也一阵阵地欢呼着，为同伴加油。旁边的听众都被二年级的孩子能有这样的水平而感叹不已。等到暖暖出场了，大家都为她捏着一把汗，生怕她因为不敢说而临时退场，因为暖暖是个从不敢在众人面前说话的孩子。记得赛前我给暖暖说：

“只要你开口，就会胜利，你一定能晋级的。”暖暖听了信心大增，课下练得特别认真，一遍遍地给老师背，给同伴演，能够一点点地主动表现自己了。暖暖拿出自己最好的表现把准备的诗歌朗诵了一遍，说实话相比其他孩子确实欠缺很多，但是暖暖还是很自信地等待评委的评判。谁知五位评委商议了一下觉得暖暖吐字不清，和其他孩子差距很大，其中有两位老师举起了“红苹果”，暖暖面临着落选。场上顿时鸦雀无声，随后“哇”的一声，暖暖大哭起来。这时候班里的一个小男孩走过去大声说：“老师，你们举错牌了，对不对?”评委们顿时醒悟过来，异口同声地说：“对，对，我们举错了，应该是‘绿苹果’。”小男孩又大声地说：“看看，老师也有出错的时候。别哭了，我们都知道你说的是最好的!”暖暖听了果真不哭了。

“老师，你们举错牌了，对不对?”“看看，老师也有出错的时候。”多奇妙的语言啊，多富有智慧的对话，瞬间化解了评委的尴尬，同时给了同伴以肯定和鼓励。我们常说教学相长，有时候孩子们更像智者，因为他们会站在同伴的立场去思考问题、解决问题。

其实诗歌朗诵晋级赛特色活动创设的初衷，也是基于我们班有一批孩子能说会道，而个别孩子却不爱表达的原因。此活动就是想给每个孩子锻炼的机会，人人参加，人人获得不同奖励，在生活化的活动、学习中变得自信。

活动初期，我给孩子们创设了神秘的参赛情境，以此来激励那些不爱表达的孩子，比如说精美的“晋级卡”的展示。海选赛只要先在小组内互相对讲就可以拿到晋级卡，活动由易到难，每个孩子都会在不同的层面获得认可。由海选赛、初赛、复赛、决赛到夺冠赛，层层选拔，层层激励，层层晋级，像滚雪球似的

比赛不断激起每一个孩子的斗志和参与活动的欲望。

特色活动的初赛暂时告一段落，很多孩子已经开始为晋级赛做准备，暖暖也在积极地精选自己喜欢的诗歌。细细思考，孩子们在活动中获取的东西远远大于一节课的收获，他们收获着自己挑战自己的勇气，收获着敢于面对众人展示和表现的决心，收获着同伴之间的赞许和鼓励。

其实教育就在孩子们的点滴生活之中，和孩子们如影随形。教育即生活，生活即教育。在活动中成长，在活动中获得体验，将会使孩子们受益匪浅。

品书法雅韵　悟文字魅力

李万红

“越是民族的，就越是世界的”一直是我很欣赏的一句话。它道出了一个颠扑不破的真理：只有创造出独特鲜明的个性，才能构成丰富多彩的世界。

2012年春天，我和五(12)班的孩子们共同迈出了创建特色班级的第一步，没想到“不鸣则已、一鸣惊人”：创建特色班级现场会搬到我们班教室召开，接连成功举办了两届“我最喜爱的书法作品”赛……

3年前，当学校发出创建特色班级号召后，看着别班把创建活动搞得如火如荼，我脑海中就一直没有停止过自己该如何创建特色班级的思考：怎样做才能既有声有色又不加重负担呢？我大学所修专业是历史教育，要不带领孩子们遨游史海，穿越到古代？我原来曾带过一批学生酷爱表演课本剧，要不创建课本剧社，和学生一起编、演课本剧？……一个个想法萌生，一个个又被否定。就这样一直踌躇到了2012年春，无数次和主管德育工作的李霞副校长交换看法，一次次和美术老师交流方案，一遍遍和家长沟通，终于一个雏形日渐清晰地浮现在脑海中——创建书法特色班级。

思路定下来了，我为自己的选择激动起来：我本身喜欢书法，所以愿意带领学生们一起在书法的世界中遨游，再怎么付出也不会觉得累；家长有开设书画社的，专业顾问不走弯路；朋友圈中的书画名家可以引入课堂，作为宝贵资源来用；更具前瞻性的是在新修订的语文新课标中，对书法进课堂的要求更加明确，我的选择切合了教育改革的大趋势；安阳作为中国书法名城、甲骨文的故乡，拥有中国文字博物馆等大量的社会资源可以利用和发掘；更重要的是孩子们也喜欢……我惊讶于自己的选择。

为了使宏伟的蓝图变成美好的现实，我开始了孤独而执著的跋涉：要想成就一番事业必须有所为，有所不为。我把与创建特色班级无关的活动尽量减免，腾出时间和精力用在书法上：每周一下午的班队会课雷打不动地围绕创建搞活动，坚持让专业教师进班给孩子们上专业辅导课；对于优秀的孩子推荐去拜书法家为师，把学习阵地拓宽到社会上；聘请知名书画家走进课堂来给孩子们搞讲座，通过座谈让孩子们走近书法大家，了解名家成长历程中鲜为人知的励志故事；定期举办“我最喜爱的书法作品”大赛，以赛促练；注重班级文化氛围建设，不仅重新布置了教室环境，更新门牌照片、窗帘，设计了以《兰亭序》为主题的板报，悬挂了大量珍贵的名人字画，还和学生们一起设计了班徽、班旗、班训；因地制宜地开辟了书法长廊，创建了书法创作

室；谱写班歌、设计班旗、创立班刊，策划书法大讲堂等专业阵地；未来还拟组建兰亭小书法家协会、评选班级书法形象大使、研发班级书法系列吉祥物、创编书法吉祥物故事集等等，一系列丰富多彩的活动有待深化和挖掘。

短短一个学期的探索，班级特色日渐凸显出来，书法氛围浓郁，学生受益匪浅：成效首先体现在创建过程中普及了许多书法常识，学习积累了诸多书法技艺，认识了众多历朝历代的书法名家；更为可贵的是成功举办了两届书法大赛后，极大地调动了孩子们亲近书法的情感，激起了孩子们学习书法的兴趣，有许多孩子又重捡起了丢弃多年的书法爱好。其次是，班里涌现出一批敢于牛刀小试的小书法家，他们自做书法礼品赠送客人、书写书法作品装点教室、自告奋勇担当讲解员宣传推介班级特色文化，班风也借此步入了良性发展的轨道。最后是所有努力促成了一个以兰亭中队为源的“强磁场”。因为创建特色班级活动不仅在班内掀起了书法热潮，还带动了整个年级书法风气的日趋浓郁，更可喜的是已经把一批书法名家、书法爱好者吸聚在一起，形成了一个小小的书法艺术圈。当然最明显的成效，集中体现在2012年5月18日那天，我和孩子们代表学校班级团队，用靓丽的风采赢得了北京师范大学“教育家书院”专家团的充分褒奖与肯定。

回望风风火火的创建历程：从初期的风平浪静到如今的风生水起，从过程中的风起云涌到最后的风光无限，我和孩子们、家长们一起品尝着中华书法的雅致韵味，领悟着华夏文字的神奇魅力。看到孩子们乐此不疲、陶醉其中，字进步了、人自信了，我觉得一切辛苦的付出，值了！

群星灿烂

董海莹

特色中队创建以来，我和同学们热情高涨，从商议特色主题、班级名称，到制定班级口号、特色目标，人人参与，各尽其能，那种智慧共享、共同成长的日子真让人难忘。

班级名称：星光班

班级口号：三班　三班　群星灿烂

特色主题：人人是人才　你我都特色

班级目标：

1. 人人有平台，个个能成才；

2. 班级实现板块式自主管理。

活动设想： 通过丰富多彩的活动和高效的课堂学习，使孩子们人人健康、活泼，力求人人得到最优发展。

实现一个目标： 人人成为最佳特色的我。

做好两个结合：

1. 结合教学管理的需要；

2. 结合学生发展的需要。

把握三个原则：

1. 相信每个学生，人人有平台的原则；

2. 平等面向全体，后进生优先的原则；

3. 科学开展活动，力求人人发展原则。

打造四个“品牌”：

1. 晨会组织团；

2. 新闻播报团；

3. 才艺大社团；

4. 鲁班工作室。

有了设想就行动，行动了就坚持，只有坚持才能取得成效，也才能体会到和孩子们一起成长的快乐。

特色社团启动会上，孩子们兴奋极了，纷纷根据自己的特长、爱好成立自己的组织，全班 49 人，成立了 9 个社团。各个社团也分别制定自己的团名、口号、目标、负责人等。

小辅导员老师向大家宣布成立 9 个社团时的场景

班级是个大熔炉，老师应该是一流的铸造师，应该清楚地知道每个孩子能成什么材。从而掌握好各个环节的精度，炼出块块精钢。

一、假期有文化，学生收获大

龙年来了，让学生自己写春联！

这些孩子展示的不仅仅是自己的特长，更重要的是获得大家的认可、鼓励，还有对自我潜能再开发的巨大信心。这就是教育的最大收益。

二、晨会搭台子，人人练才能

特色班级创建的过程中，我和同学们坚持实施“板块管理”，把晨会时间按段分成多个板块，由学生负责各个板块，管理操作，这样充分锻炼了学生，也使班级管理制度化，使学生生活规范化，也便于学生养成好习惯，朝着自主管理的方向发展。

这样做，孩子们心中像是装了本日历，每天很清楚自己在相应的时间段该干什么。负责的同学可以提前准备，展示的同学心中有数，这就是孩子们的生活本身，也是教育的本身。

3 年的坚持，使孩子们的生活井然有序。不是强行规定，不是惩罚制约，是生活本身的有意引领，化教育为生活本身，让习惯融入生活，教育就步入了良性循环。

一批孩子会负责，懂得如何引领同学们，就让他们带自己的好朋友，成为第二批管理队伍。兵练兵，兵强兵，像滚雪球一样，同学们的才能形成了链条，环环相扣，成为“和而不同，其乐融融”的集体。

三、活动丰富多彩，学生快乐精彩

活动的确锻炼学生，也培养班级精神，激发学生内在动力。

书市，让孩子们感受别样童年，体悟作为社会人多种角色的种种感受；

“快乐星期五”，孩子们利用课余时间，自编自演的节目令老师们都赞不绝口；

手绘 T 恤秀，自己组合，自己配饰，自己设计，个性飞扬。“紫色浪漫”组合很是经典，抢足了镜头；

……

手绘 T 恤，自己设计，自行组合。

我们是“武士·渔夫”组合，够酷吧，绝对环保

“紫色浪漫”组合很是经典，抢足了镜头

每个孩子都是地球上一颗独特的星星，一次次活动，让孩子们闪耀出了自己的星光，丰富了孩子们有品质的校园的生活，也培养了孩子们健全的人格，更彰显了孩子们成长的张力，孩子们喜爱这种生活，他们在这种生活中感悟着、成长着、幸福着，丰盈着。我也和孩子们一起成长着，这是件无与伦比的美事。

晨会，孩子们的舞台

刘　蕊

在学校积极倡导“文明活动，争当文明标兵”期间，升旗仪式上大队长向全体同学提出要求，课下要文明活动，不追跑打闹。仪式结束后，我想，怎么让我们班的孩子真正做到文明活动呢？只是老师强调几句管用吗？事实证明非也。正当我一筹莫展的时候，我班的中队长走到我身边说：“老师，我知道很多文明的游戏!”我眼前一亮，说：“那你主持这次晨会，告诉大家吧!”就这样，中队长成了小主持人，在晨会上让同学们畅所欲言，每人说说如何文明活动，同学们还列举出了许多文明的游戏。最后，“小主持人”给大家提出了文明活动的要求。20分钟的班会让主持人组织得有声有色，效果很好，每个孩子都晓之以理、动之以情了。

由此，我把自己的说教改为与孩子的交流，把晨会的舞台还给孩子，让每个孩子都能得到锻炼。我把每天的晨会设定成专栏，每天的内容固定下来，每天两个主持人，按班级的序号轮流承担。这样，对每个孩子都很公平，每个孩子都能得到锻炼的机会。他们自编自导，互相汲取力量。

周一晨会，结合升旗仪式的主题就定成“爱国教育日”。

周二是“读书交流会”。我从读书入手，让每个孩子带一本自己喜欢的课外书，周二到校就坐在自己的位置上读书。晨会一开始，由主持人组织大家交流读书的心得，对于看同一本书的孩子，可以互相补充。也许是迫于交流

的压力，很多孩子不仅在周二读书，在课下的许多可以读书的时间都会拿出自己心爱的课外书美美地读上一会儿，可以说，我们班的孩子已经渐渐爱上了读书。

周三是“古诗接龙日”。古诗接龙是我们班的一大特色，每个孩子都能背上四五十首接龙的古诗，在主持人的组织下我们进行小组接龙、个人接龙，同学们打着快板背或拍着手背等等，形式各种各样。他们背得不亦乐乎，有时下课了还在比赛谁接的多呢？

周四是“新闻播报日”。为了让学生关心时事、扩大视野、增长知识，学生可以在晨会上自由发布从电视上看到的或从网上下载的新闻，并对共同关心的话题发表自己的看法，主持人则根据同学们发布新闻的情况进行调控。每周的“新闻播报会”，孩子们踊跃发言，从世界局势的变动到学校举行的各种活动，都会做出详尽的报道，然后针对热点问题展开激烈的讨论。通过新闻的发布，学生扩大了知识面，增强了明辨是非的能力，逐步树立了正确的世界观。

周五是“批评与自我批评日”。这一天是一周的最后一天，很多孩子会在这天有些懈怠，晨会的评价在这天显得尤为重要。在主持人的组织下，从小组长开始评价本组存在的问题及做得好的方面，涉及的个人要进行自我评价，这些评价都和班级的“德育积分”紧密结合，真正起到了评价的作用。

每日的主题，每日的创意，已真正成为孩子们成长的平台。

“小音符”跳起来

陈晓娟

我在和孩子相处的这几年里，发现班里一部分孩子多才多艺。有一次课间，“快乐小队”的几个小脑袋凑到一起说着悄悄话，我轻轻地走到他们身边，说：“孩子们，你们在干吗？”小组长神秘地说：“我们在弹钢琴，欣赏美妙的音乐。”只见他们小手不停地在桌上有节奏地“敲打”，其他孩子嘴里哼唱着歌曲，还随着节奏手舞足蹈，这热闹的场面把同学们吸引住了。我想，何不利用此机会给孩子一个可以展示艺术才华的舞台，让音乐走进孩子们心灵，启迪他们的智慧？征得孩子们的一致同意，结合我自身的特长，我们决定了特色主题为音乐欣赏，班级名称为哆咪咪中队。

音乐最能拉近你和孩子们之间的距离。当你亲近他们的时候，你会发现他们每个人身上都跳动着“小音符”；当你把对身边孩子的爱放到手心的时候，你会不断地了解到他们的喜好，并和他们一起聆听美妙的音乐带来的享受和心灵的浸染。孩子们商量决定在音乐欣赏中初步分以下几个小板块：(1)搜集了解中外音乐的作品及作者，例如：《欢乐颂》贝多芬，《四小天鹅》柴可夫斯基等；(2)会讲音乐家的故事；(3)会背诵音乐家的名言警句；(4)欣赏中外名曲、民歌；(5)了解音乐家生平事迹和作品。

通过网络资源，结合音乐课，第二天班会上孩子们分小组来讨论，有的孩子说：“我知道贝多芬生于德国波恩，后来又来到音乐之都维也纳。”有的孩子说：“我会弹钢琴，我弹过贝多芬的《小奏鸣曲》。”还有的孩子说：“我知道贝多芬耳聋后写下了著名的第九交响曲——《欢乐颂》。”……接着我请孩子们欣赏贝多芬的第九交响曲之《欢乐颂》，孩子们被这首富有激情的乐曲所感染，纷纷跟着哼唱。我快速地把歌词写在黑板上，孩子们轻轻地朗诵着歌词。这时小钰举手告诉大家说：“我知道这是德国诗人席勒写的诗歌，贝多芬很喜欢他的诗歌，就给这首诗谱了曲。”孩子们理解歌词后在小指挥的带领下很快就学会了演唱，虽然演唱不尽完美，但是孩子们却乐在其中，并体会到了“你的力量能使人们消除一切分歧，四海之内皆成兄弟”的道理。通过学习这首歌，班级凝聚力和集体荣誉感更强了，孩子们也从中体会到了“宽容、团结、自信、博爱”的重要性。

贝多芬的故事并没有结束，他深深地吸引着孩子们去探究和思考。“红领巾小队”搜集音乐家的故事；“顶呱呱小队”搜集音乐家的名言警句；“智慧小队”搜集音乐家的作品；“快乐小队”搜集中外名曲，然后利用晨会或班会来交流分享；其他小队制作音乐手抄报，我给孩子讲制作手抄报的方法和要求，一张张精美、真实、内容丰富的音乐手抄报张贴在教室内外，使班级文化更加富有特色。每当客人来我们二(2)班参观时，总有一些孩子会主动讲解并汇报班级特色，处处彰显出大道孩子的风采。

在音乐欣赏活动中，激励学生能大胆自信地展示自己，增强学生的合作意识，提高学生的音乐素养很重要。为此，我们将全力为孩子搭建了一个展示自我的大舞台，让每一位学生真正在享受音乐的同时得到全面发展；让学生在这安全、宽松、自主、自由的环境中，展开想象的翅膀，挥洒童心，自由翱翔！

我带学生听评书

张月红

记得我小时候，每天中午放学回到家，第一件事就是迫不及待地拿起收音机，收听每天半个小时的评书播讲。《杨家将》《岳飞传》《三国演义》《水浒传》…… 听得我如痴如醉。跌宕起伏的故事情节，清脆动听的激情演播，滔滔如洪的感情宣泄，浓郁深沉的民族情结，洋溢着爱国情操，弥漫着人间正义……

在享受听评书带来的快乐的同时，评书也让我对历史和文学产生了浓厚的兴趣，从小就对中国几千年的历史和文化有了一种莫名的亲近感；而且，我还经常把听来的故事讲给弟弟妹妹听，他们俩成了我的忠实听众。

随着信息化社会的到来，收音机渐渐淡出我们的日常生活，听评书也成了过去式，作为我国传统文化的有机组成部分，“评书”这个词汇似乎要消亡了。现今的学生课余饭后的闲暇时间大多被电视、电脑占据着，而学生无节制地看电视、玩电脑，带来的危害也是有目共睹的。

我是如何想起让学生听评书的呢？这还缘于我和一位家长的一次谈话。

小戴是一个注意力特别集中的孩子，上课学习专注，从不跑神，而且他说话口齿清楚，表达清晰，还特别喜欢看课外书。有一次，我和小戴的妈妈交谈，问起孩子的这些好习惯她是如何培养出来的。她想了想说：“其实，我也是无意间培养了孩子的这些习惯。因为他爸爸是军人，很少在家，没有人帮我带孩子。为了减少麻烦，又怕孩子看电视时间长了毁眼睛，我就给他买了很多故事磁带让他听故事，没想到却给孩子带来这么多好处。”

小戴妈妈的一番话引起了我的思考：如果我也能让我的学生经常听故事，一定能让更多的孩子受益。但是适合小学生听的故事磁带很难找到，因此，我决定读故事书给孩子听。我才读了 15 分钟马克·吐温的《汤姆·索亚历险记》，就发现全班学生表现出一年来前所未有的专心，竟然所有学生都在认真听，于是我把那整堂课都用来读这本书。接下来，我利用阅读课和一切节省下来的语文课时间来给学生读这本书，一个学期，我都没有停止这项工作。虽然读故事书受到了全班同学的喜爱，但是我的声带却撑不下去了。

怎么办？看着孩子们那一双双渴望的眼睛，我心里火烧火燎的。可能是急中生智吧，“评书”这个字眼不知怎么就从我的头脑里冒了出来，我小时候如痴如醉听评书的情景在我的头脑里像过电影一样再现。

对，让孩子们听评书。评书可以从网上搜索到，既解决了我讲故事的困难，也满足了学生听故事的欲望。另外，听评书的时间和内容更灵活，学生想什么时间听就什么时间听，想听多少就有多少。

首先是选评书内容，我根据学生的年龄特点并结合我们年级组的学科活动，选的第一部评书是关永超讲的《中华上下五千年》。关永超讲的这部评书通俗易懂，生动有趣，非常适合四年级这个年龄段的学生听。

接下来是最激动人心的时刻，当学生听说又能听故事了，教室里一下子沸腾了。我拿出下载好的移动磁盘，插到 DVD 上。当 DVD 里响起关永超那铿锵有力的说评书的声音时，教室里一下子静了下来，每个学生都瞪大了眼睛看着 DVD，进入遐想状态……就这样，孩子们听评书的历程开始了。

我又开始思考：除了让学生听评书，是否也让学生试着说上一段评书，过过说评书的瘾呢？我把自己的想法告诉了学生，果然学生的劲头可大了，利用一个周末，好几个孩子居然能讲下来一大段评书，而且是声情并茂，绘声绘色，瞧那劲头，好像自己也成了评书大师一样。

“我们班的孩子要到学校的‘学生大讲堂’上去说评书了!”这一消息又让学生精神一振，说评书的劲头更大了。最后，我们班评选出 3 名同学在学校的“学生大讲堂”上进行了说评书展示，全班同学都去做听众给他们鼓劲助威。这 3 名同学不负众望，和六年级的学生同台展示(他们三个学生是学校的“学生大讲堂”有史以来年龄最小的)，他们的精彩表现，受到了学校领导和所有到会观众的一致赞赏。

学生由听评书到说评书，不仅长了知识，开了眼界，练了口才，壮了胆量，还提高了读书兴趣和写作能力，真是一举多得。

下一步，我又有了新想法，我要让学生在听评书、说评书的基础上，开始试着自己编评书讲给大家听，让这一活动再上一个新台阶。

四、社团活动

小学生　大讲堂

梁景仁

乘着学校阅读教育工程的东风，我和学生一起站在了“学生大讲堂”的平台上，彼此赏悦，应和对答……

“个性小堂主”

六(5)班的刘恩雨同学，打小就喜欢看书，别人知道的他知道，别人不知道他还是知道。在学期初的第一节思品课上，当讲到遵守纪律的重要性时，提到了军纪严明的袁崇焕。话音还没落，恩雨同学连手都没举就“说来话长”了。“哇，你讲得真是太好了，都能上‘百家讲坛’啦！回去好好准备准备，啥时候我们大家伙连同其他班的同学和所有的家长都去听你的讲座。”

接下来的漫长日子里，他都在用“袁崇焕”这个话题“折磨”着自己。说出来老师都感动、心疼得掉眼泪——30 多万字的手稿，又先后修改了 5 遍！这可是一个小学生干的事情啊！

还有，六(3)班的王海旭同学，从小患有眼疾——白内障，双眼几近失明，上课拿着放大镜看书还得眼睛紧紧贴在书上。由于不时地到外地治疗影响了功课，加上疾病的痛楚等原因，使得这位同学的性格变得异于一般同学，容易激动，爱发脾气。

“你最擅长的是什么?”“二战。”“好哇，‘敦刻尔克大撤退’‘凡尔登绞肉机’……”“老师你说错了，‘凡尔登绞肉机’是一战的……”“哈哈，你还真知道，那你给大家开一期‘大讲堂’吧……”

讲到国家图书馆去

随着学校创新性阅读教育工程的逐步开展，读书、讲书活动可以说是百花齐放，作为其中一个点的“学生大讲堂”，不仅为学生提供了读书的环境，而且搭建了讲书的平台。“小堂主”们不仅在学校讲，应邀到校外讲，在市图书馆、博物馆讲，还应邀到国家图书馆面向公众讲。

2010年5月16日，由市委宣传部、市文明委、市教育局、市图书馆等单位举办的安阳市首届学生大讲堂，在市图书馆二楼“学术报告厅”隆重举行，4位主讲人均为我校学生。学生们渊博的知识、率真的见解以及幽默风趣的话语，赢得了在场师生阵阵热烈的掌声和家长的高度评价。

2010年11月7日，应中国国家图书馆的邀请，我校组团赴北京参加了由我校发起、国图主办的“我也能走上讲堂”首届读者特别活动。活动由国家图书馆文化教育部的朱莺老师主持，典藏阅览部主任助理孙伯阳老师、文化教育部曹宁主任，以及北京教育科学研究院副研究员，中央教育科学研究所访问学者冉乃彦教授参加了此次活动。

活动的第一个环节，首先由李霞副校长代表学校做了典型经验交流。其后，按照抽签顺序，我校学生贾惠雯第一个登场亮相，杨晓旭作为第四位主讲人为大家做了展示。他们主讲的题目分别是《东方朔》和《大清十二帝》。面对神采飞扬、意气风发、侃侃而谈的两位大道学生，广大读者朋友连连惊叹，连说“真是不可思议，小学生能讲这么好，太了不起了!”听到精彩处，大家禁不住发出会心的笑声。

冉乃彦教授点评时说，这两位同学讲得很好，史料清楚，最可贵的是有自己的观点，有自己的探讨。他们创造了机遇，也抓住了机遇，很了不起。活动后，当我们在北京乘地铁时，竟偶然被北京的读者朋友认出来。他们说，你们学校真好，学生真了不得，有百家讲坛的味道。

贾惠雯同学说："这次能到国家图书馆开讲座，的确是我一生中难忘的经历，难得的机遇。能做登上国图讲坛'全国第一人'（小学生），更让我兴奋不已。我要学会静静地思考、感受、体味，追寻人心。在这条路上，我会一直跑，不停歇。"杨晓旭同学说："感谢母校搭建的平台，让

我们有了难得的体验，长了见识，开了眼界。"家长们说，安阳市人民大道小学作为中国名校，教育理念是超前的，培养出的人才是优秀的，孩子们能在这里学习是幸运的，更是幸福的。

浴乎沂，风乎舞雩，咏而归……我们都是幸运的、幸福的。

春芽在行动

陈　伟　范琳琳

"春芽在行动"社团诞生于2006年3月，是一个以"让爱心在活动中绽放光芒"为口号的学生社团。在一个个充满爱心、丰富多彩的活动中，使孩子们得到多方面的体验和锻炼。

我们的团徽，是由"春芽"二字拼音的第一个字母"CY"组成，绿色的部分是春芽，红色的代表送温暖、献爱心的白鸽。这是师生们自己设计的。

社团特色活动之一：让废旧的书刊重放光彩　使遗弃的学具再现价值

现在的生活越来越好了，孩子们不会为自己上不起学、买不起学习用具而苦恼了。但是我们也发现了这样的一些现象：好好的铅笔，因为花色过时，不喜欢了，丢在一边；流行单肩背包，崭新的双肩背书包就被丢在一边；喜欢中性笔，就把刚买不久的圆珠笔丢在一边；铅笔、橡皮随意丢弃，更是经常的事情；用过的课本搁置一边，读过的书籍当废品打包卖掉。遗弃的学具、废旧的书刊真的没有价值了吗？

同学们不知道就在离我们不远的山区就有一些家庭困难的孩子，他们渴望读书，他们希望上学，但由于家庭贫困，他们没钱买学习用具，没钱买书

籍，这些城市孩子遗弃的学具、废旧的书刊对他们来说，就是宝贝。把这些被队员们遗弃的学习用具、书籍等收集起来，让这些看似失去价值的东西再次放出他们的光彩，这是一件多么有意义的事情啊！

于是，号召全体少先队员捐旧书、旧文具，成为“春芽在行动”社团的一项重要活动。而在2006年学校举行的“小蜜蜂书市”上，第一次出现了“春芽在行动”社团团员们的身影。这次活动，社团共收到捐赠的图书500多册，文具30多件，书包4个。孩子们说，我们收到的不仅仅是这些物品，更重要的是收到了同学们那份心中想着他人的炽热的心。

经过几次社团活动，学校里好多孩子都已经知道把那些废旧的书刊留住，把遗弃的学具都保存起来，不再把旧书卖废品，不再乱扔学具，不再浪费纸张……从孩子们积极参与的行动中，从孩子们兴奋而认真的表情中，我们看到了每个学生身上那种心中时刻惦记着他人的可贵精神。

社团活动之二：铅笔风车融爱心　募集捐款锻炼人

2009年4月，伴随着春暖花开，社团又开展了“铅笔风车融爱心　募集捐款锻炼人”活动。

风车都是由小学生们亲手制作的，风车从设计到用料都别具一格——风车是双层的，用较厚的手工纸制作，颜色艳丽丰富；风车手柄是一支带大橡皮头的铅笔，中间用大头针固定。风车可以用来玩耍，不想玩了还能用铅笔写字，一举两得。这种贴心的设计也博得公园众多游客的青睐，一个双休日，同学们两批制作的363个风车全部卖完了，除去成本共收到捐款212元。

制作风车锻炼了同学们的动手操作能力，出售风车还能锻炼语言能力、交流能力及社会适应能力等。这次义卖所得款项将捐给贫困山区的孩子们，同学们不再单纯地拿着捐款箱在大街募捐，而是通过自己亲手制作、出售风车来“赚钱”募捐，用自己更多的劳动，送上更真挚的爱心。

社团活动之三：捐赠爱心图书手拉手　体验山村生活学本领

2009年5月29日，“春芽在行动”社团来到林州市采桑镇狐王洞小学，开展“捐赠爱心图书手拉手，体验山村生活学本领”活动。

捐赠仪式上，“春芽在行动”社团为狐王洞小学捐书1130余本，书包30多个，铅笔200多支，铅笔盒30多个，还有队员们用卖风车的钱为小伙伴们购买的2台落地扇、1台电热水炉、4块钟表等。

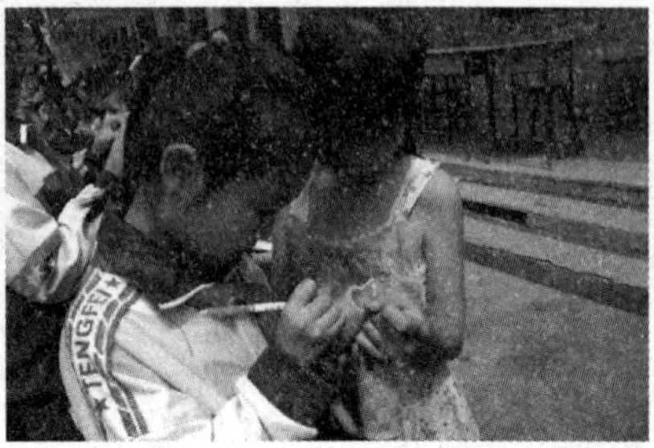

两校的学生还开展了手拉手伙伴一对一赠礼物、拔河比赛、制作双层铅笔风车、用土坯炉子生火熬稀饭、写字比赛、从水井中打水及走进田地认识农作物、体验锄草种粮等活动。

狐王洞小学的校领导激动地说：“非常感谢你们组织的这项活动，让山区的孩子们开了眼界，长了见识，对孩子们形成积极的人生态度与丰富情感体验都很有帮助。”

参加活动的史子钰同学说：“今天的活动叫我又高兴又难忘，尤其是那些小伙伴很强的生活能力令我非常敬佩。”殷浩元同学说：“通过这次手拉手活动，我了解到了山村孩子们朴实的精神，看到了他们纯真的笑脸。山区，在许多人眼中是贫困的代表，可它也是最富有的地方，因为那里有纯真，有诚实，有数不尽的快乐。”

“春芽在行动”小社团至今已与3所山区小学结成了手拉手学校，社团里的队员们虽然换了一茬又一茬，他们却像一簇簇稚嫩的春芽，在送温暖、献爱心的春风中茁壮成长。

我与科学零距离

温玉玲

你知道西红柿也可以做成电池吗？你知道白色的百合花瞬间可以变成红色的吗？……千万不要认为这是在变魔术，这是人民大道小学三(9)班的科技小组在行动。

2007年，人民大道小学三(9)班就成立了“小问号”科技活动小队，共吸收成员30人。活动宗旨是：培养孩子们学科学、爱科学，动手探索的科学精神。口号是：问号小、小问号，科学探索真奇妙。动手动脑小创造，人小心大志气高。

开学初，我们就和热心家长、小队成员共同策划，充分讨论，确定了以“我与科学零距离”为主题的科技活动。围绕这一主题，我们组织孩子们进行了凸透镜成像的实验，会变色的百合花实验，采集、制作血涂片，在显微镜下观察血细胞，还参观了市中心血站、市农科所蔬菜基地等一系列有趣的活动。不难看出吧，这些活动代表性强，范围广，使孩子们从物理的、化学的、生物的、社会的多个学科，多方位地了解科学。通过切身感受，亲自动手实验，引起了孩子们学科学、爱科学的兴趣，培养了他们善于思考、勤于动手、勇于奉献的科学精神。

知道吗？担任我们每次活动指导老师的志愿者就来自于我们的爱心家长。他们有的结合自己的专业，有的挖掘身边人的优势，为孩子们提供了丰富的活动资源。

每次活动孩子们都会写出自己的收获和感受，并进行总结、交流，培养了队员们热爱科学、动手实验的兴趣。比如，在做“凸透镜成像”的实验中，当孩子们看到温暖的火焰在不停地跳动着，都高兴地欢呼了起来。张静宜同学就在活动感受中这样写道：

阿姨让我们先认识了一下放大镜。我拿起一个凸透镜，猛一看，觉得和一般的镜子没有什么两样，然后我又用手摸了摸，它中间厚、周围薄，我顿时明白了它为什么叫凸透镜的原因了。接着我们开始了这次最有意义的实验。阿姨给每组发了一支蜡烛，一个凸透镜，一张白纸(光屏)。我把蜡烛远离放大镜，发现白纸上有一个清晰、缩小的倒立的像。温暖的火焰还在白纸上不停地跳动着，时而清晰，时而模糊，我们高兴地欢呼了起来，整个教室成了一片欢乐的海洋。最后，我们也知道了为什么我们能看到物体，真是生活中处处有科学，只要我们善于思考、大胆操作就会有许多收获。

同学们相互配合，体现了团队精神，在动手动脑的同时，感受到了学习科学知识的乐趣，而且锻炼了孩子们的动手能力。

在“神奇的血液”试验中，在医院工作的家长指导孩子验血型、推测家长的血型。当同学们终于揭开了血型之谜，认识了红细胞、白细胞时真是又惊又喜。一位在安阳市中心血站工作的家长了解到孩子们做的实验后，主动提出来带大家到血站进行参观。随行的讲解员先讲了关于血液的常识和献血的意义，让同学们目睹了献血的流程，又到血液制备室参观了血液的分离过程，血液的储存和发放。这次参观让同学们不仅提高了科学文化素质，而且让他们懂得血站工作的重要性，每一位有爱心的人都应该关心并积极参与到这项事业中去。

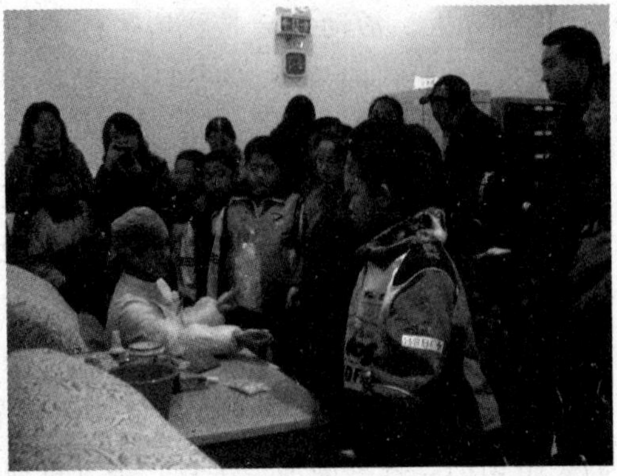

秋天到来的时候，我们又组织学生们参观了市农科所蔬菜基地。孩子们不仅熟知了好多蔬菜的营养价值、生长过程，还比较了普通蔬菜与基地蔬菜的不同之处，了解了原因。孩子们纷纷提出问题和自己的设想，怎样让更多的优质蔬菜走进千家万户。看着孩子们专注的神情，听着他们创造性的设想，老师和家长感到由衷的自豪和欣慰。

“我与科学零距离”为主题的系列科技活动，在参与的过程中必然对孩子们产生不可估量的作用。谁敢言，这不是他们走向科学殿堂的起点？

金牌讲解员是这样炼成的

李晓明

在我们学校有一支见惯了大场面的学生团队，他们对于学校的各项情况都了如指掌，这就是我们的“小主人校园讲解团”。每逢有客人来学校参观视察，我们的讲解团必定会出马。

学生的精彩讲解既体现了让学生当家做主的教育理念，又向来访者展示了学生的风采，对孩子们来说也是极大的锻炼，所以在人民大道小学，我们的“小主人校园讲解团”备受瞩目。我们有统一的着装要求，统一的标志，统一的装备，固定的人员构成，固定的参观线路，每人有自己固定的讲解岗位，还有自己精心准备的解说词等等。由于平常来我校参观的人员较多，次数较为频繁，所以我们讲解团的队员们养成了招之即来、来之能讲、讲即出彩的能力。

虽然有了这样一个优秀的团队，但在2011年接待第十届全国人大常委会副委员长、全国关工委主任顾秀莲参观视察学校时还是遇到了新的挑战。这次活动和以往的接待活动有所不同：来访的顾委员长是学校所接待的最高级别的领导；参观的路线不再是整个校园而只是“成长树”这一个点；学生讲解的时间也只有短短的3分钟。为了将参观的第一站就变成亮点，我们从学生讲解团队里挑选了两名最优秀的讲解员：五(9)班的付若琳和五(8)班的尹培成。他们两人讲解时声情并茂，又都经过我校50年校庆活动的锻炼，是社团里的金牌讲解员，也是我们最放心的人选。之后我们一遍又一遍地在“成长树”下练习，练语言，练表情，练动作，练应对突发事件。我们还开展了以“如何与客人交流”为题的交流培训。这些孩子都经历了多次的接待，有不少的经验，整个交流中他们侃侃而谈，各抒己见，很快我们就总结出了与客人交流的方法：先要问好，进行自我介绍，然后根据客人不同的身份进行单独的交流。例如：可以向客人们介绍学校和班级所开展的特色活动，了解他们参观我们学校的感受；还可以询问他们学校的特色活动以及对我们的建议等等。

活动当天，学生精彩的讲解得到参观客人们的一致好评。顾委员长听了孩子们的讲解后高兴得合不拢嘴，亲切地与孩子们握手、拥抱、合影，称赞孩子们热情、自信、主动、大气。无数的镜头、闪光灯也清楚地记录下了这美好的一刻。

五、童眼看世界

中国鼓擂响金色大厅

陈莉敏

“这次活动是我市建市以来，学生艺术团首次走出国门，与世界文化接轨。他们不辱使命，充分展示了我市少年的风采。当地时间2月11日晚7时，第五届文化中国·维也纳金色大厅青少年文艺晚会在维也纳金色大厅隆重举行，晚会安排了11个节目，市人民大道小学艺术团的鼓乐合奏《龙腾虎跃》作为开场节目引起了轰动。艺术团的学生澎湃的激情和精湛的技艺点燃了现场观众的热情，雷鸣般的掌声经久不息。艺术团的学生带着自豪，捧着荣誉证书凯旋，荣获‘最佳组织奖’。”

每当看到这些文字，总会勾起我对欧洲之行的回忆。

2010年11月的一天，我接到学校通知，寒假期间由我带领学校艺术团的孩子们参加由中国文化部、教育部、教育学会等联合举办的第五届文化中国·维也纳金色大厅青少年文艺晚会及欧洲七国旅游活动。听到这个好消息的我觉得简直就像做梦一样，维也纳金色大厅这个神圣的世界级音乐殿堂，是多少音乐人的梦想，平时连想都不敢想的事就要实现了，总感觉幸福来得太突然。而接下来真正面对烦琐具体艰难的一系列工作时，才使我真正体验到世上没有免费的午餐，幸福不会从天降，要付出百倍的努力才能最终获得成功。

欧洲之行首先要面对的是为每一个学生办理签证。办签证要求非常高，每一个学生的各种证明都要准确无误，手续很麻烦，要为每一个学生填写各种表格，而且要有中英文版，一项不合格都不行。办签证期间，我每晚几乎都在深夜一两点才睡，对于每一个困难都千方百计去解决，直到最后顺利拿到签证为止。

办理签证的同时最重要的是确保节目质量。实际上从接受这项任务开始，遇到的第一个问题便是选节目，我反复考虑了好几天，认为能够高水平呈现的只能是具有中国特色的鼓乐合奏节目。此节目在校庆期间曾经演出过，因为毕业，只剩下 8 个老队员，而节目需要 20 多个演员才会有效果。于是，开始从各班挑选有艺术特长、节奏感强且愿意参加的学生，一一面试。那段时间，我的电话简直成了热线。

训练期间，我和孩子们加班加点加智慧，采用了多种训练方式，效果很好。关于服装，我多次跑服装厂，与设计师共同设计，改了一次又一次，最终选择了具有民族特色的服饰，舞台效果非常好。在金色大厅演出那天，我们的《龙腾虎跃》作为开场节目，技惊四座，场面感人。作为带队老师，真为孩子们的精彩表演高兴！

演出结束后的主要活动就是游览了。为确保旅程平安顺利，我们制订了团队活动方案，大家共同约定，无论何时都不能单独行动，不吃容易上火的零食，口渴了喝白开水等。有了这些约定，再加上每天晚上开会总结，孩子们的纪律观念非常强。欧洲 13 天的旅行没有一个学生丢东西，没有一个学生生病。

记得第一天到达匈牙利首都布达佩斯后，发现有学生害怕，我立刻安排所有女生跟老师住一个房间，所有男孩住老师隔壁房间，年龄小的睡床上，年龄大的打地铺，这一夜，平安无事过去了。第二天早上立刻开会，做学生思想工作，消除学生的恐惧心理，开导学生，中国外国都一样，让学生有安全感。当天我们离开匈牙利去斯洛伐克，学生情绪也渐渐平静下来。一发现问题立刻想办法解决，尽量让学生保持良好的心理状态，这种作为大道人高度的责任感，保证了整个活动的顺利圆满进行。

“当我站在维也纳金色大厅演出时，看到外国人睁大眼睛，竖起大拇指，心里满是自豪。我没有让老师失望，没有让学校失望，我要成为最佳的我！”徐艺歌同学说。

艺术团里年龄最小的王一隆说：“我从没离开过父母，很担心自己是否能在这次活动中独立生活，但现在我可以自豪地告诉大家，十几天走出国门的经历，不仅锻炼了我的胆量，也磨炼了我的意志。”

艺术团成员李嘉兴的母亲李女士说：“孩子这次出国很受锻炼，感性认识了中外文化等方面的差异，时间观念更强了，学习更努力了，她说以后要做文化的使者，游历更多的国家，向外国人介绍中国！”

这次活动使我和孩子们开阔了视野，积累了经验，磨炼了意志，锻炼了能力。从11月29日开始到2月19日，从办签证到训练，从演出到旅行，整整经历了九九八十一天，这些天我们都在为目标而努力着，一天都未放松。我想，以后再遇到任何的事，我们都能够从容面对的。

经历就是财富，欧洲之行带给我和孩子们的不仅是丰富的经历，更是宝贵的精神财富，令我们受益终身。

大道人在美国

王利娜

2013年元旦，到处张灯结彩，喜气洋洋，而我又一次把那群孩子召集在一起，并送给他们每人两份礼物——一本刊登“童眼看世界　暑期美国行”活动总结的《辅导员》杂志，一份印有孩子们美国活动图片的新年挂历。看着孩子们那惊喜的样子，不由得使我回味起美国之行那美好的回忆。

2012年5月5日，李霞副校长和我带队，组织学校23名学生及家长参加由环球雅思国际游学组织、全国红领巾小记者辅导中心协办的“童眼看世

界　暑期美国行”活动。大量的准备过后，6月27日，我和李校长组织赴美家长到美国大使馆进行面签。人们都传言美国面签很严格，近乎苛刻，所以面签前一天，我们先到北京参加培训会。我们的一位家长因普通话不太标准，内心十分忐忑，怕因自己过不了关而影响了孩子赴美。我们和她促膝长谈，进行心理辅导。当得知我们全部面签通过时，我们都不由地跳了起来，那种喜悦无以言表。我们和家长之间的心贴近了，为以后工作的顺利开展做了铺垫。

7月27日晚上，环球雅思国际游学组织、全国红领巾小记者辅导中心在北京举行了“童眼看世界　暑期美国行”启动式。

7月28日，我们来到了首都国际机场，踏上了飞往美国的航班，每个人的心情都是那么激动。而我和李校长除了有激动，更有忐忑。

为了保证旅程愉快，学生安全，我们商议后将25人分成了三大组，每组由老师、家长和学生共同组成，分设组长、副组长，并根据学生性格互补，两两一小组同住在一个房间。我们还制定了严格的团队纪律。

12天的旅程下来，孩子们的表现让我们眼前一亮。在旧金山的旅途中，孩子们学会了文明就餐；在华盛顿的游览中，孩子们学会了低声讲话；在好莱坞影城的体验中，孩子们学会了有序排队；在哈佛大学的参观中，孩子们有了更明确的目标……特别是在集体活动时，他们都可以自觉遵守纪律，没有乱跑、乱买东西的现象；到了晚上，他们不仅能按时完成老师布置的作业，还可以抽出时间帮助别人。当看着同学们的变化，我们都不由地感叹：孩子们的确进步了，长大了。

当我们来到新泽西州孙逸仙初级中学，那里的美国学生特意为我们准备了舞蹈表演。为了表示感谢，我们学校的赵思怡同学也跳了一段具有中国特色的傣族舞，优美曼妙的舞姿顿

时令全场人惊讶不已，掌声雷动。随后她还把自己精心准备的中国结送给他们，展现了大道学生的文明与素养。

8 月 10 日，我们乘机返回了祖国，当把所有学生安全带回家乡的那一刻，我们才松了一口气。

美国之行虽然只有短短的 12 天，但之前的准备工作却历时近三个半月，之后的总结延续工作又有三个月，其间融入了很多领导、老师、家长的心血。特别是 12 天亲如一家的相处，更让我们体会到了团结合作的力量。我作为辅导教师参加，收获颇多。

这次美国之行，让我们大道人有机会走出国门、放眼世界，开阔视野、增长见识，体验了绚丽多彩的别样旅程，拥有了难忘的人生经历！

附：

学生代表感受

这次活动，我深深地感受到，外面的世界真的很精彩。我觉得那里有好多值得我学习的地方，它深深地激励着我。美国虽然很好，但那不是我的国家，我想，我会努力学习，长大了到美国留学，学习他们的新技术，把我们的祖国建设得更加强大。

——五(2)班董芷帆

至今，每当想起那短短的 12 天美国之旅，脸上都会绽放出美丽的微笑，那段美好的记忆就像一支乐曲，永远留在我们的脑海中。这次游学让我学到了许多知识，了解了美国的风俗文化，给我的人生增添了辉煌的一页！

——五(5)班王玮桦

在我看来，最吸引人的建筑还是属西点军校。西点军校建设在海湾之上，可以一分为二，分别是在国家公园里的训练营和学校。在游览中，我对他们把炮头朝下很是不解，后来才知道原来是西点军校痛恨战争才这么做的。

——五(5)班王子雨

这次能够站在国际的舞台跳舞，是我从未想过的事。这次的舞蹈我不仅代表安阳市人民大道小学，更是代表了中国孩子。我更加相信只要心中有梦想，就一定会实现。我会更加努力学习，为实现梦想而奋斗！

——五(7)班赵思怡

诗意长安

王欣欣

2011年暑假，我校组织学生参加“全国首届中小学生诗歌大赛”。那次活动让我们感觉到：每个孩子都是诗人。他们能把世间的万事万物变成隽永的诗行，动听的乐曲……

2012年5月，我们接到诗歌大赛组委会的通知，选派代表暑假到古城西安参加由中国诗歌学会、《辅导员》杂志社联合举办的“与诗歌同行——全国中小学生优秀诗歌作品展示”暨2012“诗意长安”采风活动。因为获奖学生大多数是我们年级的，所以学校派我当带队老师，协助殷慧芳主任组织此次活动。

虽然活动只有7天的时间，但从活动之前的挑选学生代表、向家长介绍活动意义、排练联欢会节目、填写报名表格、购买往返车票、给学生讲注意事项，后来到西安参加夏令营活动，一个月的时间里我和孩子们紧张而开心地忙碌着。

我是第一次组织学生到外地参加活动，所以事无巨细尽心而为，我给自己的工作定位就是：组织好活动，照顾好学生，沟通好家长。

没有了家长的陪同，同学们把我当作“临时妈妈”，我笑担此任。七月的骄阳火辣辣的，学生外出活动时，我时刻提醒他们多喝水、注意安全，忙前跑后地拍照记录下学生活动的过程，回来让家长和孩子分享那一刻的美好。那几天，带队老师、保姆、摄影师、心理咨询师……我担任了多种角色。虽忙却很美，虽累却很甜。

孩子在外，家长都想在第一时间知道孩子的情况，于是我和家长约定通过短信汇报学生每天的活动情况，我把短信发给家长代表，他们再把短信转发给每位家长，短信连接你我他，孩子家长如通话，彼此了解勿牵挂。

“您好！孩子们一帆风顺地抵达西安，吃过丰盛的晚餐后已经安排好住宿的地方……”短信报平安，家长心放下；“您好！孩子们今天一天过得很充实：上午兴高采烈地接受颁奖，聆听专家的立志讲座，下午和诗人面对面接受诗歌写作技巧的指导。会后孩子们收获颇丰，纷纷畅谈自己的感受……”短信传佳话，家长笑哈哈；“您好！孩子们正在欣赏联欢会节目。今晚，不仅我们的集体节目精彩，孩子们的个人节目也很棒，高宇翔同学还即兴朗诵了自己创编的诗歌。所有孩子用自己的行动和实力为学校争得荣誉……”短信连捷报，家长很自豪。每天让家长分享我们的成功与欢乐……

每天的短信成了我们和家长之间的一座桥梁，也正是有了这座桥梁，家长对我们的工作大加赞赏，对本次活动十分满意。

几天的活动中，激动内心的时刻常常发生……著名诗人李晓雨在辅导学生诗歌写作技巧讲座时，提到了我校学生杨逸剑创作的《喜欢独行》，并请他上台朗诵。诗人李晓雨赞赏道“独自去读书认识许多事物，头悬梁，锥刺股，三国故事和水浒，历史人物心中佩服。漫步田园把美景独享，草顽强，菊豪放，天高地厚不声张，景语情语满胸膛。”如诗的评语，不仅夸奖杨逸剑留心身边的小事情，用诗意的语言把自己的经历描写得淋漓尽致，还激励了他以后的创作热情。能在全国中小学生诗歌爱好者面前得到专家的赞赏，是杨逸剑的骄傲，更是我们人民大道的自豪！诗歌为我校添彩！

活动中，我们参观了气势磅礴的秦兵马俑，特等奖获得者高宇翔同学联想到曾经雄霸一方的秦始皇，脱口而出：“天下无处不扫，六宫无地逍遥，天下万国皆作郡，六宫之心皆是秦，神龙卧金殿，天子在正宫，豪哉，豪哉！我为天下之主，壮哉，壮哉！朕乃万物枭雄……”古城西安，悠久历史，激发学生的创作激情，燃起他们对诗歌的渴望。

夏令营联欢会上，学生们朗诵了原创诗歌《爱我安阳　爱我大道》。当学生在舞台上用生动的语言、真挚的情感抒发出他们对学校的热爱、对家乡的

热爱时，我和台下的观众为之震惊，内心激情澎湃。他们既展示了大道学生的风采，又向全国各地的师生介绍了我们家乡安阳，精心的策划取得了良好的效果。

此次活动，同学们结识了来自全国各地喜爱诗歌的同龄人。他们在一起谈天说地、评古论今，增长了见识、开拓了视野。更难得的是，学生与著名作家面对面亲密接触、亲耳聆听、倾心求教，通过大师们的传授使他们真正感觉到写作是一门心灵与自然沟通的艺术，要想写出好作品就要用心去观察、去揣摩、去酝酿，直至形成创作灵感，最终迸发出艺术的火花。

离开父母的呵护离家远足，同学们提高了自理能力，也增强了协调合作能力。

走进西安，走近诗歌，诗意长安行让我们与学生间的感情更深更真，让我们感悟到诗歌给予的力量，诗意长安行，一次心灵的洗礼。

第四章　家教之光

每一枚细胞都是独一无二的

“国家的命运与其说掌握在执政者手里，不如说掌握在父母手里。”一位知名教育家如是说。

家庭是社会的细胞，是孩子成长的第一道港湾。每个家庭都是独一无二的，每个孩子都是与众不同的。

多姿多彩的家长会、琳琳姐姐热线、温情短信、表扬式请家长、报喜家访……别开生面的沟通方式，架起了一座座家校沟通的“七彩桥”。

和孩子一起阅读，一起游戏，一起做小制作……在完成老师布置的一项项“作业”过程中，家长与孩子同发展，共成长。

家长中蕴藏着丰富的、能量巨大的教育资源。转变家长教育观念，提高家长教育能力，增强家长参与学校教育的自觉性，形成优质教育共同体，我们在收获，我们在努力……

一、别样家长会

做家长的，大都有开家长会的经历，常见的做法是：拿着笔和本，在孩子的教室里正襟危坐，把老师讲的内容一一记录下来。但是，我校的家长会，却是别开生面、多姿多彩的。

家长会学生主持

杨东霞

新的学期开始，要开家长会了，教室里的桌椅被精心排列成三个纵排似的“会议长桌”，讲台桌上平时使用的教学用具统统“隐身”，取而代之的是几盆淡雅别致的鲜花。教室两侧的板报，将开学以来学生们的“风采”展示给家长，让家长们在等候会议开始之前，尽情分享“家有儿女初长成”的喜悦。

孩子们也参与到家长会中，给了家长一个又一个惊喜。会议开始了，五六名“红领巾”排成一队出现在家长们面前，主持会议的一位同学宣布家长会开始，学生代表分别向家长汇报学习、纪律、文体活动、班费开支等情况，还真全面，有成绩，有不足，有表扬，也有批评和希望。等到班长最后做完总结发言，教室里响起了热烈的掌声。

家长会变展示台

赵慧萍

新学期第一次家长会上，学生们纷纷走到各位家长跟前，以小组为单位，声情并茂地向他们介绍了寒假读书情况、争当“寒假十星小主人”的活动情况。随后，孩子们又集体站到讲台上，逐一向叔叔阿姨介绍自己。虽然个别孩子略显紧张，但还是赢得了阵阵掌声。接下来，孩子们又谈了自己对家长会的主题“大人物是不断进步的小人物”的理解，真可谓“孩子们大展风采，家长们大开眼界”。

家长会，搭建了一个平台，让家长们看到了自己的孩子在群体中的表现，明确了自己的努力方向。参加完家长会，苏昱炜的家长这样写道：这次家长会上，我看到我那平时说话都紧张的女儿昱炜，站在讲台上面对40多位家长，从容不迫地展示着自己对文章的理解、对阅读的热爱。虽然还有些羞涩，但已经深深地震撼了我的灵魂。回到家，我把这个消息告诉孩子的父亲，他睁大眼睛不停地说："真的吗？真的吗？"随后紧紧地抱起了孩子……

家长会上，家长因为孩子的变化而欣喜万分，老师的工作也一步步得到了家长的理解与认可。

家长会上的"班级新闻播报"

温玉玲

作为一名教师，在工作中，我常常进行角色转换。比如：有时我会想，如果我是一名家长，在家庭教育方面，我最需要得到哪些帮助？与老师交流时，我最想了解孩子的哪些近况？有时我又会想，如果我是一名学生，我最喜欢上什么样的课？最喜欢什么样的老师……角色的转换，更有利于我找到自己作为教师的准确定位。

前段时间的家长会上，我一改往日条目式向家长反馈本学期孩子们参与的主要活动的做法，为家长们讲述了发生在其间的几个小故事。这种"班级新闻播报"的形式受到了家长的欢迎和好评。

下面是家长会上播报的部分内容：

本学期，在老师和孩子们的共同努力下，我们荣获学校"红石榴朗诵会"

特等奖，并有幸参加了安阳电视台的录像活动。孩子们很自豪，我更感到骄傲。我骄傲的原因并不仅仅是获得了这样一个荣誉，而是在这个过程中发生的一段小插曲。

当接到通知，轮到我们班录像时，孩子们整装待发，精神饱满，一次便通过了录像。当OK声还没有结束时，孩子们突然告诉我，刚才新转到我们班的女孩冰冰因为去调换校服，没有来得及站到队伍里。怎么办？作为老师完全有权利宣布，时间有限，让冰冰争取下一次机会吧，或者直接决定再来一次。但我没有这样做，而是把这个问题抛给了学生。让我感动的是，全班学生没有任何一个学生犹豫，异口同声地说：再来一遍。我高兴地对孩子们说："对！一个也不能少，因为我们是一个集体。"

10月份，是我校的"文明礼貌月"。为了让孩子们课间养成"轻步低语"的习惯，我们开展了"年级文明活动征集活动"，并进行了年级展示，取得了良好的效果。这不仅调动了学生参与的积极性，也激发了孩子们的创造力，更重要的是老师并不是告诉孩子你不可以怎样做，而是你可以怎样做。家庭教育何尝不是如此？与其禁止孩子的某种行为，不如告诉他们应该如何去做。

刚刚结束的"冬季长跑活动"，小运动员们都坚持了下来。周一，我照例和孩子们一起交流活动感悟。我告诉他们："不想当将军的士兵不是好士兵。"一个人就应该全力以赴地朝自己的目标努力，但是"不以成败论英雄"，"事前倾力付出，事后轻轻放下"，尽力足矣，享受参与的过程更重要。家长朋友们，孩子做事的心态直接影响做事的效率，从某种意义来说，心态比获得暂时的成功更重要，我希望孩子们永远有积极乐观的心态和豁达开朗的心胸。

作为一名家长，是很乐于了解孩子在学校的学习生活的，更重要的是，教师在讲述这些小故事的时候，将自己的教育理念融入其中，使家长在情感与教育理念上与学校形成合力。这样，就能更好地为孩子们的成长助力。

家长会上“温习童年”

褚红娜

那次家长会，我来到了一(5)班的教室，看到杨老师在和家长们一起温习童年，玩起了“击鼓传花”的游戏，拿到花的家长要从孩子的课本里抽出一篇课文当场朗诵。家长的朗诵让在场的老师和学生都很佩服，当然也获得了杨老师准备的小奖品——一块儿橡皮，一支铅笔之类的，大家都在活动中找到了童年的感觉。许多题目让家长们耳目一新，比如：你能不看电话号码本说出孩子所有任课老师的电话吗？你知道孩子一周在学校上几节语文课、数学课吗？你知道孩子在校的好朋友是谁吗？你能背诵孩子背诵的课文吗？你知道某个字的正确书写笔顺吗？……面对一个个问题，有的家长能流利地答出，有的家长却支支吾吾半天也说不出答案。

那次的家长会后，很多家长站在杨老师旁边不愿离开。他们再次被杨老师的智慧所折服，纷纷表示：这样别开生面的家长会，他们很乐意参加；老师如此用心，他们会用实际行动去关心孩子，配合老师的工作。

二、另类沟通

家长可以这样请

刘　蕊

成为六(2)班班主任不久，小豪就引起了我的注意。课堂上，他不专注听讲，课下，常有同学来告他的状：“老师，小豪打我。”为了更好地了解小豪的情况，我决定请他家长来，好好谈谈。

我把小豪叫到身边，他小脸儿绷着，不等我开口，抢着说道：“老师，我妈妈很忙，我哪儿表现不好，您就直接告诉我吧！别麻烦我妈了!”我一看这架势，马上改变了策略，微笑着说：“你怎么知道老师叫家长来就是要告状的呢?”

“老师都这样，表现不好，就叫家长。”他撇撇嘴说。

我摇摇头，拍拍他的肩膀，说：“呵呵！这次你可错了，刘老师叫家长可不告状。”

小豪一听我这么说，眼睛一亮，小脸儿有了笑意，说：“那叫家长来干什么呀？难道是表扬我呀?”

“对呀!”我接着他的话说，“你的思维敏捷，你妈妈肯定有独特的教育方法，我很想和她好好聊聊。你愿意给我们这个机会吗?”

听我这么一说，他开心地笑了，说：“老师，我一定让我妈妈来。”

下午，小豪的妈妈准时来到学校，一见我就说：“刘老师，小豪今天特别兴奋，让我到学校来见您！小豪很调皮，给您添麻烦了。”

我说：“小豪很活泼，我很喜欢他。”一旁的小豪听我这样说，不好意思地低下头。

小豪的妈妈问："刘老师，小豪在学校表现怎么样？"

我没有回答，笑眯眯地问小豪："你给妈妈说说好吗？"

小豪低下头，小声说："不好。"

我说："小豪能认识自己的缺点，是个多优秀的孩子呀！"

……

谈话就在这样和谐的氛围中进行着。家长也很高兴这样和老师交流，不停地说："谢谢老师，没想到我儿子还有那么多优点，我一定配合学校的工作！"

班主任要和家长沟通，通常会让孩子把家长叫到学校来。一说叫家长，许多孩子都不太情愿，觉得老师要告状。换个方式，艺术地请家长，家校沟通的效果就会更好。

琳琳姐姐，今天我不高兴

范琳琳

一年级的孩子天真活泼，愿意表达，对任何人都不设防，尤其是对老师，更是有说不完的话。一下课，总有一群小不点像小鸟般围在老师的身旁叽叽喳喳地说这说那。有的孩子没有抓住机会跟老师说话，放学回到家后就给老师写信。所谓"信"，就是孩子们随手画出来的一些零乱的画，因为低年级的孩子识字量有限，所以只能通过这种方式满足自己的表达欲望。一年级的孩子非常愿意向别人敞开自己的心扉，他们用自己纯净的眼睛打量社会、审视世界，但是他们的内心却有诸多的小问号、感叹号，迫切地需要有人帮他们解决和分享。

为了能够有机会倾听到每个孩子的心声，我在班里开设了"琳琳姐姐"热线，每天晚上的7：30—8：30，孩子们可以通过电话向老师倾诉自己想要表达的事情。此时的老师，不再是老师，而是与他们更近的"琳琳姐姐"，我所做的就是倾听与指导。听了这个消息后，孩子们兴奋极了。

每天都会有很多孩子拨通电话，诉说着自己眼中的世界。

"琳琳姐姐，我今天读了一本书叫《酷虫学校》，可好看了！"

"琳琳姐姐，今天我不高兴，因为我看见接送车上有小朋友带零食，我提醒他，他还不听呢！"

“琳琳姐姐，我爸爸昨天喝醉酒，跟我妈妈吵架了，我很难过。”

……

孩子们通过电话说出自己的伤心事、高兴事或一些小秘密，我每天认真倾听，认真指导，认真记录。在这个热线里，没有批评，没有训斥，只有倾诉和倾听、分享与指导。孩子们在此愿意吐露心声，愿意倾听我这个大朋友的观点，在诉说与交流中他们也逐渐开始明白事理，明辨是非。

时间久了，发现孩子们共同存在的一个问题：回到家，孤单寂寞，爸爸妈妈很忙没空陪孩子，基本上都是爷爷奶奶代劳，但是孩子说的他们听不懂，孩子太小又不能去找小伙伴玩，每天给老师打电话成了他们的乐趣，可是热线的时间毕竟是短暂的。家长没有走近孩子，又怎能了解孩子、教育孩子呢？家长也是教育者啊！

家长会上，我把自己开设“琳琳姐姐”热线的意图和这段时间里听到的孩子的知心话告诉了家长，家长们听了很是惭愧。沟通使心灵开放，再精巧的教学预设，再独到的教育策略，如果遇上心灵无法向你敞开的孩子，一切都会成为泡影。我和家长约定，平时多与孩子一起看动画片、做游戏，或者完成一个小制作；周末可以在郊外的原野上，与孩子打成一团；每天上学路上的交流，孩子放学后的一个电话，睡觉前的一次聊天，都是与孩子的沟通，都是对孩子的关注。让我们共同倾听孩子的心声，与孩子一起哭泣，一同欢笑，家长们拍手赞同。

从那以后，“琳琳姐姐”热线里传出来的快乐声音越来越多了，我和孩子们之间心与心的距离更近了，我和家长、孩子和家长之间的关系也更加融洽了。

嘀嗒……你有新短信

靳瑞英

近年来，老师们常利用校讯通平台和家长沟通，一条条短信缩短了老师同家长的距离。

一年级的龙龙可真让我操心。上课铃响了，他不进教室，哭着说：“我不上学了，我要找妈妈!”哄了好半天，他才回到教室。可还没过几分钟，又哭着跑出教室。我把他搂在怀里，哄了半天，才知道原因。原来，这是节美术课，要用水彩笔画画，龙龙因为没有带水彩笔，所以才会哭。

龙龙特别爱哭。忘带东西了，哭；别的同学摸了摸他的文具盒，哭；没有人和他玩，哭……

放学时，看到龙龙的妈妈，我说：“咱们龙龙怎么这么爱……”“哭”字还未说出来，龙龙的小嘴儿一撇，眼泪开始在眼眶里打转转。我摸摸他的头，不再说什么。

龙龙的妈妈紧张地望着我：“龙龙怎么了？他是不是在学校淘气了？我回家批评他。”

龙龙垂下头，眼泪吧嗒吧嗒落下来。

我笑了，说：“龙龙是个可爱的男孩子，有很多很多的优点，靳老师每天都会给龙龙发一条短信，您要读给龙龙听哦!”

龙龙的妈妈高兴地说：“真的吗?”

“真的。”我郑重地点点头。

那天，龙龙的作业完成得很好，于是我发了这样一条短信：“龙龙妈妈您好！今天，看着孩子干净的作业，我心情非常激动，非常高兴。我知道这是孩子不懈努力的结果，也是家长辛勤辅导、不断支持孩子的结果。这是孩子成长道路上的一个小胜利，很多的小胜利加起来就是大胜利，让我们为孩子这个小胜利庆祝吧!”

家长立刻回复了短信：“谢谢老师的鼓励，龙龙回家后我们把这条短信读给他听，龙龙可高兴了，做作业的劲头特别大，做得特别认真。老师请放心，我们会继续努力。”

激励产生了效应。每天，龙龙都第一个交作业。那一天，龙龙对我说：

“我妈妈每天都和我一起阅读。我可愿意和妈妈一起读书了!”

为此，我发了这样的短信鼓励道：“龙龙妈妈您好！您的工作很忙，却能抽出时间和孩子一起阅读。孩子告诉我，他好喜欢和您一起读书呀！您真是个好妈妈!”

第二天，收到龙龙妈妈的短信：“老师您好！和您比起来，我做得还不够，但是我会努力的!”

那天，龙龙眼圈红红地来到学校，告诉我因为一道数学题不会做，妈妈狠狠批评了他。

我发了如下短信：“龙龙妈妈好！错误里常蕴含成功的契机，孩子犯错时，听孩子讲错因比指责他的错更重要哦!”

龙龙妈妈收到短信后，这样回复：“亲爱的老师，您的短信内容深深吸引着我。每次读到您的短信，都会使我焦躁的心情变得平静下来。静下心来看待孩子的发展，来反思自己的教育方法，避免以偏概全，笼统否定。再看到孩子的作业没做好，错误较多时，我一定听孩子讲出现错误的原因，找到问题的根儿。”

……

我和龙龙妈妈的短信联系频繁进行。在我们的共同努力下，龙龙变了，他爱学校，爱老师，爱学习，哭鼻子的事儿也很少发生了。

老师，家访我吧

刘　蕊

“刘老师，这次去我们家吧!”

“老师！老师！家访我吧!”

……

孩子们争先恐后地邀请老师去自己家进行家访。我告诉孩子谁能请到老师去你家做客，谁就是最优秀的。为了公平起见，我在班里进行了“德育积分制”的评选活动，谁的积分最高或者谁取得的积分进步最大，谁就是家访对象的首选。老师要带着喜报去报喜，家访变成了一项被奖励的荣誉。

孩子们为了争取这项荣誉，纷纷投身于班级活动中，每个学生都认真地完成作业，课上积极发言，课下文明活动。有的孩子为了赢得更多的积分机

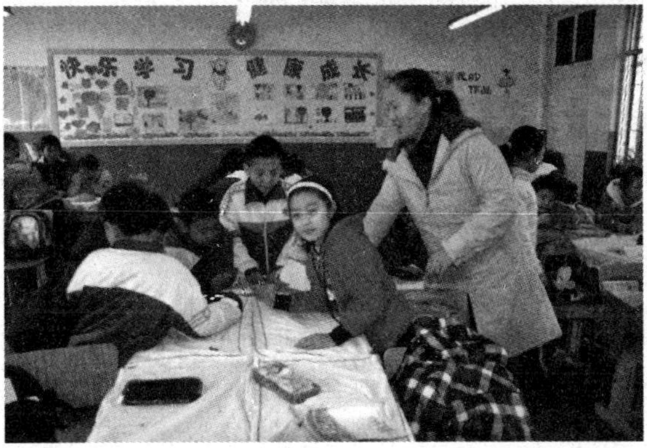

会，主动地帮值日生打扫教室，参加一些公益活动，可以请老师到他家做客。懒惰的浩斌也变得主动起来了，他能够认真完成家庭作业了，而且还关心班集体了，见到地上有碎纸主动捡起来，早晨来得早早的。我兑现了诺言，和数学老师一起去了他们家，受到了家长的欢迎。在交谈之中，了解了孩子在家中的情况，看到了孩子的学习环境以及家长的关注程度，并送出了“喜报”。家长喜上眉梢，激动不已，并一再表示尽全力配合老师的工作。

这样的家访，消除了孩子和家长的恐惧心理，使老师进一步了解了孩子，也使家长有了科学家教的方法，从而也会更加支持老师的工作。

向家长学习

般慧芳

孔子云：教学相长。智慧家长的教育理念和智慧的教育行为不仅在家长群体中产生辐射作用，对于我们教师而言，不也可以受到很多启发吗？

今天的家长会结束后，好多家长都表示深有感触。其实何止是家长，尽管内容是我提前安排的，但整个活动下来，作为班主任，我也感触颇多。

（一）为孩子的一生奠基

期末的家长会，一般意义的理解应当是告知期末复习考试的时间、内容、方法等，但我们学校从来不是如此。今天的家长会安排兆洹妈妈、明柔妈妈发言，也是想通过这样一种途径和渠道告知家长：在老师的心目当中，学习不是第一位的，孩子一生的成长、幸福更为重要；在这其中，老师扮演着极其重要的角色，家长的作用也举足轻重。

（二）凡事就怕“认真”二字

兆洹妈妈的讲话有两点主要内容：1. 在活动中培养孩子的自信；2. 在点滴小事中培养孩子的自信。可以说，整个讲下来，没有空洞的说教，而是点点滴滴耐心、认真、细致的指导，对其他家长而言，是一种很好的辅导，对我而言也是一次很好的学习。回想自己在孩子成长的过程当中，什么时候付出过这样的细心与耐心呢？惭愧之余也深深地体会到：不应有太多的抱怨，付出与收获是成正比的，从现在开始，尽己所能地弥补，恐怕才是正事。

（三）心中有目标，眼前就有路

明柔妈妈出口成章的讲话，除了做教师练就的本领，更多地源于自信。一个自信的家长教育出来的孩子，也会事事有自己的主见。从明柔妈妈的讲话中，我听出了一个智慧型家长在培养孩子时的几点做法：1. 目标明确。培养有独立见解的孩子，这是明柔妈妈的主张。有了大方向的指引，不在小事上纠缠，孩子会因此变得大气。2. 适时点拨。在购书时帮忙挑选，无疑增加了孩子读书的品位；在孩子有问题时共读与交流，一定会让孩子的思考有深度。3. 关注实质。不用每天盯着几道题，不为没得满分埋怨孩子，关注问题的实质，找到问题的症结，该出手时才出手，更多地给孩子独立思考的空间。明柔已经在班里显现出的优秀让我们不得不叹服：家长的眼界有多高，孩子的发展就会有多远。

优秀的家长还有很多，他们从不同侧面诠释着现代家长的优异。向家长学习！

【博客留言摘录】

听了明柔妈妈的发言，我也深受启发：给孩子一个独立思考的空间，培养有独立见解的孩子，将有利于孩子的长远发展。每一位家长、每一位孩子都不尽相同，能够找到适合于自己和孩子之间的教育方法，或许才是最佳方法。感谢殷老师为我们家长提供这样的机会，盼望以后能多一些这样的交流，互相学习，互相借鉴，共同发展。

——兆洹妈妈 来自博客圈［安阳市人民大道小学文博源二(8)班］

“家长的眼界有多高，孩子的发展就会有多远。”入骨三分的见地。

感谢如此有心的殷老师，感谢如此用心的家长无私分享！

学习、反思之后，或许行动才是最有力的回应！

一起加油!!

——冉妈 来自博客圈[安阳市人民大道小学文博源二(8)班]

咱也为学校干点啥

李 霞

学生的汇报演出遇到了人手不够的困难，怎么办？北京市中关村四小招募了80位家长志愿者，老师的总数是60位。在这样的大型活动中家长发挥了极大的作用。这80位志愿者是怎样产生的？他们又是怎样工作的？学校最后又是怎样做的？刘可钦校长的《我能为学校干点什么》一文给了我很多启发，特别是家长工作方面。

(一)学校应该形成让家长参与学校工作的机制，让家长在参与中逐步拥有与学校相同的价值观

2012年2月23日，教育部副部长刘利民视察人民大道小学，家委会的两位家长代表参与了此项活动，活动后他们感慨良多："在这次活动安排中，我作为人民大道学生的家长，作为新一届校级家委会的主任有幸被学校邀请参与其中，消息传来让我感到万分激动。因为这是学校第一次将家委会安排在重要领导视察工作的活动中，显示出学校领导层对家委会参与学校工作的重视和肯定，也寓意着学校期待家委会能够在今后的工作中，为学校和家长搭建一个更好的交流平台，深入地参与到孩子们日常的生活和学习中，对学校的管理提出更合理化的建议和意见，把学生家长的心声和诉求真实及时地传递给学校。"家委会主任这样表达。同时我们也感受到家长对此次活动的重视，并且借他们的口为学校宣传，充分发挥了家委会这一组织的作用。刘校长在文中说："事后，我们召开了家长志愿者答谢会，不仅是为了传达谢意，更是家校双方达成共识、相互促进、共同服务学生成长的过程。家长们从他们的角度分享了学校和老师的一些做法。"我对这段话颇有同感，不管是家委会，还是家长志愿者，学校要有这样的家长组织，并且要正规地运行，即使是临时的一项任务也要善始善终，就像可钦校长策划学校的招募活动那样，

事后的答谢会，都让家长感受到了学校的诚意与尊重，他们也才会在这样的组织中创造性地工作。

(二)再小的事情，也不可忽视了家校之间的沟通

只有沟通，才会使家校双方达到如下的目的：老师们不会把事情简单看作家长可以成为自己工作的助手，也不是家校间的一种“交换”；同时让家长在参与学校活动的过程中，形成家校一致的教育认识。记得曾经有一位班主任请家长来学校收费，这位家长是班级家委会管财务的，老师想让其了解并参与这一工作，增加工作的透明度，家长觉着老师让来，如果不来不好，但自己那天也有紧急的事情，不免心中有埋怨之意，故来得晚了，老师就另请了其他家长，这位家长更是心中不快。如果老师不把家长简单看作自己工作的助手，家长也没有简单认为这是家校间的一种“交换”，及时沟通，那么这样的不快则会避免。因为“家校之间拥有共同的教育价值观，家长们认可学校的教育理念，这些都是学生成长的重要影响源，影响源力量的一致性有助于学生的健康成长”。

(三)家校间良性情感场的营造对学生的发展，对班集体的建设至关重要

开学不久，一位中年班主任找到我激动地说：“李校长，这班的家长们真是太好了！你不干好都不忍心呀！我的孩子考上大学走了，以后我的精力就在这班孩子们身上了。”老师在家长们的鼓励和影响下更加爱孩子，这个班也在家长们的支持和帮助下，走上了一条良性发展之路。

我的地盘我做主

赵慧萍

一直以来，心中总有个困惑，百思不得其解：尽管我们将学校的办学目标“全面发展打基础，个性发展有特长”背得滚瓜烂熟，但究竟怎样才能在学校给孩子们搭建更多的平台，让每个人在个性发展上有所突破，在特长上有所张扬，一直是我心中的一个结。

2011 年新学年，我有机会独立担当文博源小学北校区一年级的全面工作，因为是新校区，墙面在短时间内布置不到位，所以迫切需要有作品填补空缺。看到了画展中孩子们那些令人眼前一亮的画作，心中不由升腾起一个

大胆的设想：何不让家长们给孩子申报个人书画展，以此来扮靓校园呢？

教美术的孙婧媛老师，先是让三四个家长在她的具体指导下办好了画展，然后让其他家长观摩学习。不出一周，家长们就利用休息时间把学校所有空白的地方全部占领。各具特色的个人画展很快吸引了孩子们的眼球，也吸引了家长们的眼球，他们纷纷驻足欣赏，禁不住赞叹："这才真是学校呢！这才是把发展的空间留给了孩子们！"也正是在这时候，我隐隐约约感觉到了"个性发展有特长"的真正含义。

尽管仅仅是画展，但是我们在孩子们的特长张扬方面的探索又前进了一步，终于找到了门道。学校就应该是这样的场所：它把发展的空间留给学生——它带给学生的是前行的动力，一个小展台，成就的也许是个大画家；它带给孩子的是精神的激励与振奋，特长的发展与培养，这是无法用金钱衡量的。这期间，我们仅仅做了一件事，把本应该是孩子的展示空间，还给了他们。

2012年新学年，我们又搬入了文博源小学总校区。在布置走廊时，我们马上有了"让家长和孩子们共同认领墙面，举办个人书画展"的主意，于是发了这样的短信给家长：

家长好！学校新学期有部分版面供孩子们展示书画作品，举办个人书画展，要求本周五到位。机会难得，板块有限。望您抓住机会，为孩子成长助一臂之力，您的举手之劳将会为孩子带来无限的自信。有意者赶快短信署名向班主任报名，截至明早八点前。期待着孩子们参与！

——赵慧萍老师

没有想到，好多家长一直因为一年级没有为孩子抓住机会举办画展而耿耿于怀呢！所以短信一发，报名者如潮水一般涌来，让我们措手不及。于是，我又给所有的家长发了一条这样的短信：

家长好！学生个人书画作品展报名空前踊跃，感谢所有参与报名的家长和孩子。因场地有限，我们将逐步安排展出，望大家理解。本周五前未安排展出者敬请精心准备，争取精彩亮相。再次感谢您的支持帮助！

——赵慧萍老师

有了前两次的经验，第三次画展顺利举行，更多的孩子有了展示的空间，更多的家长在锻炼中成长。

以下是家长写的感受和孩子们的绘画作品：

尽管你不是画家，

却有与画家一样细腻的心。
虽然你的画并不出名，
却同样折射出你童趣的心灵。

几笔、十几笔、几十笔的描画，
勾勒出一个个粗略的线条；
几种、十几种、几十种颜色，
涂画成一幅幅多彩的世界。
每一幅画，
无论简单或者复杂，
你都会兴致盎然地指指点点，
在我们的亲吻中
认真、小心地收藏，
脸上洋溢着天真、灿烂的笑容。
老师们看了，同学们看了，家长们看了，
他们的欣赏、赞许和表扬，
见证着你从幼儿园、一年级到二年级
慢慢长大的足迹，
这足迹一直向远方延伸……

二年级(5)班裴宇菲家长裴广明
于2012年11月

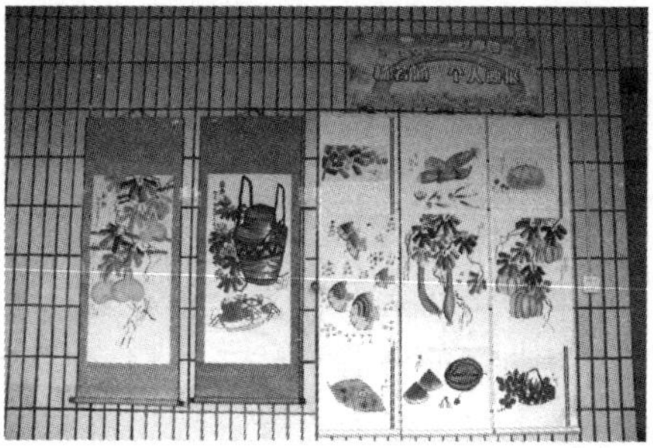

人民大道小学的老师常常告诉自己：每一个孩子都是独一无二的个体。也许，在一个集体中，他只是其中一分子，但对于一个家庭来说却是100%。家校携手对孩子品德的形成、个性的引导以及良好学习习惯的培养，会产生积极的、良性的影响。

“小胖子”跳楼记

郭 艳

课间操后，我和小杜老师正在操场上谈话，大多数学生在操场有序地开展活动，也有少部分学生上楼喝水或提前准备下节课的学习用具。突然，从楼上传来一阵喧闹声，我们寻声望去，不由倒吸一口凉气：逸夫楼二楼走廊的窗台上，有一个小胖子的身影，仔细一看，是三年级(2)班的卢豪泽。只见他正蹲在外窗台上，一只手扒着窗户，另一只手向走廊里的同学挥着，在跟同学闹着玩。窗边挤着好几个同学围观，惊呼声正是从他们嘴里发出的。

小杜老师刚想大喊一声制止他的行为，我马上摆手示意：“别喊，会吓着他。”

我和小杜老师迅速来到楼下柔声说："卢豪泽，扒紧窗框，回到走廊里去。"

卢豪泽看到老师没有大声斥责他，乖乖地退回走廊里。我和小杜老师如释重负，长出一口气。

把卢豪泽叫到面前，他仿佛意识到了自己的错误，低着头不敢看我。他的班主任吕海洋老师闻声赶来，我把刚才惊心动魄的一幕讲述了一遍，吕老师无奈地说："这不是第一次，跟同学闹着玩时，卢豪泽就喜欢站到窗台上吓唬同学。给他讲过这样做的危险性，他也表示要改过，可是转眼就忘。家长又比较溺爱孩子，总说男孩子调皮点没什么。这回你可得帮我一起做做他家长的工作。"

家长接到学校通知急匆匆赶来，看到孩子没事，就显出一副不以为然的表情，觉得老师大惊小怪、小题大做。孩子看到妈妈像找到了支持者，没有了刚才的害怕。问题孩子的背后往往是有问题的家庭教育，孩子"有病"要给家长"吃药"才行呀！

首先，我肯定了家长对孩子的爱，听说孩子在学校出现问题马上赶来，但爱孩子要有方法、有智慧，溺爱其实对孩子的伤害最大，如果等出现血淋淋的现实再后悔不是太晚了吗？

因为站在爱孩子、为孩子安全考虑的角度出发，不是在指责家长，老师说的话，家长愿意接受了。我又给家长讲了学校老师的要求以及老师们所做的工作，给家长一些具体的家教指导意见，帮助家长培养孩子在公共场合的文明、得体的举止习惯。

我们并没有把这件事情只当作卢豪泽个人的事件来处理，而是开展了一系列的活动，对全年级学生进行安全和文明礼仪教育。吕老师给孩子们上了一节品德与社会课《没有规矩不成方圆》。在观看录像中，孩子们认识到不遵守规则会给自己和他人带来危险。在亲身参与游戏的活动中，孩子们体验着遵守规则的重要性。在讨论中，同学们明辨了哪些行为是对的，哪些行为是错误的。

我们还在全年级进行了"教学楼里可以进行哪些活动"的大讨论，征求同学们的意见，引导学生课间的文明活动。每班设立了文明岗，督促、提醒同学们课间文明、有序活动。各班还任命了小小讲解员，在练习讲解的过程中，孩子们更加热爱自己的班级，更加爱护教学楼里的设施。慢慢地，学生的行为逐渐规范了，课间不安全的活动消失了。

壮壮，我读懂了……

侯艳红

很多家长和老师都认为，孩子试卷上的错误很多都是因为粗心造成的，可是孩子似乎很难克服粗心这个毛病。其实，如果我们对粗心问题有一个正确而全面的认识，那么这个问题就不会带给我们如此多的困扰。

壮壮就是一个计算频繁出错的孩子。如：4÷4 会得出 0；6＋9 会得出 12；3×3 会得出 6 等等。当我给他圈出来时，他总是不好意思地一吐舌头，一会儿就改对了；可一转眼再碰到类似题目，他照样出错。

总在这些题目上出错，起初我认为壮壮学习不认真，缺乏学习责任感。于是我在课堂上多关注、提醒的同时，联系了他的家长，希望能让壮壮加强类似题的练习。一周过去了，壮壮改变不大，反而小脸上多了一丝不该有的沉重，他的父母为此也很苦恼。

壮壮的情况引发了我的深思：为什么会这样？我把壮壮写错过的题目进行了整理。在分析比较中，我突然发现：壮壮出现的问题，是把“＋”和“×”“－”和“÷”符号看混淆，如：4÷4，他会算成 4－4，那不就是 0 吗？3×3，算成 3＋3，那不就是 6 吗？他还总是把 6 和 9 看混淆，把 9 看成 6，6＋6 不就是 12 吗？壮壮是不是这样想的呢？

第二天到了学校，我迫不及待地找来了壮壮，出了一些类似的题目让他计算。他很认真地写着、算着，但计算错误仍然不少，错误的原因如我分析的那样。到底是什么原因，导致他遇到这样的计算题就出问题呢？这绝对不是孩子粗心这么简单！

在找寻答案的过程中，我发现壮壮的粗心可以解释为他的视知觉能力发展失衡。视知觉能力是指眼睛能否清楚地辨认出两个相似的字，能否迅速记住刚刚看到的近似数字或符号，在下笔时手眼是否协调。每个孩子的视知觉能力是不一样的，如果一个孩子的视知觉能力达不到同龄水平，就容易出现“粗心”的现象。在查找资料的过程中我还发现，大多数在走路前没有充分爬过的孩子，身体协调性和平衡感的发展就受到影响；孩子从小运动少，该爬的时候怕磕着，该走的时候怕摔着，该跑的时候怕碰着，该发展的运动知觉都没有发展，就会造成手眼协调不好，计算和阅读都容易出错。

我及时和壮壮的妈妈取得联系。在交流中，我得知：壮壮从小被爷爷奶奶视为掌上明珠，从不舍得让孩子在地上爬，总是抱着，从小运动也很少。我知道后，心中很内疚。当孩子出现问题时，我没有深入分析问题产生的根源，而凭着自己的主观想法去武断解决，既没有解决了问题，也给孩子造成了心理上的压力，真不应该！我把从书上看到的训练“视觉集中”和“视觉分辨”的好方法介绍给了壮壮的父母，希望通过训练，弥补孩子幼小时缺乏运动的欠账；并建议他们在生活中，要用自己的细心去感染孩子，当孩子细心地完成一件事的时候，要及时表扬，强化他的细心，给孩子一个积极的心理暗示。在家校的密切合作下，壮壮的情况大有改观。

壮壮的事提醒我，当孩子出现问题，真正读懂孩子，分析问题产生的根源，才能达到事半功倍的教育效果！

我们班的“西瓜太郎”

殷慧芳

尽管现在的雨宸已经不是“西瓜太郎”的发型，但因为这一形象太深，现在想起来，记忆中的雨宸依然是第一天测试时的模样。

说来也怪，那时的我们，一点不认识，只是因为上学前的一次游戏测试，他，便走进了我的眼帘：一个帅气的小伙子，一手拎着一件夹克，一边走进教室，一边嘴里嘟嘟囔囔，至于当时说的什么，已经有点记不清了，和别的小朋友比起来，他似乎要潇洒很多。

谁也没想到，可能就是因为在人群中多看了这一眼，就注定了我们之间有一段师生情缘。上学后的胡雨宸依然保持了快乐的性格，只是有一段时间，应当是学习拼音期间，他显得消沉了很多。尤其是有了考试之后，卷面整洁问题、bpdq 等字母书写时分不清的问题，使他一度陷入苦恼之中。因为和入学前学过拼音的孩子比起来，他感觉自己有些吃力，好强的他甚至对自己的能力产生了怀疑，但有一点从来没有改变：只要老师指出哪里写错了，雨宸便立刻认认真真地改过，从不会因为贪玩就在学习上糊弄了事。

我深知，这只是一种暂时的现象，我眼中看到更多的是：课堂上，坐姿端正的孩子里，总有胡雨宸的影子；下课期间从不和小朋友发生矛盾的孩子里，也有胡雨宸；做值日从不偷懒的人里，肯定有胡雨宸；哪位同学吐了，第一个上前帮忙打扫的总是胡雨宸……我心中始终坚信：这样的孩子一定不会让我失望。

我们师生间更多的接触，来自于第二学期在学校吃午餐之后。一听说学校有午餐了，雨宸的爸爸妈妈立刻大力支持，并送来洗手液、餐巾纸等供大家使用，还买了一大箱苹果让小朋友饭后加餐。因为那几天往学校送水果的家长较多，这一箱苹果被暂时放到讲台旁，细心的雨宸连着问了我好几次："什么时候吃我家长带来的水果呀？"终于盼到那一天，雨宸和一个小朋友一起，跑到水管前将苹果洗了满满一盆，一一发给同学，多余的也没忘记给学校其他老师送过去。

进入二年级，让人开心的事情越来越多：雨宸的作业越写越漂亮，越来越干净，成绩也水涨船高；担任卫生组长，工作认真负责，获得老师、同学好评；中队长竞选，雨宸也大胆地走上前台，演讲内容清晰、流畅（事后听妈妈说，内容全是自己写的），让大家刮目相看；有个小朋友坐在台阶上哭泣，雨宸立刻拿了餐巾纸递到他的手里……

先做人再做学问。如果说良好的家庭教育使雨宸具备了友善与爱心，那么做事的认真、不懈的努力一定会让我们的"西瓜太郎"走得更远！

今天我上学了！

上学的感觉真不错！

课间十分钟

快乐小学生

家长也来当老师

阮树芹

对于三(2)班的学生而言，每周一的班级特色活动是他们最喜欢的课程。蛋壳画、小米贴画、巧玩魔方、花样跳绳等特色内容深深地吸引着学生们，而特色课程的老师是班级的热心家长。

迪迪的妈妈是报社编辑，她被学生们亲切地称为“绘本妈妈”，她走进课堂，与学生共同分享绘本带来的智慧与快乐，激发学生阅读绘本的兴趣，丰富学生们的精神世界；明明的爷爷喜欢画画，他把自己所了解的国画知识传授给学生们，让他们知道了国画艺术是国粹，是传统文化；小琪的妈妈是名医生，她常给学生们讲解儿童健康自护知识。

9月20日是全国爱牙日，在口腔医院工作的琳琳妈妈王医生来到三(2)班，组织了健康教育活动——认识牙齿。王医生采用了多种新颖的教学手法，借助现代多媒体，通过观看课件、观察牙齿模型等，教同学们认识牙齿结构，并耐心地回答孩子们提出的问题，还深入浅出地教育他们要坚持早晚刷牙、饭后漱口、少吃甜食等。

让每个家长发挥自己的职业优势，将家长的优势资源引进课堂，有效地促进了家校的合作共育。

三、感谢有您

人民大道小学的老师和家长，是教育路上亲密的战友，生活中的合作伙伴。开诚布公的沟通，增强了彼此之间的了解和信任。来，听一听几位学生家长的心里话吧——

胡老师，向您致敬！

郑童方家长

看着那张纸条，看着胡老师写下的那段话，我只想真诚地说上一句："胡老师，向您致敬！"

和孩子的数学老师交往不多。孩子刚入学时，只是听说数学老师非常优秀，所以也就想着一切都要听老师的安排。后来孩子当了数学小班长，出乎我的意料，能够被数学老师所赏识，也让我对孩子的数学学习有了更多的期望。再到后来，我发现数学老师的魅力开始拓展到我们家里了，孩子经常模仿老师的言行，让我这个做家长的都有点吃醋了。比如：在我看来只是一块糖，可是在孩子的眼里那是"大力神果糖"；每每吃鱼的时候，孩子都自言自语地说要多吃，要让自己的"聪明包"变得更大；每天要多练几十道数学题，也从来不喊累；老师如果有几天没有提问她，她会说老师"偏心"，生气地撅起嘴。我不禁感到好奇，这是一个什么样的老师，能够让我们家孩子这样崇拜呢？

直到那一刻，我才知道了答案。

那是一个周四的晚上，我照例检查孩子的数学作业，发现前一天辅导她的一道题出现了错误，老师在题的旁边打了一个问号，孩子有点生气地说我给她讲错了。于是我给老师写了一张便条，把自己给孩子讲题的思路解释了一下，并很忐忑地夹在孩子的书里了，不知道老师会怎么回复。

周五晚上，孩子放学回到家，我想到的第一件事就是打开孩子的书包翻开书，那一刻我感觉自己像孩子一样，那样地期待老师的回复。

有纸条，有批注。

胡老师一定很认真地看了这张纸条，她不仅把写有做题思路的那段话画了出来，还在最下面写道："这是我在改作业时的疏忽，孩子这样填没有问题。对不起！"

我仔细地看着，老师用了三个出乎我意料的字——"对不起！"，这是我没有想到的。老师能够这样坦率地面对这个小小的疏忽，对于一个小问题都不去敷衍，不去塞责。那一刻，我明白了孩子为什么崇拜她。物欲横流的今天，看到很多人在想方设法地掩饰着自己，胡老师这样认真和真诚，是多么难能可贵呀！我被深深地感动了，在心里反复地说着："胡老师，向您致敬！"

看完便条后，我拿着它对孩子说："看你们的老师，这样认真地对待你们的每一个问题，多么了不起！你一定要好好学习，好好报答你的老师！不，你的恩师！"孩子似懂非懂地点了点头。也许她现在还不明白"恩师"的意思，但等她长大了，她一定会知道，老师的人格魅力会影响她一辈子。

胡老师，向您致敬！

回家八步曲

程浩原家长

光阴似箭。一转眼，孩子要上三年级了。想着孩子刚入学时的情景，仿佛就发生在昨天。那时的我，虽有满腔的热情，愿意付出全部的身心，也知道一二年级是培养好习惯的关键阶段，但初为小学生家长的我却是手足无措、无所适从。

还记得开学时的第一次家长会，看着手中老师们精心准备、印刷精美的《让我们一路同行》《来吧，孩子》《良好的开端是成功的一半》等家教资料，我第一次感受到了学校对每一位孩子的期待和关注，第一次感受到了老师们的认真负责和良苦用心，更感受到了在孩子成长的漫漫道路上，老师渴望与家长同行的真诚。尤其是班主任杜丽敏老师那张《回家八步曲》："①放好书包换鞋衣；②讲究卫生把手洗；③然后喝水吃东西；④赶紧坐定先复习；⑤再做作业心有底；⑥检查对错需仔细；⑦明天学啥先预习；⑧收拾准备好欢喜。"实在是让我如获至宝，如同在黑暗中摸索的人突然看到了指路明灯。

到家后，我立即动手将其改成了表格形式，并和孩子一起约定了执行《回家八步曲》的规则：放学回家后，每完成"八步曲"中的一步，我会奖励给孩子一个小粘贴；坚持一个星期，就会奖励一个笑脸和一个精美的大粘贴；坚持一个月，我就会满足孩子的一个小小心愿。就这样，孩子的小学生活在欢笑、赞美和期待中愉快地开始了。每周一，孩子都会拿着贴满了小粘贴的《回家八步曲》骄傲地去领取老师的"真棒"小印章，而我也信守承诺，让孩子用 4 周的努力换回一个小小礼物。

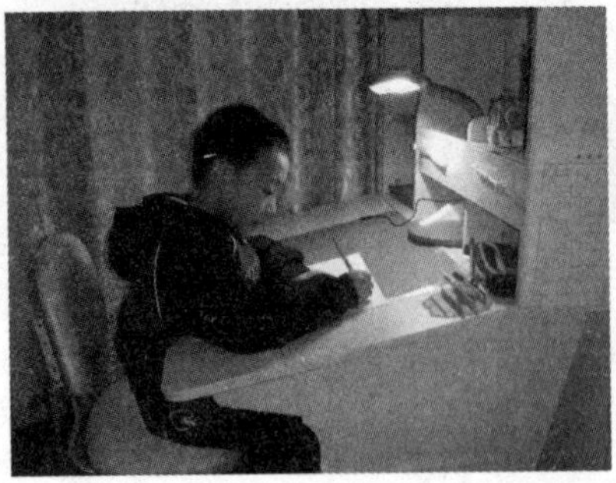

没有争吵，没有眼泪，没有赌气，也没有放弃，不知不觉中，孩子入学后的第一个好习惯养成了——放学后认真完成家庭作业，预习第二天的新课并自己收拾好书包和文具。

渐渐地，在杜老师、胡老师耐心引导以及不断的沟通交流中，我又陪着孩子慢慢走过了预习、听课、做题、复习、阅读等学习习惯的培养过程，使孩子很快度过了小学生活的不适期，自信地走入新的学习生活。

与孩子共同成长

李兆洹家长

孩子进入小学，家长开始关注如何培养孩子的表达能力，因为三年级要有作文了。那么一二年级是否要有所准备呢？我记得刚入学的第一次家长会上，班主任殷慧芳老师就将此事列入“议事日程”，鼓励家长在孩子刚刚入学这一阶段每天抽出时间写《爱心册》，就是把孩子刚上小学在语言、行动上所表现出的那种欣喜记录下来，哪怕几句话也行。

翻开《爱心册》，第一页上记录着兆洹刚刚当上小学生的激动心情：

明天就要正式开学了，吃晚饭时，家里人问：“兆洹，明天你就要正式成为小学生了，心情怎么样?”兆洹随口答道：“紧张并期待着……”我们都笑了，这句话好像还挺有韵味的。

第一天，兆洹回到家的第一句话：“妈妈，上小学就一个动作。”兆洹做了一个抱臂坐好的动作。第二天，兆洹回到家的第一句话是：“妈妈，上小学又多了一个动作。”兆洹又做了一个举手发言的动作。我忍不住笑了，孩子真的是那么可爱天真。

那时，许多家长很细心，将孩子的片言只语、点滴感受都记录了下来，殷老师坚持每周批改《爱心册》。我和兆洹一起给《爱心册》起了名字叫“心心桥”。也许，这就是孩子入学后的最初级“作文”了。

开学一星期，我感到确实是在与孩子一同学习，一同成长。每天的《爱心册》，是与孩子心与心的交流，与教师思想与思想的交流。如果没有这一项活动，与孩子内心的变化、思想的波动可能擦肩而过。现在看来，这些记录都成了一份珍贵的回忆。感谢老师对孩子的辛勤培育，对孩子的爱心、细心、耐心。

后来，班级开通了校讯通博客，孩子口述，家长记录，然后发表在博客上。殷老师每天抽出时间看博文、写评论、奖励小红花。孩子们特别关注小红花。我记得，有一天晚上，我正在做饭，兆洹兴冲冲地冲进厨房：“妈妈！妈妈！我的《文字游记》也得小红花啦！我有三篇博文得小红花啦！”说着就蹦了起来。每当打开博客，殷老师所给予的每一朵小红花、每一句评论都让兆洹激动不已。

直到现在，我和兆洹的这个习惯仍然保留着。一到晚上睡觉前，兆洹总是说：“妈妈，我讲讲博文，你改改。”有时是我讲，兆洹修改，有时兆洹修改得还真像那么回事，俨然一位小老师的样子……

口头表达能力和文字写作能力是伴随孩子一生的能力，也是一个人享用一生的能力。这是一个积累的过程，聚沙成塔，集腋成裘；不积跬步，无以至千里；不积小流，无以成江海。孩子在积累，老师在积累，家长在积累，愿我们三方在这个积累的过程中受益终生！

人民大道小学的家长定期会收到来自学校、老师的家教资料、指导短信、推荐书目，家长之间也会经常交换图书。心在哪儿，智慧就在哪儿，在交流与学习中，家长们渐渐摸索出适合自己孩子的教育方法。

家有儿女初长成

邢竞天家长

女儿正在上小学四年级。据说四年级是小学阶段的过渡期，也是一个危险期。如果把握不好，可能前几年的教育就会毁于一旦，前功尽弃。最好的饮料是白开水，最好的方法往往是最基本的方法。

（一）坚持“成人”的教育

成才先成人，素质教育实际上就是“成人”的教育。在大力推行素质教育的今天，不能把作业完成、考试成绩提高视为成功了，还有许多非智力因素，如习惯养成教育，人际关系交往能力，对社会的同情心和责任感等等，这些看似与课本无关的东西，却在人一生的成长中起着非常重要的作用。

为了让孩子养成把一件事做到底的习惯，同时培养孩子的劳动能力，我要求她每天都做家务事，具体做什么可以根据实际情况而定。

她爱养小动物，我买来小鸭、小鸡、蚕、鹦鹉等，全部由她饲养，培养她的责任心和爱心。

放学后谈心，过问最多的不是学的知识，而是请孩子谈谈在课堂上同学们的基本表现，小组的整体成绩，哪些同学有了进步，老师的情绪等各方面的情况。

（二）坚持“抓大放小”的教育

教育孩子，要善于抓大放小。爱如捧沙，越是将手心紧紧地攥住，沙子就越漏出来，轻轻地捧着沙，才能将沙子满满地留下来。坚持大方面的引导，不要过多关注孩子卷面上失去的一分或半分，更要关注综合能力的提升。例如，对孩子进行理想教育，帮助他树立远大的理想；教会孩子学会理清思路，无论是学习还是其他事情，清晰的思路很重要；教会孩子学会统筹方法，用最短的时间，最高效率地完成各项工作……都会使孩子受益匪浅。

（三）坚持“慢”的教育

教育是一项慢的艺术，绝不可能一蹴而就。南方有一种“魔法毛竹”，生长速度惊人，但它在成长的前五六年里几乎看不到长高，根系却拼命生长，可以长到数英里。孩子的教育也是如此才对。

孩子终身发展必备的三项因素有：品格素养，能力素养，适应社会的素养。教育是科学，不看分数的教育是无知的，但只看分数的教育是无“人”的。把“分数”的教育变成“人”的教育，才是成功的教育。实现这个目标，急功近利是万万不能的。

一位知名教育家说得好：“国家的命运与其说掌握在执政者手里，不如说掌握在父母手里。”孩子的教育和培养是一门很复杂的学问，让我们家长与老师、学校共同合作，培养出更多更优秀的人才来，为孩子一生的幸福奠基。

郑童方家长：

第一次开家长会的时候，我对自己的提醒是要静心面对孩子，为此还买了一本书——《心平气和的一年级》。为什么短短数月就忘到脑后了呢？翻出《心平气和的一年级》再次阅读，再次反思，提醒自己：教育是漫长而美丽的事情，一分耕耘必定会有一分收获，心平气和的心态对于我们很重要。让我们在平和的教育中去奉献，静候花开。

程浩原家长：

每个人都是有潜力的，小孩子也是一样。很多家长害怕孩子受伤，这不让做，那也不让做，使孩子的能力处在"休眠期"。无人可依赖的情况下，孩子会发挥最大的主观能动性。假如继续没有原则地帮忙，孩子的能力可能就会一辈子"沉睡"下去。

董柯含家长：

父母应积极运用"罗森塔尔效应"，使孩子有一种良好的期待心理，树立"我能够成功"的信念。父母对孩子越抱有期望，孩子就越相信自己能做到，也会越努力契合这种期望。需要注意的是，对孩子的期望要适度，他确实可以通过自己的努力而达到目标，这样孩子才会有奔头，愿意去努力。

马晨阳家长：

孩子贪玩是天性，对此不能一味指责，而是要鼓励他把学习完成了再去玩。我让孩子制作了一个彩色醒目的小条幅"先做自己必须做的事情，再做自己喜欢做的事情"挂在他房间的书桌旁边，起到提醒和督促的作用。现在晨阳放学回到家稍事休息就去写作业了，写完作业之前即使有好朋友在楼下叫他，他也会拒绝。

陈锦阳家长：

我利用孩子好奇心较重的特点，准备了一个课堂笔记本，让他把三科老师在课堂上提问的一些有趣的、有些难度的问题带回家与家长一起探讨。这不仅能使他养成上课认真听讲的好习惯，同时也增强了他的自信，促进了他对新鲜知识的求知欲望……对于孩子的教育，也许家长付出的远远要比收获的多，但是只要我们永不放弃定会成功。

王宇宙家长：

在孩子的成长过程中，父亲母亲的教育作用都很重要，千万不能认为，管孩子是妈妈的事。如果从小缺少和父亲交流和相处的机会，会造成孩子胆

小、脆弱等性格上的缺点。如果把培养孩子比作种庄稼，妈妈是土地、阳光，那么爸爸是肥料，我们不需要天天施肥，但肥料是必不可少的。

世界上没有完全相同的两片叶子，同样，世界上没有完全相同的两个孩子。因此，父母必须始终不断地去研究孩子心灵深处的独特之处，去观察孩子身心发展变化的独特轨迹。教子生活就像是一个五味瓶，是酸？是甜？是苦？是辣？还是咸？家长们说，苦中有乐，乐中施爱，爱中得福……

96与98

高钲超家长

前些天，超超的语文和数学连续考了几个96、98，妻子坐不住了。因为一直认为超超整体发展得还比较好，这样的成绩严重打击了妻子的教育信心。原来超超时而考个96、98，时而考个100，这样的成绩基本符合妻子的要求，看到超超对所学知识都能够理解，便没要求每次考100。

现在，连续几个96、98，都是因为在一些很小的地方马虎造成了无谓的扣分，更可气的是，有一次竟然把题都抄错了。妻子检查作业时的嗓音不由得越来越高，超超一脸无所谓的样子更让妻子火冒三丈。“战争”开始了，很快，以一个坐沙发上哭，一个趴地板上哭告终。

妻子对自己一贯坚持的教育理念有些动摇了，反思自己是否对超超要求得太粗糙，才造成了这样的局面。在市图书馆借了本方刚的《我的孩子是“中等生”》仔细阅读，妻子的情绪才慢慢平静下来。

8岁的孩子已经开始懂事了。有了前些天和妈妈的冲突，超超转变了许多，随后几天里吃饭、写作业、阅读都表现得非常好。尤其是对好朋友申申推荐的《猫武士》非常感兴趣，已经看了三本，时常和妻子一起讨论“虎掌”“火心”，猜测故事的下一步发展，一边雄心勃勃地计划把《猫武士》全部看完。

超超的表现使妻子恢复了往日的信心，放弃了过度教育的想法，继续把精力放在了习惯养成和行为塑造上来，专心做好她所谓“培土、施肥、除草、浇水”等工作。行止绵长，静待花开。

“打工”儿子“老板”妈

吴贤祖家长

我的孩子吴贤祖，今年9岁，三年级的小学生。我和他的关系，不仅仅是母子和朋友，还是“老板”与“员工”的雇佣关系。

毛毛(孩子的小名)是有自己的零花钱的，之前是每月30元，每年的压岁钱也由他自己来保管，他会把多余的钱都存到卡上。上了二年级之后，毛毛越发感到零用钱的不足，再加上有一次毛毛一时激动，主动要求把零用钱降到了25元，以至于常常动了去银行取钱的念头。

一天，毛毛突然问我：“妈妈，你需不需要一个工人帮你做家务?”我一听迫不及待地说：“急需，急需。”“那我在你这儿打工吧，您每月付我工资。”“太好了，太好了!”我夸张地拍着手。“那你这都有什么职位呢?”毛毛一本正经。“扫地、拖地、倒垃圾——包括大垃圾桶和小垃圾桶，当然工资待遇是不一样的；还有叠被子和铺床。你想做哪一项呢?”我很认真地介绍。“那铺床和倒小垃圾桶都是多少钱呢?”毛毛开始咨询。“铺床每月30元，倒小垃圾桶是20元。”我耐心解答。“那我就应聘铺床和倒小垃圾桶的工作。”毛毛下定了决心。我想趁热打铁锻炼锻炼他：“那你来我这里面试一下吧，像电视上的《职来职往》一样。”“好吧。”毛毛爽快地答应了。

面试开始，我端坐桌前，毛毛面带羞怯地走到我面前，“您好，我叫吴贤祖，我想应聘铺床和倒小垃圾桶的工作。”“好的，那你能介绍一下自己，如何能够胜任这两项工作吗？”看到毛毛有些困惑，我补充道，“也就是说你有什么能力或特长能保证完成这两项工作？”毛毛恍然大悟：“哦，特长啊，我会打乒乓球、羽毛球、篮球，还会弹钢琴、电子琴。”毛毛一脸得意。“这些和你要应聘的工作又有什么关系呢？”“这个……哎呀，反正我会努力把这项工作做好的，我相信我有这个能力。”毛毛有些不耐烦了。“好吧，我也相信你！”我见好就收。“从今天开始，每月 25 号开工资，铺床 30 元，倒小垃圾桶 20 元。”“太好了，这下我就多了 50 元，再加上原来的 25 元，我每月就有 75 元的收入了。”毛毛兴奋地计算着。

于是，毛毛开始每天清理餐桌上的小垃圾桶，晚上铺床，而且乐此不疲，开心之至。我也常常以“老板”的姿态来检查他的工作，有时还以扣工资相威胁。

由于毛毛每天还要练琴，爸爸总是在毛毛刷牙的时候帮他把床铺好。毛毛多次提醒铺床是他的“工作”，可爸爸总是“忘记”，正直的毛毛只好辞去了铺床的工作，只剩下倒小垃圾桶一项，到现在也一年有余了。

对于孩子的种种，都是为了让他明白，一分耕耘一分收获。

其实早在孩子入学前，我就对人民大道小学做了全面的了解，并被其主体教育思想深深吸引，更折服于她“全面发展打基础，个性发展有特长”的教育理念。进入大道后，我才更加深刻地感受到了这所全国名校的魅力所在。她不仅仅在教育学生上独树一帜，在引导家长上也别具一格。伴随着孩子的成长，通过一次次家长学校的学习，也渐渐地使我成长为一名懂孩子、有方法的好妈妈。

到目前为止，毛毛已经用他自己的零用钱购买了“英语点读机”和“PSP 游戏机”，还买了自己喜欢的玩具和书籍。一到花钱的时候，毛毛都会考虑再三。开始我有些担心，这样会不会让他养成斤斤计较的性格？可渐渐我发现并非如此，只要在街上见到乞讨的人，毛毛都会慷慨解囊；在电视上看到需要帮助的人也要捐款；甚至偶尔看到我对东西喜欢却不舍得买时，他会大方地说：“妈，拿上我的卡，我给您买！”那种牛气俨然就是个有钱人。那时，我的心里当然是美滋滋的。

儿子给咱“打工”，还给买东西，怎能不喜？

与儿子同上一年级

郝明哲家长

2012年，儿子成为一名小学生，我也恰好任教一年级，心里不由暗暗高兴，因为这样更便于及时发现孩子的问题，帮助他更好地成长。一段时间下来，我越来越发现，当家长与老师的双重身份同时加载在一个人身上时，不仅有利于自己的孩子的发展，而且会在第一时间了解到学生身上可能会存在的问题，帮助家长解决困惑，从而实现共赢。

开学初，一年级的老师十分注重培养学生的良好习惯，尤其是读书习惯，要求学生每天回家读书20分钟，用10分钟时间与家长交流自己读书的内容。为了方便交流，一开始，学生统一读一本书，要求家长监督孩子的读书姿势，并保证读书的时间。

初当家长的我，每天下班后都会陪孩子读书，没想到在“陪读”的过程中，发现了很多我原本并没有关注到的问题。孩子一回到家，就会坐得直直的，双手执书认真地读，可是在读书的过程中，总是出现多字少字现象，有时还会乱读。这时候，做老师的我立刻明白应该要求孩子先用手指点读，基本熟练了再捧起书来读。一则故事，儿子一般要读三遍才能够达到熟练，而简单的儿歌，三遍后他就能够背下来。有一天，儿子读懂一首儿歌后，竟然提出来说：“妈妈，我都会加动作读了。”边说边给我表演起来。看着他有模有样的表演，我突然茅塞顿开，对呀！低年级的孩子表演欲强，何不让孩子将自己读的内容，加上动作表演出来，这样不就全身都动起来、真正理解了嘛！从那以后，每当孩子读到感兴趣的故事，我都会和他一起编动作，为家里人表演。这样不仅帮助孩子积累了知识，也培养了孩子的思维能力，更重要的是使孩子更愿意表现自己了。

孩子读书的过程中会遇到一些生字，或者是读不准的字，每天我都会用彩色笔圈画出来，让他再读时注意。读到量词歌时，孩子问：“妈妈，什么是量词啊？”我就将儿歌中的量词全部用括号画下来，孩子看了，很快就明白了。之后，我们又练了几个儿歌中没有的量词，孩子很有兴趣。

作为老师的我，当发现孩子读书中的问题时，可以及时做出调整，但是又有几个家长能够这样做呢？于是，我将自己陪读的做法和体会通过校讯通短信发给了家长，受到了很多家长的欢迎。他们不仅学着做了，还打电话告诉我他们的做法，我们共同探讨教育孩子的好方法，并分享给班里的其他家长，使更多的孩子都能够受益。

既是家长又是老师的我，原本我只想到与孩子同在一个年级能够帮助自己的孩子更好地成长，现在我发现，其实从儿子的身上，我能够发现学生身上存在的共性问题，并及时调整我的教学行为，使学生得到更好的发展。只要用心，就会发现教育资源无处不在。感谢儿子，让我能够更好地完善自己；感谢家长，让我能够学到更多的教育方法；感谢彼此的分享，让更多的孩子得到更优质的发展。

郝明哲的家长范琳琳老师正在跟其他家长探讨教子心得

现在的家长普遍受过良好的教育，他们对孩子有着较高的期望，也愿意参与到孩子的成长中来。20年的"主体教育"理念已经使教师逐渐认识到：从事各行各业的家长是我们实施教育的有利资源，而家长广泛参与的社会实践活动，使无数的孩子受益匪浅。

"小鬼"当家

李恺阳家长

"嘿，你好，你们小队这个假期搞什么活动？"

"你好，今天咱们小组有什么活动呀？"

暑假到了，这样的对话，在人民大道小学孩子和家长之间随时都会听到。不要认为是什么秘密行动，这是学校“爱家乡，做主人”主题社会实践活动，孩子和家长们在积极地策划。

每年，学校都有几项常规的实践活动。如秋季的“金钥匙”科技节，春季的“小蜜蜂”读书节，寒假“十星”小主人活动……暑假到来了，当然不能荒废掉宝贵的时间，“爱家乡，做主人”社会实践活动的开展，使得安阳的大街小巷、街道社区和社会实践教育基地，都能看到人民大道小学孩子们的身影。在社会这个大舞台上体验、实践，孩子们不断提升着自己的社会责任感……

恺阳刚入学那年的圣诞节，我带他去香港看爷爷奶奶，恰逢海港城举行低碳生活宣传。他看到宣传场地上的自行车很感兴趣，问我低碳生活与自行车有什么关系。旁边的宣传志愿者听到了我们的对话，热情地给孩子讲解。听完大哥哥的介绍，恺阳很兴奋，也加入了志愿者的行列，热情地向大家宣传。

回到家后，恺阳当上了我们家的“环保小卫士”。他提醒我随手关灯、关水龙头，监督爸爸不能吸烟，并把家里的垃圾进行分类。在学校“十星”小主人评比中，他还荣获了“环保星”的光荣称号呢！

“阳光路上科技小队”是我家“小鬼”和几个好朋友共同组建的，从成立到现在历经了两年时间。活动的过程见证着孩子们一步步的成长。在班主任杜丽敏老师的指导下，孩子们学会了制作萝卜图章，了解了反刻正印的原理；制作了树叶明信片，了解了植物的基本常识……

2012年暑假，我家“小鬼”又组织了公园义卖，并和小伙伴们一起将所得钱款捐助白血病患者，体会到了为社会尽一份力的无上光荣。

孩子们在参与社会实践活动中，收获知识，提升认识，不知不觉将团结、合作、乐观、关爱、友善等种子种进心田，知道了生活的艰辛与收获之间的辩证关系，懂得了生活的意义。

火车站的体验

杜习翔家长

每年假期，学校都会组织孩子们开展丰富多彩的活动。寒假有“十星”小主人评选活动，暑期有“爱家乡，做主人”社会实践活动……作为家长，在参与的过程中，不仅能够全方位地了解孩子，也使我们形成了一个有凝聚力的团队，和孩子一起体验成长的幸福。

暑假到了，四(10)班六个小队策划组织了六次活动，有的到文字博物馆参观，有的去DIY蛋糕房亲自体验做小小面点师，还有的到老城区徒步穿越“九府十八巷”，了解家乡的变化……

我们第二小组到火车站开展社会实践活动。我作为家长有幸参与了全过程，与孩子们一起从售票处开始，分别体验了安检、候车、进站、上车全过程，并到安检系统和车站综合指挥控制中心实地参观。

孩子们边走边看，还不断地提出问题，整个活动秩序井然，收获颇丰。

当走到安检系统处，孩子们看到违禁用品是通过工作人员的肉眼辨别的，需要不停地监视。于是，七嘴八舌地议论起来。提出系统可以升级，通过电子扫描仪将通过的违禁品圈住或是加上特殊颜色，方便工作人员辨识，也可以用声音提醒的方式来减轻工作人员的工作负担。

在硬卧车厢，同学们提出可以加高列车，以扩大中铺上铺的空间，使乘客外出旅行更加舒适。

在站台，孩子们发现路基是由石子铺成的，可能会随车速卷进列车造成安全事故，于是提出是否可以用质量较轻的材料替代。同行的家长向同学们讲解目前高铁的路基就是采用高科技的弹簧，充分肯定了同学们敢于思考、敢于解决问题的能力。

和孩子一起参观、讨论，我仿佛也回到了童年。这样的活动孩子们喜欢，家长也愿意参与。

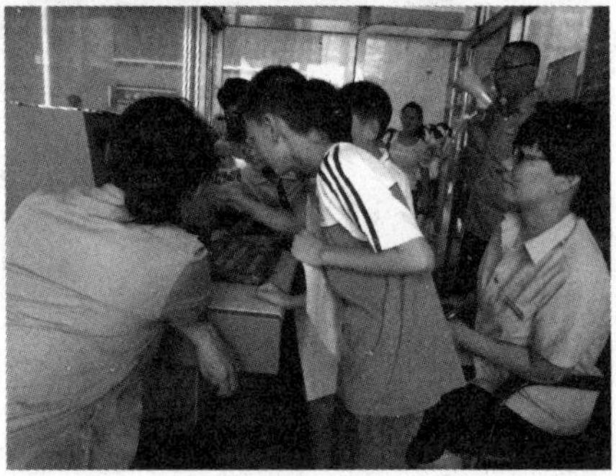

家长也爱做作业

刘盈圻 等

人民大道小学的家长不好当，因为要完成老师布置的各种“作业”：和孩子一起阅读，和孩子一起创编识字游戏，和孩子一起跳绳、踢毽子，和孩子一起做各种小制作……面对一项项特殊的“作业”，每位家长都是那么欣喜，因为在完成“作业”的过程中，家长们收获了很多很多。

刘盈圻家长：

那天，我去接女儿，孩子兴高采烈地说：“妈妈，老师发了《孩子应该有怎样的学习习惯》的家教教材，您要好好看哟！”回到家，我就迫不及待地看起来，书中的语言深深吸引着我：“良好的习惯才是步向成功的钥匙。好习惯一旦形成，它就极具稳定性。心理上的行为习惯左右着我们的思维方式，决定我们的待人接物；生理上的行为习惯左右着我们的行为发生，决定我们的生活起居。”

女儿磨蹭，而我却是一个性格比较急的妈妈。她只要做事慢，我都批评她，但最终我都会把后面的事包办了，帮她穿衣服，帮她整理书包，帮她挤好牙膏……

我一直认为，磨蹭只是个小缺点，她慢，我就多催催她。读了这本书才知道，只“催”是起不到作用的。

那天，我和女儿约定：以后妈妈只提醒，实际行动要靠自己。例如：早上闹钟一响，自己赶快起床、穿衣、刷牙、洗脸。如果迟到了，自己承担责任。女儿点点头说：“妈妈，您放心，我一定能行！”

第二天，女儿早早起床，自己整理床铺，她依旧很慢，我心里很急，但是想到和女儿的约定，我强压下要帮她的念头。

女儿抬头看表，自言自语道：“呀，要迟到了！我得赶紧走，不吃早餐了！”

我真想追上去，但又一次忍住，我想起书中的那句话：“习惯的形成，需要一个过程。”

中午，女儿回来了，对我说，没吃早饭的感觉真糟，如果早晨刷牙洗脸再快点儿，就能节约出时间吃早饭了。

慢慢地，女儿改掉了磨蹭的习惯。

感谢老师布置的作业！

王永鑫家长：

鑫鑫上学之前，我不了解阅读的重要性，我不看书，也没有引导孩子读书的意识。鑫鑫上学后，班主任王菲老师在家长会上讲到要培养孩子的阅读习惯。我才如梦初醒，跑到书店买来许多书，要求孩子看。但是孩子并不感兴趣，怎么办？

王老师告诉我，要想让孩子爱上阅读，家长首先要爱上阅读。她还给我布置了作业：每天阅读一小时。

王老师布置的作业，我欣然接受。孩子读书的时候，我也拿起一本书，坐在他旁边看，时常和他交流读书的感受。慢慢地，孩子的阅读兴趣浓了，我带他到安阳图书馆办理了借阅证。迄今为止，鑫鑫借阅书籍上百次，看了约 200 本书。孩子爱上了阅读，我也爱上了阅读。引领孩子读书的过程，让我深刻明白了“正人者必先正己”的道理。

程飞扬家长：

我一直认为自己是个很负责任的妈妈，孩子回到家，我就问他：“今天学了什么？会不会?”起初儿子还告诉我，慢慢地，他就不愿意提了。

因为我的孩子敏感、自尊心特别强，有一次，我悄悄地问老师：“孩子不愿意告诉我学校里发生的事儿，是因为他的表述能力差吧！我该怎么办呢?”

老师说：“不要只盯着孩子的功课，要关注孩子的情绪变化，经常问问孩子：‘今天高兴吗?’这是我给您布置的作业。”

老师的作业很简单，但做到确实不容易，我总想问他“今天学了点什么，会不会?”

忍住。按老师的要求去做。

慢慢地，孩子开始乐意告诉我班里发生了什么事，什么是令他高兴的，什么是令他不高兴的。再后来，他每天回来都会主动跟我聊天，有时很晚了也要跟我聊聊才去睡觉，这样的交流让我对孩子有了进一步的了解。

王宇宙家长：

一年一度的“小蜜蜂”读书节到了，老师们向家长提出倡议，以书信方式和孩子们聊一聊关于读书的话题。我给孩子写了一封信，分享了一些读书的方法和技巧。孩子看完信后，更加明白读书的重要性：阅读不能改变人生的长度，但它可以改变人生的宽度和高度。

我们班的“御用摄影师”

项　铮

一提起我们班的“御用摄影师”，我就会油然而生一种自豪感，因为她就是我的妈妈。

我的妈妈长得有点像网球名将李娜，黑黑的短头发，一双不大不小的眼睛，有时严厉无比，有时和蔼可亲。别看我妈妈貌不惊人，可她与我们班许多同学都是好朋友。同学们见到她，都会露出甜甜的微笑，摆出酷酷的POSE，把自己最美好的童年留在她胸前那小小的相机里。

运动会上，你看她，一会儿蹲在草坪上，为投沙包的同学们照相，一会儿站在跑道终点，为跑步的同学抓拍撞线的精彩瞬间；一会儿又高声呐喊，为落后的同学加油，并为他们留下努力拼搏的回忆。红石榴朗诵会、小蜜蜂读书节、歌咏比赛、“金钥匙”科技节……只要是学校开展活动，你总会在现场找到她的影子。

妈妈不仅是我们的“御用摄影师”，还是我们班家委会成员之一。平时，只要有时间，妈妈就和那些家委会的叔叔、阿姨们，帮助我们打扫卫生、装饰教室、排练节目、租借道具……辛勤的付出，换来了我们班在多项比赛中都取得优异的成绩。当老师和同学们连声道谢时，他们只淡淡一笑：“一切为了孩子。没有最好，只有更好！”

谢谢我们的“御用摄影师”，谢谢我们的爱心爸爸、爱心妈妈！

附　录

1. 小学的“大道”

——安阳市人民大道小学发展探秘

《中国教师报》

在人民大道小学50周年大庆前夕，记者走进这所小学，走近老校长姚文俊。不仅仅是为了追溯和展示他们曾经的辉煌，更是为了回答名校如何“持续发展”的问题。

倒数十年，在基础教育界，不知道“人民大道小学”可算是孤陋寡闻。“平生不识陈近南，便称英雄也枉然”，河南省安阳市人民大道小学在当时的知名度和影响力足见非同一般。

终身名誉校长姚文俊回忆说，当时那些挂着外地牌照的大小车辆，经常把通往“大道”的大道挤得几近水泄不通。时任团中央书记处书记的胡锦涛同志也曾来到人民大道小学，与师生们一起在校园里栽下成长树，并亲笔题词：“立志做祖国的小主人，学习的小主人，少先队的小主人。”“多读书，读好书，立志做有知识的人，对人民有用的人。”那时的人民大道小学，就有了一个恰如其分的简称——“大道”小学。

沧海横流，如今的人民大道小学已经走过了50年的办学历程。

五项第一成就“大道”高峰

姚文俊在这里当了23年的小学校长，在23年里用心谋划了五件大事，每一件都卓有影响。有人评价说，姚校长创造了五个全国“第一”。

第一，全国第一家编写并实施《少年儿童思想道德提纲》，使小学德育实现了内容系列化、途径网络化、评价科学化，“大道”从此走出河南，成为全国小学德育教育的一面旗帜。

第二，全国第一个提出并和北师大联合开展主体教育实验研究的学校。如今，主体教育已成为我国素质教育的“六大”成功模式之一。

第三，与安阳市的老领导、老红军一起成立了全国第一家“关心下一代协会”，为“大道”的发展注入了新鲜血液。

第四，参与成立了全国第一家地方“中小幼教师奖励基金会”，时任国家副主席的王震亲聘姚文俊为中华人民共和国教师奖励基金会理事。

第五，全国第一个中国教育学会小学教育研究会在人民大道小学成立，20多年来，姚文俊一直担任理事长。

抚今追昔，姚文俊说，其实五件事是用一根主线串起来的，那就是大写的“人”字。所谓教育，也尽在一个“育”上，解决了什么是人、育什么人和如何育的问题，也就找到了教育的“大道”。姚文俊认为，“德是一个人的灵魂，它以其导向性激励着智体美劳的发展。对学校德育的任何忽视，都是重大的原则性错误，都必将造成人才素质上的重大缺陷”。

姚文俊说，当年自己刚就任人民大道小学校长时，正处于“读书无用论”向“智育第一”的转变过程中，德育被弃之不顾。校长最大的职责应该是抓方向，研究培养什么人的问题，于是，他率先提出了“德育为首，全面发展”的办学理念。如何将“说起来重要，忙起来不要”的德育化虚为实，化枯燥为快乐有趣，成为摆在姚文俊面前的一大挑战。

姚文俊想到，既然智育有教材、方法、大纲，为什么自己不可以借鉴智育的做法，也编写一部“德育大纲”？从此，他和他的团队开始了“德育三部曲”的“大道之旅”。

一部凝聚着“大道人”心血和智慧的《少年儿童思想品德教育提纲》问世了，填补了全国小学德育的“空白”，受到了中央领导的高度赞扬。后经《人民日报》《光明日报》等中央级媒体的报道，大道小学一时炙手可热。

第一部曲出师告捷，面对接踵而至的各种荣誉，姚文俊想，德育是个系统工程，第二部曲应该着力研究如何将德育社会化、生活化，实现学校教育、家庭教育和社会教育的紧密结合，以此覆盖儿童全部生活的圆径。他们的“全方位、全天候”的德育整体教育实验，获得了“全国小学德育整体改革实验优秀成果奖”。1989年姚文俊被授予首届全国思想政治工作创新奖的特等奖，国家教委授予他全国德育先进工作者，并当选为党的十四大代表。出了大名的姚文俊不仅成了德育的旗手，也成为党员德行的楷模，他还“给官不做、高薪不走、分房不要、奖金上交”，《党的生活》杂志加编者按号召广大党员学习“姚文俊精神”。

循着德育研究的延伸，姚文俊的“第三部曲”开始将触角伸向“培养主体人格、学会做人为主”的主体性德育上来。他们研制编写了“五爱情感”“五好习惯”“五自能力”的《三五教育读本》。教育部专家组对此高度评价，称之为“是多年来小学德育理论研究和实践探索的结晶”。

德育的三部曲涵括和形成了姚文俊深邃的教育思想体系。在他的教育思想里，他认为学校一切人员所从事的一切活动都是“为了育人”。教师的育人途径是从“人—人”，通过直接的、具体的教育教学活动来实现育人之一目的；校长育人是“人—人—人”，即组建以人为核心的“四支队伍”：以校长为核心的管理育人队伍、以教师为主体的教书育人队伍、以职工为主力的服务育人队伍、以环境为载体的家庭育人队伍。校长要“知人善用”，要满足教师不同时期的“合理需要”，把主要精力花费在“用人”上。

18 年高擎“主体”大旗

光环笼罩下的大道小学，也无一例外地遭遇到了发展中的“高原现象”，如何寻求更大的突破与创新？结合中外教育的比较研究，姚文俊发现，中国教育最大的弊端是不尊重学生，不能“诚心诚意地让学生做主人”，结果培养出来的学生依赖性、被动性、模仿性十足，社会适应能力差，究其实质，最缺乏的是一种内在的精神。这时，在翻阅大量古今中外研究成果的基础上，他的思考开始渐渐聚焦在一个概念——“主体性”上。教育应该致力于发展“人的主体性”。可是主体性是什么？主体性的行为特征是什么？怎样发展学生作为人的“主体性”？他不知道，但他，揪住了这个问题，就找到了教育的根源和本质，便开启了“大道”的大道。

1992 年 3 月，一脑门儿“主体性”的姚文俊得到了北师大著名教育专家王策三先生的大力支持。他和北师大教授裴娣娜一拍即合，从此开始了小学与大学合作的“主体性教育课题研究”。该课题连续被列为“八五”“九五”“十五”“十一五”国家级重点课题。他还和裴教授相互约定，“三年不宣传”。从此，大道小学里“偷偷”住进了一批大专家。他们关起门来，足不出户，一呆就是四年。实验最初从学前班开始，然后慢慢由点到线辐射，1996 年全面铺开。

磨砺而出的“主体性”教育实验，一经问世旋即引发了又一场“大道旋风”。大道小学再一次成为中国基础教育界热议的话题。至此外界对姚文俊的评价也从“只会抓德育”的置疑，变为一种褒奖。“教育家”姚文俊从此成为一种“高度”，矗立在小学的“大道”上。

大道人咬定“主体实验”，一做就是18年。现任校长马丽娜说，18年锲而不舍，这就是大道小学的“道”之所在。

围绕主体教育，大道人坚持做了五件事情。

一是坚持五日工作一日学习制度。大道实行每周“五日工作一日进修制度”一直从未间断。每到星期六(日)，教师们要舍弃休息时间，结合研究课题，按照课题组进行学习、分享、交流。

二是坚持每学期举办发展学生主体性的教学策略研讨会。每届围绕一个主题，围绕教育教学问题，进行专项研讨，找到解决问题的途径和方法。

三是坚持每月撰写教育札记。要求教师每月至少写作8篇，18年下来，每个人都有一沓厚厚的积累。大道人从而养成了勤学、博采、善思、创新的习惯。

四是坚持每月举行一次大道论坛。采用头脑风暴、主体漫谈、学术沙龙的形式，为教师创设爆发灵感和新思维的空间。今年，大道论坛又扩充到由师生共同参与。

五是坚持学历进修、高端培训。他们先后与河南大学、北师大合作，把高校专家请进来，或者把优秀教师派出去，如读研究生，进行1～2年的进修，长期的坚持，使学校拥有了一大批专业化、专家型人才。

18年坚持，让大道小学结出了五个“成果”：出质量、出经验、出理论、出名师、出名校。而在学生的发展和成长上，大道更是提出了“让每个学生成为最佳的我”。著名教育家王道俊教授体验过大道学生的生活之后，对孩子们动情地说：“假如时间倒流，我愿意成为人民大道小学一名一年级的学生。”

马丽娜曾有的“困惑”

2000年姚文俊退休了。2005年，在人民大道小学干了24年的特级教师马丽娜当上了校长。如何实现大道小学的“二次辉煌”，马丽娜上任之后找到终身名誉校长姚文俊，话没说几句就泪眼婆娑了。师徒两个商量，要重拾大道小学的希望，得先稳定军心。

马丽娜召开了她上任之后的第一次会议，她称之为“谈心会”。她说，会前心里还有些忐忑，等一眼望见台下200名教师，目光相触的那一刻，一种神圣的责任感油然而生。她对老师们说，咱得把心拢起来，好好干！

可往哪个方向拢？大道小学曾经有着辉煌的传统，摆在面前的选择是，重写新篇还是继承发展？他们一致的见解是“恢复传统”。有人形容说，就是“把割断的历史续接上，把丢掉的传统捡起来”。老师们给敞开了心扉想干事的马校长提出建议：要稳定学校得先稳定家长，而稳定家长的前提是稳定学生。

为了发现学校工作中存在的症结，她成立了包括 10 名教师和 10 名学生组成的工作室，借 20 双瞪大的眼睛帮助自己找问题。马丽娜提出“六个字”：开放、透明、清楚。她把校长信箱干脆搬到了校门外，公开向家长征集办学意见和建议。学校还组织成立了包括校级、年级、班级的三级“家长委员会”，把学校计划拿给家长“审阅”，并请求家长委员会也同样拿出办学意见书。目标达成一致后，家长们由曾经的“阻力军”变成了“拉拉队”。

她还“重拾”姚校长时代的德育财富，续写出德育的“第四部曲”，开展了“提高学生道德认识，促进知情意行和谐发展”为主题的德育实验。活动激活了学生们自主表现的热情，学生们纷纷跳向前台，演出了一出出“小鬼当家”的精彩，“黑猫警长队”“白鸽卫生队”……小蜜蜂读书节、走进春天春令营、爱心阳光行动、科技节、十星小公民……

三年级的许星同学说，我们班每个小朋友都做到见客人问好、不吃零食、见了纸屑捡起来。马丽娜说，这样“细小”的美德透出的是孩子们的“小主人”意识，曾经散了的“心”在大道再度被聚拢起来了。

“因为有了你，我才喜欢当老师”，孩子们变了，变得越发快乐可爱，因为学生而生发出的大道教师的自豪，再一次在校园里唱响起来。老师们也变了，变得幸福美丽。一年之后，“大道”重新驶向大道。

驶向“创造期”的三个“标志”

姚文俊对自己的爱徒马丽娜充满期待，他总结说，学校经过一年的“恢复调整”之后，2006 年，学校进入了近三年的“发展期”，从 2009 年年底开始，将快步进入到一个喷薄而发的“创造期”。大道小学能否真正驶入“创造期”，尚需拭目以待。

马丽娜说，这几年我们也不过是在继承中发展，在发展中创新，沿着姚校长的足迹，尝试性地做了几件事而已。她所说的几件事，具体地讲，一个是揪住主体性教育，发展和创新出了“大道课堂教学模式”，姚校长帮助他们把这种模式总结为“发展性教学系统”；二是从区别儿童教学对象的角度，根据儿童成长的生理、心理、学习特点，研究出另一个“提纲”，叫“未成年人学习心理研究提纲”，目前“提纲”正在编写中；三是把“大道论坛”开发成一个由师生合作参与、共同成长的校本课程，从而解决了教师专业化发展和实现职业幸福的“钻石途径”。

大道小学的“发展期”，是以主体教育从线到面地展开为切入点的。“主体教育是一种思想”，姚文俊说，如何把主体教育的理念落实到每位教师的课堂教学上，是挑战，更是机遇。

驶向“创造期”的第一个标志是课堂。

马丽娜说，既然姚校长他们研究出了如此超前的教育理念，那我就要尝试把理念变成现实。于是，主体教育理念下的有效性课堂研究开始了。慢慢他们发现，“有效性”这个词指向性有些问题，什么叫有效？课堂应该追求到什么程度才叫有效？后来，他们还发现“有效性”必须来自于“开放性”，这样一点点“剥”下去，“内核”就显露出来了，形成八个字，“自主、合作、探究、创造”。围绕着这个核，大道小学探究出了具有不同学科特点的“大道课堂教学模式”，又叫“35 分钟课”。这种模式有两种表述含义，即一节课 40 分钟，35 分钟用于学、练本节内容，后 5 分钟用于下节课的预习；而在前 35 分钟之内，教师和学生相互扮演“生亦师”“师亦生”角色。在课堂上，学习是一个合作的过程，也是一个自我完善、主动发展、自我实现的过程。课堂最终的落脚点在“创造”上，他们认为知识唯有转化为创造，才可以形成能力，生成智慧，学习就是一个智慧生成的经历。

他们还敢于对现有课程结构、教学计划等进行调整，认为教学是一个“整体”，由此打破了学科教学的原有计划和安排，实现了对相关联知识的“迁移”，把学生引向了“研究性”学习中来，让学生真正成为学习的“主体”、主人和主角。负责教学的副校长朱敏说，课改让学生变得爱学习了，自信心更强了，学生能自己提出有价值的问题，并能竭力通过多种途径寻求解决，有独到的见解了，方法多了，能力强了。董海莹老师则说，这样的课堂唤醒了生命。

他们还从发现儿童、发展儿童出发，研究儿童教育的“大道”。他们在研究成果中发现，一般儿童从三岁开始，就已经可以掌握一些劳动和生活技能，三岁的时候，儿童能学会解开和系上扣子，四岁便能自己穿衣裤鞋袜，五岁可以自如使用筷子，六岁能系活结，解死结。七岁左右进入小学，开始掌握一些规范性的动作，例如，举手发言，上课坐端正，以及体育课时的基本队列动作等。在学龄初期，儿童动作的精确性和灵活性明显增加，但骨骼肌肉发展还远远没有达到成熟的程度，还不能胜任要求细微肌肉动作的活动，如书写、绘制精细图标等，也不能胜任需要持久耐力的工作。正是借助这样的研究，他们对孩子多了几分特别的关爱，让教育从此有了更多的“依据”。

“创造期”的第二个标志还体现在对学生多元和综合性“评价”。他们围绕“追求发展，不追求分数；追求卓越，不追求完美”，完成了评价的“三个转变”，即变以前的一次集中考试为分项考核；变单一的分数评价为综合评价；变考试成绩单为素质教育手册。

大道小学为师生的成长找准了一条“大道”。他们每月一期的“大道论坛”，首先面对全体师生征集主题。论坛分为两个板块，即“师坛”和“生坛”。每到开坛的前几天，满校园随处可见主讲人自我宣传的“海报”。教师开坛主讲其实不是新闻，但小学生登坛主讲恐怕还不多见。它既展示了与众不同的学校文化生活，也体验出师生作为“人”这个主体的一种生命状态。

走过了姚文俊改革创新“时期”，现在，人民大道小学进入了马丽娜校长继承创新“阶段”。人民大道小学的道路还在继续向前延伸。

2. 我国教师专业发展的实践探索

——主体教育实验18年回顾

北京师范大学教育学部　郭　华

[**摘要**]主体教育实验历经18年，检验了实验假设，取得了诸多预期的成果。其重要成果之一。就是促进了教师的发展和提高。在主体教育实验中。不只是一个或几个教师成长起来，而是一大批教师在成长在提高。教师的发展提高既是主体教育实验的目的又是主体教育成功的重要标志。教师作为主体教育实验的主体，最大限度地开挖出了主动性和创造性。实验探索表明，教师的发展提高是在他们对现行教育教学进行改革的实践中实现的，是在自觉主动的教学实验活动中实现的，是在系统的理论学习研究中逐步地、长期地实现的。主体教育实验探索出的这样一种教师专业发展的机制，不同于传统的个别教师自然成长的机制，而是现代教师实现自觉成长的机制，是培养一支优秀的、有创造性的、有活力的高素质教师队伍的机制。

“主体教育实验”，自1992年开始，至今已度过整整18年。这项实验是由北京师范大学裴娣娜教授申报的国家教委“八五”人文社会科学规划博士点重点研究项目，项目全称为“少年儿童主体性发展教育实验与研究”，由北京师范大学教育系与河南安阳人民大道小学共同设计、实施。18年来，在裴娣娜教授的辛勤工作和主持下。在主体教育思想的影响下，主体教育实验扩及全国，全国有大批教育学专业研究工作者主动参与主体教育实验研究，也有越来越多的学校主动参加到实验工作中来。实验初期只在小学阶段进行的“小学生主体性发展实验”随后扩展至初中、高中。主体教育实验的理念、策略以及探索中国教育实验道路的精神。得到普遍认同。就其反映了现代学校教育的一般规律的意义上，主体教育思想已成为中小学校教育的基本指导思想。

主体教育实验在学校教育的诸多方面都进行了有益的探索，而在促进教师专业发展方面，其经验更具有积极的启示意义及应用价值，尤其是在当下强调教师专业发展的背景下，主体教育实验教师发展的经验尤其值得借鉴。

一、教师的发展提高是主体教育实验的目的与成功标志

如果一项实验实施多年，据说很成功而又说教师不合格，那实在是令人困惑、难以想象的。若不是判定“教师不合格”的人不够实事求是，就是这个实验本身毫无进展。在主体教育实验这里，教师的发展提高成为主体教育实验成效显著的一个重要标志，当然，教师的发展提高本身就是主体教育实验的重要目的之一。

主体教育实验最早的实验学校，即安阳人民大道小学。通过实验培养了一大批优秀教师。一个拥有 180 多位教师的中型学校（1992 年时教师数为 140 多），1992 年以来，有 6 人被评为特级教师；获国家级优质课一等奖的有 15 人，获省优质课一等奖的有 14 人，获市优质课一等奖的有 24 人；获得国家级荣誉称号的教师有 18 人次，省级 31 人次，市级 82 人次；获得省级科研成果一等奖的 9 人次；在国家级报刊上发表文章 150 余篇。

最早参加主体教育实验的教师，大多都已成为教学及管理骨干，如，现任校长马丽娜，是全国基础教育先进个人，全国十佳校长；而且，有十多位教师走出人民大道小学正在全国其他学校发挥教育骨干作用。例如，刘可钦，曾任人民大道小学副校长，现任北京中关村四小校长，数学特级教师，全国模范教师，全国十杰教师，国家数学课程标准核心组成员，享受国务院特殊津贴；郭艳，特级教师，深圳实验小学；赵丽萍，安阳市北关区教育局副局长，省学术技术带头人……①

应该说明，安阳人民大道小学教师的成长，是教师们实践探索的全部历史成果，与该校的优秀传统分不开，不能仅仅归功于主体教育实验；但是，毋庸讳言，正是主体教育实验，使这些成果加速了、提升了、集中地凸显了出来，并获得了牢固的可持续发展的基础。北京师范大学教授、中国教育学

---

① 以上数据均来自安阳人民大道小学，由校长马丽娜、副校长朱敏 2009 年 12 月提供，在此表示感谢。

会会长顾明远教授在谈到主体教育实验最早的实验教师刘可钦的成长时说："刘可钦就是在20世纪90年代初开展主体性教育实验研究中成长起来的。"① 北京师范大学教育系周玉仁教授在谈到主体教育实验时说："十多年《主体性发展》的实验，的确培养了一批又一批德、智、体、美全面发展的新一代，也确实培养了一大批骨干教师，实验取得了显著的效果"②。

正如周玉仁教授所说，主体教育实验培养了一大批骨干教师。换言之，主体教育实验不是仅仅培养了几个明星教师，而是成长起来"一大批骨干教师"，形成了一支优秀的教师团队。主体教育实验的探索表明：教师的发展提高与实验的成效是紧密联系在一起的。一方面，没有主体教育实验，就不可能有实验教师如此自觉的成长，或者说，如果教师不是从事自觉的教育实验，就不可能有如此自觉的成长和提高；另一方面，如果没有实验教师的积极主动探索，没有他们在实验中的成长和提高，主体教育实验不可能持续进行，更不可能取得成效，因为实验的真正实施者是教师，教育实验的理念、教育实验的目标，都是通过教师的教育教学行为来体现、实现的。因此，可以说，衡量教育实验成功的一个重要指标便是教师的发展和提高。

二、教师作为主体教育实验的主体，最大限度地开挖出了主动性和创造性

主体教育实验实施了三年半的时候，参与实验研究的张熙博士写了一篇文章叫做《试论实验教师的觉醒》，这篇文章描述、分析了"安阳现象"：人民大道小学的教师干劲儿足！"教师除了进行正常的教学外，还常带领学生开展多种多样、丰富多彩的活动。不论是否同一科目的教师，教师们都能主动地互相听课评课。每周有固定的时间进行研讨活动。教师们还做了大量的调查工作，掌握学生的第一手资料。教师们写课堂实录，写教学心得，写新尝试的教学方法和效果，写自己对教学的感受，写一个学生的点滴进步，写与学生家长的交流……"③

---

① 顾明远：《可贵的教师气质》，载《刘可钦与主体教育》，266页，北京：北京师范大学出版社，2006。

② 周玉仁：《我所认识的刘可钦老师》，载《刘可钦与主体教育》，270页，北京：北京师范大学出版社，2006。

③ 张熙：《试论实验教师的觉醒》，载联合国教科文组织国际教育发展委员会编著：《学会生存—教育世界的今天和明天》，222页，北京：教育科学出版社，1996。

为什么主体教育实验的教师不像有些实验那样，抱怨实验是额外的负担、抱怨工作太辛苦，反而能够积极的、全身心的热情投入呢？原来，在主体教育实验这里，教师不是实验的对象，也不是实验方案的简单执行者，而是实验的主体。教师们参与实验方案的制订，全心全意开展实验，真心实意地关注实验的进展。主体教育实验“从选择课题开始，研究人员就与教师们一起学习理论，进行课题论证。在制订方案的过程中，教师们畅所欲言，而上课采用什么方法，活动如何开展，如何收集资料，如何评价，……每一环节都是由研究人员与教师共同决定的。教师们对实验的来龙去脉了然于胸，……正由于主体性发展实验摒弃了‘研究者发卷子，教师填单子；研究者说，教师做’的简单做法。而采用大家一起说，大家一起做，大家共同创造的方式，使每个教师都对实验产生了兴趣，产生了研究问题的欲望，使得教师们接受、热爱、促进、拥护这个实验，自觉、自愿地进行繁重的教学工作和实验工作。”①主体教育实验中教师作为主体参与实验的意义，可以用《学会生存》一段批判“革新理论家们”不信任教师的话来得到反证：“革新理论家们设计的许多方案，其目的似乎是强加在教师们身上的，是向他们提出的，而不是和他们共同提出的。这种专家统治论的家长作风是由于他们不信任教师，因此反过来引起了教师对他们的不信任。总之，教师们并不反对改革，他们反对的是别人把改革方案交给他们去做的那种方式，更不用说把一个改革方案强加在他们身上了。”②

在主体教育实验这里，不是完全按照规定的路线按图索骥，也不是完全抛开现有的做法另搞一套，并用这另一套强制、约束教师：“我定好一套，你来做”；而是承认教师在教学实践中的主体地位，由教师在已有实践的基础上，以开放的、永无止境的探索精神，不断探索能够促进学生发展的新法子。③

事实上，教师是主体，正是教育实验乃至教育实践的根本特性。道理很简单，教师是有思想的，教学是要由教师来实施的。不把教师作为主体，就

---

① 姚文俊、刘可钦主编：《我要成为最佳的我——主体性发展教育实验研究》。北京：北京师范大学出版社，2000。

② 姚文俊：《勤学、善思、创新》，载《刘可饮与主体教育》，271页，北京：北京师范大学出版社，2006。

③ 王策三：《现代教师的新追求，现代教育的新成就——李吉林情境教学实验的启示》。载于王策三：《教育论集》. 438页，北京：人民教育出版社，2002。

意味着不承认教师有独立的思想、自由的意志。就意味着把教师看作是执行他人指令的机械工具。这样的情形下，教师就不可能有自觉的创造，当然也不可能有主动、自觉的实验。实际情形究竟是怎样的呢？不仅在一些教育实验中。教师被看作被试或只是实验方案的执行者，即便在一般的教育实践中。教师也往往不能真正作为主体，这一方面是因为教学外部人员对教师的“指手画脚”或者“横加指责”“颐指气使”，另一方面是因为在所谓的“专家”面前，教师不自觉地有一种不自信，不能独立地、主动地、有创造性从事自己的教学工作，不自觉地出让自己的自主权。在主体教育实验这里。教师必须是主体。这是因为，主体教育实验是一种综合的、思想性的、出自教育本性的实验，而非某种单项的、技术性的、与主体人无涉的实验。因此，它不是把某项技术作为自变量来操纵。把教师作为干扰变量来控制也不是单纯把教师的行为作为自变量来操纵，寻求行为与结果之间的因果关系。可以说，主体教育实验不是脱离普通教育实践的特别的实验，而是一种思想性很强的自觉性很高的教育实践，因而它可以包容、整合一切优秀的教育实践经验以及其他教育实验的优秀研究成果，目的在于形成多样综合的教育结构，改进教育实践、促进学生的全面发展和教师的发展提高。在这个意义上，确认教师的主体地位，发挥教师的主体性，既是实验成功的前提，也是教师专业发展的前提。主体教育实验的目标之一，便是激发教师的主体性，使教师能够真正作为教学实验的主体，独立自主地参与到实验中来，参与到主动变革教学实践的过程中来。

在主体教育实验这里，教师的尊严和价值正是通过他们自己主动的、创造性的教学实践体现出来的。在这样的氛围中，教师怎么能够不觉得自己是主人，怎么能够不积极、主动、创造性地开展工作呢？怎么能够不焕发自己的工作热情，怎么能够不最大限度地体现自己作为实验主体的最大价值呢？

三、教师的发展是在教育实验过程中边实践，边进行理论学习研究，逐步地长期地实现的

主体教育实验有这样一个要求，即：教师必须转变教育观念，具备某些新的能力，才能胜任发展学生主体性的教育工作。但是，实验明确提出，教师教育观念的转变，某些新的能力的具备，或者说教师自觉的发展与提高，不可能通过短期的培训来实现，也不可能在自在的活动中自发地实现。而只能在自觉的实验探索过程中，通过教育实践活动和理论学习研究而获得发展。

(一)教师的发展提高是在他们对现行教育教学进行改革的实践中实现的

教师是在现实的教学活动中成长起来的。正如婴儿呱呱坠地，才开始自己作为“人”的成长过程一样，教师的成长，从他踏上教师工作岗位之时，才真正开始。虽然教师的成长与职前的师范教育有着重要的关联。但与“在职”成长的现实性相比，职前的师范教育，只能被看作是教师的孕育期或培养期，职前教育所孕育的种子只有在具体的教学活动中才能生根、发芽、不断成长——现实的教学活动是教师成长的空气、阳光、水分和养料，离开这些教师就不可能获得发展。

一般而言，教师都会经历初人职阶段的生疏、忙乱，之后，才在教学实践活动中逐渐适应、熟悉教学活动，……教师就是这样在教学活动中“摸爬滚打”而成长成熟起来。因此，就一般的或抽象的意义而言，可以说，只要从事教学活动，教师就能得到经验的积累、个人专业的成长。但是，教师从事教学实践的自觉性、主动性，既会影响教学实践本身的形态，也会影响教师自身专业发展的水平。

那么，教师从事什么样的教学实践活动，更利于自身的自觉成长呢？我们可将教师的教学活动粗略地分为三种类型，并考察教师在其中的活动表现：

第一类，教师将教学活动看作是一种长期以来就如此的、理所当然的日常活动。教师循以往的传统而动，将习惯化的规范经过实践转化为自己的现实行为。日复一日，年复一年，教学活动沿着既有的“习惯”轨道滑行。经过几年、十几年甚至几十年的工作，教师能够积累一些关于教学活动的个人经验和看法，却少有创造性的思想和行为。

第二类，教师将教学活动看作是对某一套技术程序的执行活动。教师只是按照某种程序或模式进行教学，教学模式固定化、单一化、绝对化乃至僵化，教师成为只是执行这套技术程序的工作人员，很少能够加入自己的主动探索和改进。

第三类，教师将教学活动视作是一种高度自觉的、全身心投入的活动。教师不仅对前人、他人的教学理论、教学思想及教学程序、教学技能有清晰的了解，而且对自己的教学环境、自身的个性特点及能力有清楚的认识，能清醒地意识到教学行为的目的及过程，能对各环节进行自觉的规划、总结和反思，在这里，教师是作为一个活生生的、有思想的专业工作者来参与教学活动的。在这样的教学活动中。教师的成长不仅是自觉的，而且是充满创造性的。教学活动的前两种形态，虽然具体表现不同，但性质却相同，都是相对机械、僵化、封闭、保守的，而第三种形态却是灵活、开放、有创造性的，是一种高度自觉的教学活动。传统的教师在职成长主要是在前两种形态下进行的。在关于教师专业发展的研究中，有所谓几种阶段划分理论，也大多是以教师自发的教育实践为前提来进行划分的。例如，卡茨(katz，L.)、伯登(Burden，P. R.)、彼德森(Peterson，A.)、斯特菲(Steffy，B)的教师阶段发展论等。只有麦克唐纳(McDonald，F.)在教师发展阶段中加入了“创新和实验阶段”，休伯曼等人(Huberman，M.，Grounauer，M. &Marti，J.)在教师阶段发展论中加入了“实验和歧变期”①。那些没有论及实验因素的教师专业发展阶段论，所描述的正是教师在自发(自然)状态下的发展情形。在自发(自然)的状态下，虽然教师也会有所发展，但大多难以超出经验摸索的水平，也难以避免职业厌倦、退缩以及发展的高原期等现象；虽然也有个别有天赋的教师能够获得较高水平的发展，但大多数教师发展的水平并不高。

与传统的教师在职成长不同，现代教师的发展不应再是自发(自然)的，而应该是自觉的。这种自觉的成长和发展只有在自觉、主动的教学改革实践中才有可能实现。在主动的教学改革实践中，教学实践本身成为教师自觉观察、研究和反思的对象，而教师也在这样自觉的观察、研究和反思和改造过程中，提升着自己的观察、研究、反思和改造教学实践的能力，换句话说，教师在这样的过程中成长起来了。这就是所谓的客体主体化、主体客体化的双向互动的过程。正如一位实验教师所说：“教学的提高是这样一个过程：就是自觉地消除不好的方面突显好的方面，慢慢的，好的方面越来越多，不好的方面越来越少直至消除，在这样的过程中，教学就提高了，新的模式也就逐渐成形了。”②

安阳人民大道小学现任校长马丽娜执教的“圆的周长”③一课就是一节在

---

① 以上数据均来自安阳人民大道小学，由校长马丽娜、副校长朱敏 2009 年 12 月提供，在此表示感谢。

② 顾明远：《可贵的教师气质》，载《刘可钦与主体教育》，266 页，北京：北京师范大学出版社，2006。

③ 周玉仁：《我所认识的刘可钦老师》，载《刘可钦与主体教育》，270 页，北京：北京师范大学出版社，2006。

继承已有优秀传统基础上主动改革教学实践的典型案例。这节课通过学生的动手动脑操作，帮助学生把以前学过的知识综合化、操作化、外化，又通过这些操作意识到了圆的大小与圆的周长的关系，从而由学生自己“发现”出“圆的周长”的公式。但是，这节课依然体现了已往教学的优秀做法，例如，它依然有传统的课堂教学的一般阶段，如复习引入、新授、课堂练习、作业布置，而且特别强调知识的前后连贯、系统、结构化，强调课堂上对知识的练习和巩固。同时，在具体的教学环节上，又突显了主体教育实验培养学生主体性的思想，于自然朴实的教学过程流淌出“学为主体，教为主导”的教学思想；学生的合作、探究、讨论等活动，水到渠成，水乳交融；整节课节奏紧凑而又轻松、气氛宽松又充满智慧的挑战和理性的色彩。据小学数学教育界知名教授周玉仁老师说，“美国代表团赴京访问时，看到了这节录相课，称赞不已。说：‘你们的课上得这么好，还要改什么？’”①

教师们自觉地探索课堂教学的新形式。不仅教学质量提高了，而且也为我国教学理论的丰富提供了丰富的实践素材。像上述“圆的周长”这样的好课。在主体教育实验中数不胜数，北航附小金毓俊老师的自然课、安阳人民大道小学郭艳老师的语文课、李颖秋老师的体育课等等，都是其中的杰出代表。这些课都体现了一种鲜明的特点，就是把“严肃严格”和“把学生当主人”有机结合了起来，形成了多样综合的教学结构，走出了课堂教学或“传统教育”或“进步主义教育”两种极端，走出了一条正确的“道路”。教师在这样自觉的探索和改革实践中，怎么能不得到发展呢？

(二)教师的发展提高是在自觉主动的教学实验活动中实现的

教学实验与教学实践有着天然的内在联系。从教学实验的起源看，教学实验产生于一般的教学实践，是从一般教学实践中分化出来的。换言之，教学实验一定是在实际的教学活动中进行的，绝没有脱离具体教学活动的教学实验。因此，所有的教学活动都不同程度地含有实验的成分。而且，“当教学活动中这种实验性因素大到足以使整个教学具有实验性质的时候，这种教学活动就是教学实验了。”②在这种意义上，自觉的实践探索就可以看作是一种教学实验了。但是，教学实验确又不同于普通的教学实践。它通过变革教

① 张熙：《试论实验教师的觉醒》，《江西教育科研》，1996(5)。

② 王策三主编：《教学实验论》，25页，北京：人民教育出版社，1998。

学中的某种因素，“逼迫”教学实践在“短期”内给出影响教学实践发展的规律性解释，因而从本质上来说，教学实验是一种探究性的研究活动。也就是说，一定程度上，教学实验需要超越现有条件的束缚，创造条件去展开实验。主动去探索教学因素间的因果关系。通过教学实验，教育科学研究和教学实践就能够摆脱泛泛议论、简单描述、盲目重复的状况，而能快速、全面地促进教学研究和教学实践的发展。

教学实验中教师的发展，也是自觉、主动、全面而且相对快速的。这样的发展，是教师自主实现的、由教师主体主动干预的发展，这就与自然发生的、完全交由外在因素决定的发展，有着本质的不同。这样的发展，不仅加速了发展的进程，而且拓展了发展的空间；不仅提升了教师的经验，而且使教师成为自觉的实验研究者。从教师群体发展来看，教学实验所带来的教师的变化，不是少数几个教师的成长，而是带动了一大批教师的自觉成长，这对一般的教学实践来说是难以想象的。

这是因为教学实验特有的研究品性、主动变革现实的追求。要求从事教学实验的教师必须主动、自觉跳出身陷其中的教学活动，把教学活动作为对象进行研究，并通过教学实验来实践自己的研究结果，验证自己的教学思想。可以说，在教学实验活动中，教师对教学活动进行审视与反思的意识更为强烈和自觉。这样，经由教学实验活动所形成的自觉的实验意识与高超的教学能力，就会成为教师稳定的个性品质，成为他全面成长的坚固内核。

主体教育实验的教师们也正是通过实验提高、发展了自己，他们关于主体教育思想的理解深刻而具体，也成为他们自觉的教学实践指南。例如，最早参与实验的实验教师郭艳(小学语文)说：“时间就是学生发展的空间。教师要给学生留出进行自主思考和自主活动的时间。没有自主活动的时间，学生的自主发展就是一句空话。所以，课堂上要通过教师的引导，尽量让学生自己去体会课文的意图、体验课文所表达的思想感情，要让学生多读、多想、多表达。”①

通过实验，教师的实验意识、科研意识也增强了，他们“总是以研究的眼光不断发掘新的课题作为自己的研究点。有的教师很有感触地说：‘过去脑子里一片空白，不知道该研究什么，从何入手，现在似乎每天都有研究不

① 笔者与安阳人民大道小学实验教师郭艳在1997年时的一次谈话。

完的问题’”①。

主体教育实验教师这样评论实验在他们成长中的作用：“主体教育在发展学生的同时成就了教师”，“主体教育激活了学生的思维，激发了教师的潜能。”②

(三)系统的理论学习研究，为教师持续的发展提高奠定扎实的基础

教师当然是在“真刀真枪”的实践中发展的，没有教学实践就不可能有教师的发展。但是，教师的发展又离不开学习，尤其离不开系统的理论学习研究。没有理论学习，就不可能有自主自觉而又有创造性的实践，更不可能有能力真正从事有意义的教育实验研究。在这个意义上，改革实践、实验探索、理论学习研究三者密不可分而且内在地成为一体。

事实上，教师们在教育实践中总是要学习的，例如，许多教师最喜欢学习的是优秀教师的教案，学习其他教师课堂教学的“招数”，等等。这样的学习当然无可厚非，而且一定程度上也是需要的、有意义的。但是，仅仅以模仿的方式学习具体的方法和技术，不可能支持教师持久的发展，也不可能为教师创造性地改进教学提供帮助。有的理论者把教师学习仅仅理解为参加几次短期培训，这是值得商榷的。虽然短期培训也是必要的，但是仅有短期培训是不够的。如果培训只是走走形式或华而不实，那就更成问题了。唯有长期的、系统的理论学习，才可能逐渐显现效果。

主体教育实验强调系统的理论学习研究。这里所谓的系统的理论学习研究，不是只知道几个教育名词术语，而是要理解教育学基本概念；不是只学得若干教育学知识技能，而是要深刻地领会教育学的基本原理；而且，我们所谓的理论学习研究，还不止于此，还要求能将所学习的理论应用于实践探索和实验研究之中，在自己主动的实践探索和实验研究中检验、验证、批判、吸收，进而得出自己对于教学活动的新的理解甚至新的见解。总之，教师的系统的理论学习，就是要吸收人类历史上一切优秀教育历史遗产，用教育理论来武装自己的头脑，并转化为自己的主动的实践，形成自己的新的

① 以上数据均来自安阳人民大道小学，由校长马丽娜、副校长朱敏2009年12月提供，在此表示感谢。

② 顾明远：《可贵的教师气质》，载《刘可钦与主体教育》，266页，北京：北京师范大学出版社，2006。

思想。

主体教育实验在启动时就强调：我们的教师不是实验的简单执行者，不是某种具体方法的应用者，不是某些措施的简单操纵者，所以教师们要学的不是一些具体的方法、技巧和手段，而是树立一种思想即教育主体(或主体教育)思想。教育思想是建立在一定的教育信念基础上的，是深层次的，是深入钻研的结果。要想树立和形成某种教育思想，光凭感性经验是不够的，必须通过理论学习。……如果不坚持系统地学习教育理论，是不可能形成教育主体思想的。具体地要学习什么呢？实验指出："通过开设系列专题讲座，系统地读书、讨论和选题研究，学习马克思主义关于个人全面发展理论，教学认识论基本原理，关于教学模式、教育评价、课程与教材等基本理论，国内先进教改实验的经验以及国外有关理论与方法的评介，使教师真正树立教育主体(或主体教育)的思想，并以此指导自己的教育教学工作。"①

实验初期，裴娣娜教授组织了一批在教育基本理论研究及各学科领域有影响的专家学者，例如，教育基本理论的丛立新教授、学前教育学的陈帼眉教授、生理卫生学的万钫教授、小学数学教育的周玉仁教授、小学语文的刘秀英教授、艺术教育的杨立梅教授、体育教育的田继宗教授，以及一大批在读的博士生、硕士生等等，与安阳人民大道小学的教师们形成了一个跨学科的紧密团结的研究团队，共同参与实验研究。这些专业研究人员驻扎在人民大道小学，与老师们一起学习，一起研讨，一起听课，一起评课，在人民大道小学形成一股渴望学习、用心系统的学习教育理论的良好氛围。在系统的理论学习方面，专业研究人员起到了积极的引领作用。实验启动初期，专业的研究人员面向人民大道小学教师开设系列讲座 12 讲。除了开设系列讲座，专业研究者还为实验学校陆续提供书目、材料，与教师们共同学习、讨论，支持实验教师坚持长久的理论学习。

安阳人民大道小学在实验过程中，始终强调系统的理论学习，一方面，他们派出教师到北京师范大学、华东师范大学等高校进行脱产的系统学习，另一方面，强调在职的理论学习，教师们学习《教学认识论》《儿童心理学》《教育心理学》《课堂教学的最优化》，学习"马克思主义关于个人全面发展的理论"，了解杜威、苏霍姆林斯基、赞科夫的教育思想，还广泛地了解和吸

---

① 周玉仁：《我所认识的刘可钦老师》，载《刘可钦与主体教育》，270 页，北京：北京师范大学出版社，2006。

收国内外成功的教育实验经验，比如合作教育学、愉快教育等等。他们还提出了学习方法的三条原则，即坚持“学习、研究、实验”相结合，坚持“个人为主、集体交流、专家讲座”相结合，坚持“围绕专题开展研讨”等①。教师们还创造了一种交流自己学习心得的好形式，即“主体教育漫谈”，“每周三下午学生放学后，主体教育实验教师聚集一室，围绕一个话题，各抒己见，展开酣畅甚至激烈的讨论，大家相互启发，共同提升……”②这样的理论学习研究。就不是外部灌输，不是“你说我听”，而是积极主动的带着问题去学习、去研究，从而从整体上深层地促进教师思想的变革，推动了教师主动、理性地去变革教学实践、从事教学实验研究，而自觉的实践探索和主动的实验研究，又反过来促进了教师进一步的理论学习研究的愿望，促进了教师的进一步的发展。这样，教师主动、自觉而全面的发展，便进入到一个良性循环的轨道。

有学者对李吉林的情境教学探索进行评价时说，“把探索教学实践改革和教育理论学习研究以及开展教学实验这三件事情和三种角色，融为一体。集于一身，具体体现了现代教师的新追求和新特色。”③主体教育实验中的安阳人民大道小学的教师。从单个个体而言未必都达到李吉林水平；但又有他们自己的优势，即形成了一个由各有特色、才智相当、多学科的优秀教师组成的团队。这正是该实验的了不起的一个成果！

主体教育实验教师专业成长的经历表明，现代教师的专业发展已经与多少代先辈们不同了：再也不是在自在的教育教学实践中，简单地执行指定的课程教学方案，通过单一的途径实现的，也不是通过几次短期的干瘪瘪的培训实现的，而是担当着多重角色，特别是作为主体，通过自觉的改革实践、主动的实验探索及系统的理论学习研究等多种途径，在综合的统一活动中实现的。主体教育实验的探索揭示了现代教师成长的新的机制：教师作为主体是教师专业发展的前提，自觉的改革实践、主动的实验探索和系统的理论学习研究三者紧密结合是教师专业发展的一般路径。这样的机制不是个别几个

---

① 姚文俊、刘可钦主编：《我要成为最佳的我——主体性发展教育实验研究》。北京：北京师范大学出版社，2000。

② 姚文俊：《勤学、善思、创新》，载《刘可钦与主体教育》，271页，北京：北京师范大学出版社，2006。

③ 王策三：《现代教师的新追求，现代教育的新成就——李吉林情境教学实验的启示》，北京：人民教育出版社，2002。

教师自然(自发)成长的机制，而是一大批优秀教师自觉成长的机制，是造就一支师德高尚、业务精湛、结构合理、充满活力的高素质、专业化教师队伍的机制。在我国需要大批优秀教师的时代，这样的教师专业发展机制具有重大理论和实践意义。

3. 解读“人民大道现象”

《辅导员》杂志

专版
人民大道现象
——创造适合学生发展的教育
让每个孩子都成为“最佳的我”
“成长树”下的心愿

河南，一所小学，曾在2008年“寻找河南教育变革榜样力量”活动中，被《教育时报》整版推介；2009年10月14日的《中国教育报》以《人民大道现象——创造适合学生发展的教育》为题，专版刊登了该校在新的历史时期，全面贯彻科学发展观，积极推进素质教育，努力创造适合学生发展的教育，让每个孩子都成为“最佳的我”的典型事迹；11月，《中国教师报》又以《小学的“大道”——河南省安阳市人民大道小学发展探秘》为题，重点介绍了这所名校在“发展期”如何把主体教育理念落实在开放课堂教学上的做法；中国教育新闻网、全国教师教育网络联盟等网站也作了相关报道……

带着诸多好奇，我们的记者也走进了这座美丽的校园。

她就是先后被教育部、团中央、全国教育工会、省委、省政府分别授予“全国中小学德育工作先进集体”“ 全国教育先进单位”“全国红花集体”“全国五讲四美为人师表先进单位”“国家现代教育信息技术示范校”；“河南省文明单位”“河南省先进党组织”“河南省爱国卫生先进单位”“河南省文明学校”，“河南省办学管理示范化学校”“河南省教育系统先进集体 ”的中国名校、全国整体改革实验校、河南省重点小学——安阳市人民大道小学。

大家如是说

安阳市人民大道小学在安阳是知名学校，在河南省是知名学校，在全国也是知名学校……不仅仅为安阳人民的子女提供了很好的学习环境和优质教育服务，也为中国素质教育的推进作出了积极的贡献。

——原国家教委副主任、国家总督学，中国国际教育交流协会会长　柳　斌

“坚持全面发展打基础，个性发展有特长，培养‘四有’的社会主义建设者和接班人。”祝贺安阳市人民大道小学实验成功！

——北京师范大学教授　黄　济

在中国真正土生土长出来的成功典型有两个：一个是江苏的洋思中学，另一个是河南的人民大道小学。

——中央教科所原副所长　滕　纯

现代教育的典范，新型教师的沃土，未来人才的摇篮。

——北京师范大学教授　裴娣娜

我今年已经 72 岁了，假如时间能倒流 65 年的话，我愿意成为人民大道

小学一名一年级的学生。

——著名教学论专家、主体教育的倡导者、华中师范大学教授　王道俊

走开拓创新之路，攀发展理论高峰，促教育改革深化，育社会主义新人。题赠安阳市人民大道小学，祝贺主体性发展实验成功。

——原中央教科所所长　吴　畏

感谢你们展示了21世纪中国公民应当具备的主体精神！感谢你们为建设社会主义中国现代教育实践体系与理论体系做出的卓越贡献！

——北京教科院研究员　史根东

人民大道小学人才的摇篮。在这里我看到了中国的苏霍姆林斯基。

——河南教育学院　王冬桦教授

人民大道小学是座富矿，谁来开采，谁都会受益。

——中央六大新闻记者团

在日本，美丽的校园比你们好，但孩子这样主动和谐、生动活泼发展的并不多见。

——日本草加市市长小泽博

人民大道小学教育了我的孩子，也教育了大道人家长，使我对幸福家庭有了真正的理解。

——实验班家长

在人民大道小学时，见了校长喊爷爷，老师就像我的妈妈，班集体就是大道人温暖的家。

——毕业生给母校的信

人民大道小学是块沃土，只要是种子在这里就会生根、发芽、开花、结果，我为我是一个大道人而骄傲。

——实验班教师

……

众多的评价，说明了人民大道小学不仅是北关区的人民大道，她的影响力和辐射作用远远超出区域界线，已成为河南第一流、全国有影响、国际有声望的名校。

走在幸福的大道上

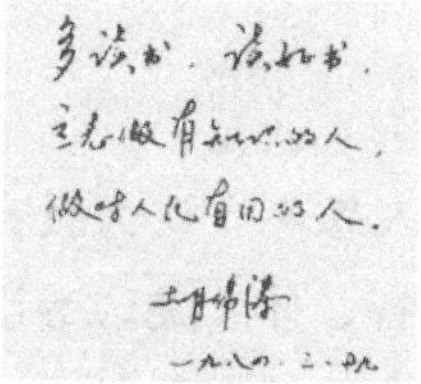

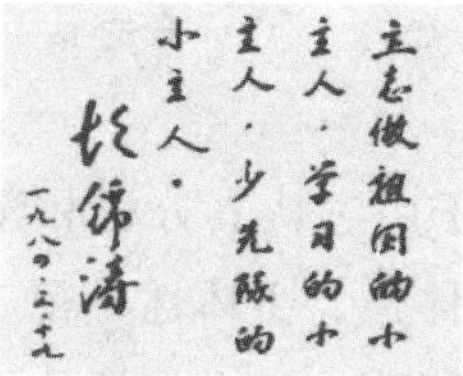

改革开放以来，经过几代人不懈的努力和探索，河南省安阳市人民大道小学以德育实验和“主体教育”创新模式走向全国，在全国率先推出《少年儿童思想品德教育提纲》，先后被命名为“全国德育先进学校”“全国德育整体改革实验学校”。该校与北京师范大学联合开展的“少年儿童主体性发展实验”荣获全国基础教育改革实验优秀成果一等奖，“主体教育”成为中国教育学会向全国推广的六大素质教育成功模式之一。学校还涌现出“全国十佳校长”姚文俊、马丽娜，“全国十杰中小学教师”刘可钦，“全国十佳班主任”赵慧萍，“全国十佳辅导员”李霞，“全国十佳少先队员”周林和“全国好少年”尚家宝、董天翔、邵琬喻被评为等各层面的先进典型，在全国几十万所中小学中崭露头角。北京师范大学裴娣娜教授把人民大道小学誉为“现代教育的典范，新型教师的沃土，未来人才的摇篮”。

1984年3月19日，时任团中央书记处书记的胡锦涛同志到大道小学视察，在参加了升旗仪式、参观了队室并听取了少先队员的汇报后，与师生们一同在校园种下了成长树，并分别给学校和学生题词：“立志做祖国的小主人，学习的小主人，少先队的小主人”“多读书，读好书，立志做有知识的人，对人民有用的人”。这是人民大道小学和所有大道人的无上光荣。

创造适合学生发展的教育

在人民大道小学逸夫教学楼上，镌刻着这样三句话：

“我要成为最佳的我！”（学生的话）

“因为有了你，我才喜欢当老师！”（老师的话）

“全面发展打基础，个性发展有特长！”（校长的话）

这是对“主体教育”的高度浓缩。

20世纪90年代初，校领导班子经过认真分析和深入思考，认为教育改革和发展，必须重视培养学生的主体性。主体性是德、智、体、美、劳诸方面都得到发展的综合表现，抓住主体性教育也就抓住了素质教育的灵魂。中国面向21世纪的小学教育必须围绕这方面进行改革。于是，该校在全国率先提出了“少年儿童主体性发展教育实验研究”这个课题。学教育系联合成立了课题组，围绕小学生主体性发展问题展开了理论研究和教育实验。1993年1月，该实验被列为“八五”国家级重点课题；“九五”“十五”“十一五”期间，连续被列为国家级重点课题。

实施“第一工程”，培养学习型、研究型教师。“没有主体性的校长，不可能带出有主体性的教师；没有主体性的教师，不可能带出有主体性的学生。”学校把师资队伍建设作为“第一工程”，选派优秀教师到北京师范大学、华东师范大学、北京舞蹈学院、中央美术学院等重点院校离职进修，汲取营养。学校把每周三定为“科研日”，每周六定为“学习日”，每月开展两次“主体漫谈”，要求教师每月至少写4篇札记。广大教师逐步确立了现代教育理念：(1)每一个学生都是特殊个体，需要充分理解、尊重和关怀；(2)相信所有的学生都会学习，应给每一个学生提供思考、创造、表现及成功的机会；(3)所有的学生都能学习，不存在绝对意义上的差生，应尊重差异；(4)实施有特色的教育，使每一个学生都能主动发展。近两年来，该校依托大道论坛，将学科课程与活动课相融合，开发“大道论坛”为学校校本课程，从校本课程到班本课程，形成了“古诗词班”“红楼梦班”“苏东坡研究会”等有特色的校本课程和班本课程，使一批教师、学生得以展示，获得成长、成熟的良好契机。到目前为止，已有十几位老师和学生“开坛论道”，为大家献上精神大餐的同时，也为学校营造了更加浓郁的学习文化、研究文化的氛围。

该校校长兼党总支书记马丽娜，在德育创新、人本管理、科研兴校等方面做了有益探索和创造性贡献。多年来，她坚持每天早上七点半左右准时到校，然后深入各班，了解教师们的教育教学情况、生活方面的困难和思想方面的情况等问题，做好记录督促各有关部门尽快解决；每天坚持深入班级听课，每学年听课均在120节以上。白天忙碌的工作后，都要自觉坚持每天晚上学习1～2小时。一年来，通读了全年的《人民教育》《领导科学》《教师博览》，以及《零分书教学》《刘可钦与主体教育》《今天怎样做教师》《高效课堂22条》等20多种教育教学和管理方面的书籍，并认真做了摘录。还引领大家读蒙学经典，看经典影片，悟教育真谛。今年，她指导全体教师观看了钱文忠教授《三字经》、曾仕强教授《易经与人生》系列讲座和《阿拉基与拼字大赛》《小孩不笨》等世界经典影片。“让读书成为习惯”“让学习伴随成长”不仅成为大道教师的座右铭，更改善着每位大道教师的职业生活方式，提升着大道教师工作的幸福指数和智慧。我在读书中转变教育的观念、在读书中构建自己的教育哲学、在读书中产生教育智慧。读书改变着大道教师精神世界的分子结构，使我们每个人获得了可持续发展的潜动力，也使学校各项工作步入了又好又快的良性发展轨道。

近几年来，该校涌现出市管专家2人、特级教师2人、中学高级教师6人；省教育专家2人、省名师5人、省骨干教师5人、省学术技术带头人11人；市名师10人、市学科带头人16人、市区骨干教师37人；2009年，马丽娜校长荣获省三八红旗手、省十大优秀女性和省优秀教育工作者荣誉称号；殷慧芳、赵慧萍等8位教师分别荣获省优秀教师、省名师和省骨干教师等荣誉称号，5人次获市表彰，22人次获区表彰；一位老师获国家一等奖，40位教师获省、市、区一二等奖；13位教师获国家、省、市论文大赛一二等奖并在各类期刊上发表文章；123位教师获国家、省、市辅导奖；5位教师参加了市骨干教师培训；5人被聘为区教研室学科中心教研组成员；4位教师为市级骨干教师培训和新教材培训活动做了专题讲座。许多专家和学者对人民大道小学教师反映出的整体素质给予高度赞扬，有的将其称谓“人民大道现象"加以研究。还有的专家说，"到人民大道小学，仿佛来到了一方净土，在这里仿佛看到了中国的苏霍姆林斯基"。

调整课程结构，形成"三大板块"。1994年9月，该校根据国家义务教育课程计划，在不突破国家规定课时的前提下，按照"加强基础、发展个性、优化结构、促进发展"的思路。对现有课程结构进行调整，形成学校课程的"三大板块"：大小课相结合的学科课程、必修选修相结合的活动课程及融思想道德、科学文化、自然和人化自然为一体的环境课程。大课为常规课，时间为40分钟；小课为短时课，时间为20分钟，主要用于新增学科和学科技能的专项训练。学校引导学生"用眼睛去观察，用大脑去思考，用双手去创造，用语言去表达"，先后涌现出一大批小发明家、电脑高手、故事大王、泥塑巧手、书画迷……教师们说：教育是一种氛围——如果学生是一条小鱼，那么教育就应该是那浩渺之水；如果学生是一只小鸟，那么教育就应该是那自由的天空；如果学生是一朵蓓蕾，那么教育就应该是那吹面不寒的杨柳风。

打开课堂的门窗，呈现"特色课堂"。课堂教学是发展学生主体性的主渠道。十多年来，学校每年都要举办"小学生主体性发展课堂教学策略研讨会"，邀请专家、学者亲临指导，使课堂教学异彩纷呈，不断显示出强大的生命力。如朱敏老师在讲《鲸》一课时，学生对幼鲸在大海中怎样吃奶很感兴趣，也很担心小鲸无法吃奶而饿死。于是，她就设计了"幼鲸是怎样吃奶的"这个作文题，让每个学生写一篇想象作文，交流后誊写在活页纸上。全班46份假想，装订起来就是一本书，书名由学生自己设计，封面由学生自己构思。就这样，世界上独一无二的书《奇思妙想——幼鲸是怎样吃奶的》诞生了。数学课"问题情景—建立模型—解释应用—拓展提高"的教学模式，体育课的"处方教学"，英语课营造全英文化氛围，音乐课鼓励学生创作歌曲，美术课让学生画"放胆画"，自然课引导学生观察蚂蚁搬东西、豆芽的生长……教师们深有体会地说："以前是老师带着知识走向学生，现在是老师带着学生一起走向知识，给学生创造表现的机会，他们定会还你一个个惊喜。"

为进一步深化小学生主体性发展

实验，促进师生和谐发展，马校长提出了“向全面的备课要效率，向开放的课堂要质量”这一倡议。他们通过专家讲座、“特级教师、名师工作室”“数学学科带头人工作室”等形式加强培训，唤醒了广大教师内在的需求，课堂教学过程更科学、更扎实，教学质量得到了大幅度的提升。2009年，优质、高效的“开放式”系统学科教学模式研究开展得轰轰烈烈，语文、数学、思品等学科已初步探究出了各具特色的高效、开放教学模式，对深化小学生主体性发展实验研究开了个好头。

从“秧田”到“茶馆”，让合作成为一种习惯。为改变突出教师权威、忽视课堂上同学交互作用的“秧田式课堂”，学校积极探索“茶馆式课堂”新型教学组织形式，课桌均摆成T型，不仅缩短了学生间的空间距离，便于学生沟通交流，更重要的是，构建了一个合作学习、开放式学习的空间。自从开设了“茶馆式课堂”，学生都把“T型小组”当作了自己的家，他们给小组起了充满朝气的好听的名字：希望小队、一休小队、飞虎小队、智慧小队……如果全组同学在某一项作业或活动中都是优秀。老师会为他们的小组升“小红旗”、画“五角星”。这样，学生们在写作业时会互相关照，做得慢的加快点，易出错的细心点。每次小组活动，组内同学都会分工合作，向着一个共同的目标而努力。学生正是在这种愉快的小组氛围中树立和强化了合作意识，锻炼和提高了合作能力。

因为有了你，我才喜欢当老师。这是该校教师自己创造出来的“名言”。他们说，如同我们的每个手指头不一般长一样，每个学生都有与众不同的个性，也许这正是他们的可爱之处。差异是财富，面对有差异的学生，我们要实施有差异的教育，促进学生有差异地发展。学生青青，在班里属于典型的中等生，因为经常处于被遗忘的角落，所以非常缺乏学习、活动的热情。老师看她心灵手巧，纸工做得好，儿童节联欢时，特意让她带领几个同学布置教室。结果，他们圆满地完成了任务。坐在自己亲手布置的教室里，听着同学们一声声惊叹佩服的赞扬，青青的眼中流露出自豪的光彩……其实，在每一位教师的心中，都镌刻着这样一条“金科玉律”——什么都可以等待。唯有学生的发展不能等待。一位实验教师说得好：“对孩子来说。最有价值的财富莫过于一种积极的态度；对教师来说，最可贵的思想莫过于帮助每个孩子走向成功。”

追求发展，不追求分数；追求卓越，不追求完美。为了促进学生全面发展，学校对各科的考查内容、考查形式、考查方法和评价标准等进行了积极有益的探索，实施了学生综合素质评价上的“三变”：变一次集中考试为分项考核，变单一的分数评价为综合评价，变考试成绩单为素质发展手册。在《素质发展手册》中，各科教师的评语也一改传统教育思想影响下的“肯定—批评式”，取而代之的是一种全新的“赞美—激励式”。如有位老师在对一个性格内向的学生评语中写道：“每节课你总默默地听老师讲课，听同学们发言，虽然你很少讲话，但老师知道你也在积极思考。因为从你的作业中，可以看出你牢固地掌握了数学知识，运用得也很灵活，这说明你的思维很有条理，学习态度很认真。老师希望你试一试，在大家的评论中、交流中，你会发现另有一番天地。”可以说，这样的评语带给学生的是高期望值下产生的前进动力。

唱响德育四部曲

改革开放30年来，该校坚持“德育为首、全面发展”的办学方针，在小学生思想品德教育方面进行了卓有成效的大胆探索，唱响了“小学德育四部曲”，把德育化虚为实，化枯燥乏味为快乐有趣，走在了时代的前列。

【第一部曲】

首创《少年儿童思想品德教育提纲》

党的十一届三中全会召开后，以恢复高考为标志，全国上下掀起了积极学习科学文化知识的热潮。针对当时学校存在的“智育第一”“德育是软任务”的倾向，为了坚持正确的办学方向，保证德育在学校的应有地位，主导学生发展的正确方向，1979年，时任校长姚文俊率先在全国编写出第一个《少年儿童思想品德教育提纲》，开始了德育内容系列化、途径网络化、评价科学化的研究探索。

为使德育实验真正落到实处，学校将全校纪律和学习最差的五(2)班作为试点。经过一个阶段的德育系统教育以后，该班班风有了明显的好转。共青团中央《辅导员》杂志以《磨刀砍柴不误工》为题刊发文章，高度评价了这个从德育入手，促进落后班转化为先进的典型。1980年5月，在全国第四次共产主义道德教育经验交流会上，姚文俊校长的发言引起轰动，《人民日报》《光明日报》《中国青年报》先后报道了该校的经验。1981年8月，在全国学校思想政治工作会议上。时任团中央领导称赞：安阳市人民大道小学搞了一个《德育提纲》，这是全国第一家！1982 年，国家教委要求全国小学普遍开设思想品德课，并颁布了《全国小学思想品德课教学大纲》。

【第二部曲】
构建学校教育与家庭教育、社会教育相结合的德育网络

为了努力探索德育工作覆盖少年儿童全部生活的途径，把学校的系统教育与良好的家庭教育和社会教育紧密结合起来，1988 年，该校制订了《学校德育社会化实验研究方案》，着力构建学校、家庭、社会三类教育相融合的“全方位、全天候”的德育网络，被国家教委列为重点科研课题。1989 年，该校德育实验荣获《半月谈》首届全国思想政治工作创新奖特等奖，时任校长姚文俊入选全国思想政治工作“十佳明星”。《德育新路》一书，作为河南小学教育十年改革丛书之一正式出版。1992 年，学校德育社会化实验获“全国德育科研成果优秀奖”，并由中国教育电视台拍成专题片向全国播放。

【第三部曲】
开展以“三五”教育为载体的做人教育

“千教万教，教人求真；千学万学，学做真人”，这是人民教育家陶行知先生的名言。为了进一步加强德育的针对性，对学生进行做人的教育，1993 年初，该校开始进行“继承传统，学做真人”的“三五”教育实验，即以“五爱情感”(爱惜生命、孝敬父母、关心他人、热爱集体、报效祖国)为重点的思想教育、以“五好习惯”(勤学好问、勤劳节俭、文明礼貌、遵纪守法、整洁健身)为重点的养成教育和以“五自能力”(独立自主、自觉自理、自我表现、自我调控、自我评价)为重点的品德心理教育。试点班班主任张桂英老师说，“三五”教育的内容，情感是基础，能力是核心，习惯是目的，三者互相联系、相互促进，形成了一个有机整体。1998 年，“三五”教育实验被列为河南省重大科研课题。教育部专家组的同志对“三五”教育给予了高度评价，认为这是多年来小学德育研究和实践的成果和结晶。时任国务院领导对这一教育实践也给予了充分肯定。

【第四部曲】

开展以“提高学生道德认识，促进知情意行和谐发展”为主题的德育实验

“多读书，知荣耻，做主人”，这是近年来人民大道小学开展的主题教育活动，学校以“提高学生道德认识，促进知情意行和谐发展”为主题，进行德育创新实验，制订了《小学生道德品质和谐发展教育大纲》和《各学科渗透社会主义荣辱观教育实施细则》，被列为“十一五”国家重点德育课题。2005 年，《德育报》《小学德育》杂志头版头条报道了该校德育教育的成功经验。新华社、《光明日报》《中国教师》和《辅导员》杂志社对该校的德育工作进行了采访报道；2006 年 9 月，新华社以《河南一小学：让“小鬼”真正“当家”》为题发了内参；2008 年 5 月，新华社以《河南一小学“三自”素质教育模式获推广》为题发了专电，全国有 110 多家网站对此予以转发。

“在这里，不仅实现了家长们一个最美好的梦想，而且放飞了孩子们人生的第一个梦想，同时还激励、催促着他们去追逐更加高远的梦想……”这是该校 2009—2010 学年家长工作会议上，新一届家委会主任侯群波同志讲的一段话。会上，学校领导为新一届校级家委会成员颁发了聘书，并将大道小学建校 50 周年校庆的情况与各位家长进行了分享。家长代表还分别以“和孩子共同感受大道”“大道精神放光芒”“伴随孩子共同成长”和“家校结合共创奇迹”为话题作了发言……“满腔热情，搭建桥梁”“真心诚意，建言献策”“尽心竭力，搞好服务”是本届家委会成员工作的真实写照。

墙内开花内外香

“小学生主体性发展实验”至今已走过了十几年的探索历程，以其选题立论高、理论构思完善、实验研究方法合理、实验研究范围广、研究队伍实力强、阶段性研究成果显著而受到国内教育界的广泛关注。河南省成立了由省教育厅领导挂帅的“主体教育”研究中心，向全省推广“主体教育”的成功经验；中国教育学会将“主体教育”作为六大素质教育成功模式之一，向全国推广。目前，“主体教育”实验已由最初安阳市人民大道小学，逐步扩展到北京、天津、广东、内蒙古、甘肃、吉林、河北、湖北等十几个省(自治区、直辖市)

的7个区域性课题组、4个科研单位、14所高校和100多所中小学。“主体教育”实验产生的辐射效应，大大推动了我国实施素质教育的进程和步伐。

学校先后接待了来自美国、日本、俄罗斯等国家和香港、澳门、台湾地区的专家学者的来访，并应邀派出代表到日本、美国、朝鲜等国家和香港、澳门地区进行考察和讲学。日本草加市小泽博市长说：“在日本，办学条件比你们好的学校有好多，但像人民大道小学这样让孩子生动活泼、主动发展的却很少。”美国教育家菲利浦·史密斯先生在参观学校后留言：“首先请允许我对你们美好的学校表示感谢，这是我的中国之旅中见到的最好的学校，我喜欢这里的孩子们。”

原中央教科所副所长滕纯教授不止一次讲道：“在中国真正土生土长出来的成功典型有两个：一个是江苏的洋思中学，另一个是河南的人民大道小学。”著名教育家、华中师范大学王道俊教授曾动情地说：“我今年已经72岁，假如时间能倒流65年的话，我愿意成为人民大道小学一名一年级的学生。”

人民大道小学首届“主体教育”实验班毕业生李妍说，从实验班毕业后，我一直在朝着成为“最佳的我”这一目标而努力。一位实验教师说，刚开始搞实验时，我们是摸着石头过河；现在，我们不仅知道石头在哪儿，还知道哪儿有座桥——也许我们自己正在建造这座桥。

“什么是成功的教育？适合学生发展的教育才是成功的教育。创造适合学生发展的教育，而不是选择适合教育的学生，是教育工作者的神圣使命。”马丽娜校长说，“德育创新”和“主体教育”为学生的和谐发展与健康成长注入了活力、动力和创造力。今后，我们将在继承学校多年来积淀的优良传统和文化内涵的基础上，坚持创新变革，谋求科学发展，让“主体教育”惠及更多的孩子，让每个孩子都能成为“最佳的我”！

深化小学生主体性发展实验　促进师生和谐发展

已进入发展创新阶段的人民大道小学，在创一流业绩，促名校发展理念的指引下，马丽娜校长与班子成员一道制订了题为《深化小学生主体性发展实验，促进师生和谐发展》的《安阳市人民大道小学发展规划书》。在此规划书的引领下，大道人带着教育人挚诚的宗教般的情怀，开始了“理想大道教育”的深度思考，并已付诸实践。

精彩，值得期待……

4. 马丽娜：当优秀成为一种习惯

《中国教育报》高伟山

马丽娜，是一个身处人群中的人。从小在大院儿里当着“孩子王”的她，仿佛天生就有种与人沟通的本事。她说：“人的事，是大事。只要把人的工作做好了，很多困难也就迎刃而解。”无论是驾驭课堂，还是带班子管学校，教数学的她喜欢琢磨，逻辑清晰，拿出了自己的一套。

可是，总有些若有若无的“矛盾”体现在她身上，令人咂磨：

不愿当老师，却年纪轻轻就成名师；不愿当校长，却有种种显示，善于沟通协调的她摆对了位置；

她说她这种A型血的人，要求完美，急躁，改不了了。而她却能从对部下要求严苛的最初，逐渐过渡到了平和、宽容的现在；

她说敬业和优秀已经成为了她的习惯，立时，一个女强人的形象在笔者脑中呈现。而生活中的她却是爱玩的，还给周围同事牵线搭桥，成了七八对儿。

……

这就是她的性格，以及性格所决定的——她的多彩命运。

三年讲台站成“小名师”

人生充满变数。随性而为，她不知不觉走进了教书育人的洪流。跟着感觉走，却走出了人生第一片新天地。

连马丽娜自己也没想到，她会当一辈子老师。1979年，她作为当时第一届在校学生参加了高考。出身医生世家的她，因为当地医学院校缺乏而报考了安阳师范学院(原安阳教师进修学院)。家里人没有“教师血统”，所以虽然上了师范，但马丽娜仍然向往着从医从政，从未想到毕业后会被安阳人民大道小学的老校长姚文俊相中，并招过来成了一名小学老师。不当医生也罢，没想到会当老师；当老师也罢，没想到会当小学老师。在大专生相当抢手的当年，这似乎不算是个好出路。怀着一丝丝的不情愿，马丽娜还是走上了讲台。

凭着“孩子王”的本事，她发现教孩子并不难，多少还有点意思。她在家排行老大，七岁时就带着院子里十几个孩子给妹妹洗衣服。父母工作忙，她就放学后带着两个妹妹吃食堂，自己解决生活问题。“从小学到高中，我一直都是班长，没觉得管同学有什么难的。”她能和同学们很好地融合在一起，下农村干活时，她和同学们很容易地就把活儿干完了。

在家时，她对自己和妹妹的要求都很严格；当了老师，她也很会抓学生的特点。“我看着孩子，一眼就能看到他们的性格特点，哪些是温顺的，哪些是好动的。调皮的孩子，就找个稳当的同学跟他当同桌；懒散的孩子，就找个好学的同桌影响他。”对于学生，她总是先把规矩说到前面，比如不许迟到。低年级的孩子有个特点，经常课间上厕所回来晚，上课迟到，有的老师就会数落他们。但马丽娜会告诉他：“张伟同学，当了小学生了，就不能到了厕所就不回来了，记住了没有？李小鹏同学，你明天记住和他一块儿去、一块儿回来。”这种和孩子们商量、让他们互相帮助的做法总是很奏效。

她的数学课有激情，有方法。上世纪 80 年代初，很多老教师就是一支粉笔、一本书、一堂课。她觉得这样讲没意思，就凭着自己良好的悟性，跟着感觉走，做自己想做的。

有一次她上“得数是十三的加法”这节课，为了让课堂不再死板无趣，她先是带着孩子玩数数的游戏，数到 13 就停下来，让他们发现哪些数和 13 有关系；讲“加法的组成”时，没有教具，她就在硬纸上画花朵、兔子，背面再粘上棉花，上课时用水一湿棉花，图片就能粘在黑板上了。那时的教学理念没有那么先进，直到十年后脱产进修时，马丽娜才明白原来这样的方法有个名字，叫作创设情境。

她驾驭课堂的能力很强，回忆中，她的课堂似乎从来没有乱过。她的课知识点之间坡度比较小，衔接自然，孩子们学得也很顺畅。比如学习“小数加减法”时，她会先以整数的加减法引入，问大家：“如果整数中间点个点，你们还会做加减法吗?”等大家能按照一样的原理把题做通了，再点破要学习的知识。

人民大道小学拥有深厚的教育积淀和改革传统，这是一片能给优秀教师提供滋养的沃土。1984 年，“全国校长大会”在这所学校召开。学校选了一位教师做课，就是马丽娜。这次做课，马丽娜一举成名。从此以后的几个月里，她的课几乎天天有人来听，或十几个，或 30 几个；或站在教室后面，或站在走廊上。隔一段时间，她还要上一些观摩课、展示课。这年，她才刚刚工作三年，23岁。

理论乘实践才有质的蜕变

先进的理念在她心中撞出了火花。她对教育的理解丰满了起来，模糊的认识清晰了起来，并开始反思自己和学校的教育教学。

1992年，是马丽娜人生中至关重要的一年。这一年，两件事，让她完成了一种质的蜕变。

教起书来顺风顺水的马丽娜，这一年头一次带起了高年级。六年级毕业班的升学压力很大，教材编法也不一样，很多数学问题都“半遮半掩”地形成了小系统，有整体模式和内在规律性，比如流水问题、工程问题、植树问题。没想到，毕业班的第一次单元考试，全班考砸了，全年级倒数第一！她皱起了眉头，心里不舒服。她到处请教老教师：后边的选择题要不要跟孩子细细讲？为什么讲了还是做不对？一时间，她似乎不得要领。“我的班一直都是平平稳稳的，遭遇这种变化，我很生气。”马丽娜不服气地说。

于是，她从街上买来了很多教辅书，把所有的题都做了一遍，做一道题，就对照一下类型。这下，她彻底弄通了，这才明白原来这样的题型叫植树问题，那样的题型叫流水问题；明白了六年级的题型之间是怎么发展的，他们应该做什么题、怎样做。有了方法，才能对症。

“那一年，我算是把小学数学彻底精通了。此前，我更多的是站在以知识为中心的层面上，现在则要在变化中教孩子掌握一些规律性的东西。”马丽娜说。中考时，她带的那届毕业班成绩斐然。

另一件事，则源于下半年时她到北师大进行的一年脱产学习。跳出课堂实践外，进入理论学习的殿堂，丰富的实践经验和先进的教育理念顿时在她心中撞出了火花。她对教育和教学的理解丰满了起来，一些模糊的认识清晰了起来，探索和认识似乎升华到了另一个层面。

这种改变是巨大的。她知道了，以前某个方法之所以好是因为它尊重了儿童的认知规律；她知道了什么叫创设情境，什么叫教学机制。这样的历练，让她的教学应变能力增强了很多。回校后，马丽娜再教另一个毕业班时，已经游刃有余了。

结合教育规律，她也在不断反思自己的教学。那时候，她的课最重要的特点就是高容量，高速度，高密度，而没有考虑到学生的感受，使得有些学生接受不了。“不是学生要求学，而是教师要求学生学。”马丽娜说，“为什么三年级时就要把四年级的东西学会呢?”

随后，学校成立了科研处，马丽娜成为科研处第一位主任，配合当时的副校长、现在北京中关村四小校长刘可钦，一起决心改变当时课堂教学中的问题。“以前的课堂存在很多问题，比如满堂灌，比如教学不是面向全体学生，而是着重培养拔尖学生。”她想要拿出“药方”，又苦于不知该如何下手，每天都研究到晚上八九点才回家。

她想到，应该从人民大道小学的主体性实验入手，来改变课堂教学结构。主体性实验是该校从20世纪80年代以来推进的实验探索，最初集中于“培养主体人格、学会做人为主”的主体性德育上，是老校长为学校创造的宝贵的思想财富。但是，如何将主体性实验延续起来，让课堂和学校面貌呈现新的生机?

磨砺一群主体性教师

只有打造出主体性的教师，才能带出主体性的学生。在她的带领下，许多教师通过主体性实验实现了从教书匠到研究者的转变。

“没有主体性的教师，不可能带出有主体性的学生。”马丽娜这样认为。在教材不变的情况下，要想改变课堂，第一项工作就是要改变教师。主体性实验要求以人为本，发挥人的主体性。这个“人”既包括学生，也包括教师。

学校设置了第一届主体性教育实验班，并组织了优秀师资在这两个实验班进行试点。作为科研处主任的马丽娜，希望教师成为一个研究者，把教学的问题当成研究的课题。他们要求教师每个月要写八篇札记，两周进行一次教学交流。十年间，学校共派出了51名教师出去脱产进修。为了给教师做培训，北师大教育学部许多系的系主任都曾到学校来指导过，和学校一起研究改革思路。“以前的教育和教师并不太注重教师的继续教育，认为教师的学习是一劳永逸的。但实践证明，后续知识的学习对于一名教师来说非常重要。”马丽娜说。

通过主体性实验的打造，许多教师实现了从教书匠到研究者的转变，理论指导下的教学实践才更有价值。许多教师养成了习惯，学生一提出一个有意思的问题，教师就马上拿本子记下来；找到了一种办板报的好方法，也马上变成了札记的内容。由内而外发生改变的教师，开始秉承“诚心诚意让学生做主体，严肃严格地做训练”的教学原则，来组织他们的课堂。

除了对课程结构进行调整外，他们还组织学生开展小蜜蜂读书节、走进春令营、走向军营、写数学日记等。学生的作业也是分层的，程度好的学生，作业的选择范围更大，中等生和学困生的范围要小些，但必须掌握的基础知识是都要做的。

“我要成为最佳的我！”也许是对主体性实验的生动诠释。经过各种实践活动的熏陶，实验班的孩子表现出了自信、自主，善于表达自己的观点。磨砺而出的“主体性”实验，一经问世就引发了一场“大道旋风”。

1998年，在该校举行的全国校长大会上，看到来听课的专家们，几个学生主动提问：“你们是来自全国各地的专家，见多识广。我想问问，对于最近上映的《泰坦尼克号》，您怎么评价，它的现实意义是什么？”专家们听到这样的提问竟出自小学生之口，不禁感到惊喜和赞叹。

“星期天，我们一家三口去逛书店，正好有一批打折的书。爸爸买了一本，原价12元，打8折；妈妈买了一本，原价15元，打7折；我买了一本，原价10元，打9折。谁花的钱最多？”这是一名学生写的数学日记《打折的书》。有了良好的学习思维，生活也就成了他们无处不在的家庭教师。这些也向家长以及其他对学生活动表达担忧的人证明，实践活动多了不仅不会耽误学习，而且还会激发学生的求知欲望。

“实验班的设想不是跟风跟出来的，而是根据我们当时的特点提出来的，切中要害，成效明显。”马丽娜介绍，这届实验班毕业时，囊括了全市中考前5名。

春风“终度”玉门关

“别人都新官上任三把火，可我一把火也没有。”但内在的责任感促使她挑起了大梁。短短几年间，主体性实验从点变成了面。

2005年，学校陷入了一个教学质量下滑的时期。这时，马丽娜被提名为校长。出于对教师岗位的喜欢，以及对家庭的责任，她又来了个“不愿意”。不过，思考之后，她还是临危受命，挑起了重振这所名校的担子。

“第一年当校长，我有点不太会当。别人都新官上任三把火，可我一把火也没有——没思路。”马丽娜笑着回忆，“而真正对我有触动的是全校第一次教师大会。”

那几年，人民大道小学的优秀教师外流比较严重。为扭转学校教学质量下降的局面，马丽娜果断提拔了6名副校长，清一色的学科带头人、特级教师，又招聘了29名优秀师范毕业生。在她称之为“谈心会”的上任后首次教师会议上，马丽娜一抬眼，望见了台下那一大片的200名教师。目光相触的那一刻，一种责任感油然而生。她对老师们说：“咱得把心拢起来，好好干！”

可往哪个方向拢？摆在面前的选择是，重写新篇还是继承发展？他们一致的见解是“恢复主体性实验的优秀传统”。有人形容为，“把割断的历史续接上，把丢掉的传统捡起来”。

当时的主体性实验已经中断。即便在开展得如火如荼的2000年时，实验班与非实验班之间也是呈现着一种不均衡。那时，主体性实验班已运转了七八年，有的教师很忙碌，很快乐，而有的教师在圈外旁观，不太了解，还用河南话评价为“净作秀”。当时一位市教育局领导来视察，走进实验班看到了学生的阳光和自信，而走进非实验班则是另一种情况。他当时不无遗憾地说：“春风不度玉门关啊。”

为了延续传统、拓展传统，她首先要做的就是把教师拧成一股绳，锻造成朝着一个方向的“强弩”。许多年轻教师对学校还没什么感情，马丽娜就把姚校长请回来，给每位教师讲学校的艰辛史、成长史、光荣史，让教师明白：今天不认真做教育，就对不起这所老名校。她又聘请了一些曾在校做过管理的老教师，帮助各部门领导做管理。还把每周三定为科研日，每周六定为学习日，每月开展两次“主体漫谈”，要求教师每月至少写4篇札记。用她的话说，现代教育需要教师在教学中多一些灵气少一些匠气，多一些理论少一些盲从，多一些反思少一些汗水。

班级稳，则学校稳；班级乱，则学校乱。一个基于小单元的清晰的发展序列也在她的规划中逐渐形成：低年级学生不考试，注重上楼梯、说谢谢等的习惯养成；中年级学生注重培养学习方法；高年级学生的课堂则彻底放开，打造活跃、自主的高效课堂。现在的马丽娜依然坚持每周听课，她说：“我评价课堂，先不看他的教学内容讲得如何，而是先看课堂开放得怎么样。”

她还带领学校根据儿童成长的心理、学习特点研究出了“未成年人学习心理研究提纲”，发展和创新了“大道课堂教学模式”，构建了小学生主体性发展的目标体系和测评体系，要将主体教育这一理念落实到每位教师的课堂教学上。

三年级的许星同学自豪地说：“我们班每个小朋友都做到了见客人问好、不吃不带零食、见了纸屑捡起来。”马丽娜认为，这样“细小”的美德透出的是孩子们的小主人意识，曾经散了的心在大道再度被聚拢了起来。

短短几年间，主体性实验从点变成了面，原先两个实验班已经变成了六个年级12个班。“我现在可以说，‘春风度了玉门关！’而这一切，都与教师队伍素质的提高密切相关。”也许，这正是最令马丽娜骄傲的事。

“主体性教育不是标签，它已经逐步融化在了我的血液中。”马丽娜说，“当一个校长有先进理念支撑的时候，就没有什么困难可以横亘在面前。”她的理念就来源于当教师时在课堂上怎么发挥学生的主体性，怎么发挥学生的长处。

马丽娜没什么“官瘾”，离不开这个曾经付出艰辛的地方。现在，即便当了校长，她依然觉得自己骨子里还是一名教师，只不过是在学校管理中，运用了一名教师的数学思维。

干练，公平，无私，是其他教师对马丽娜的评价。而马丽娜这样形容自己：“有时候，敬业和优秀已经成了一种习惯。”正是这种内在驱动力，推动她一步一步往高处攀登。

5. 安阳市人民大道小学：让“小鬼”真正“当家”

中华网　洪　生

上学时，没有家长开公车接送；作业本，也没有一本是家长单位的稿纸。这是近来河南安阳市人民大道小学少先队开展“廉洁，从两个‘不’开始”活动的结果。

此项活动是由这所小学少先队自发组织的。据校长马丽娜介绍，原因是中队长在检查作业时，发现同学们用的稿纸五花八门，但很少用自费稿纸；上下学时，家长用公家车接送学生的情况不少，造成交通阻塞。在少先队例会上，队员们认为：使用公家稿纸看是一件小事，却丢掉了廉洁的好品质；坐公家车上下学也是不合适的。最后大家集体宣誓：廉洁，从两个‘不’开始：不乘公家车上下学，不用公家稿纸。

近年来，人民大道小学在开展素质教育方面积极探索，树立了以学生为主体的教育理念：学校尊重学生差异，真正将学生当主人，尽可能为每个学生提供表现、成功的机会，让“小鬼当家”。马丽娜说，“除去安全的原因，只要孩子们能自己做的，我们都要求教师引导孩子去做”。

在这所学校，有这样一个部门——“群星自主服务中心”，这是由少先队组建的自主服务机构。下设绿色回收站、警长巡查队、小巧手园地、小阳光银行、失物招领处、小鲁班维修站、知心朋友服务台、小喇叭记者站、红十字会等11个部门。负责人均由队员自己选择；活动内容由队员独立拟定；活动过程也由队员主持策划。一名三年级的学生告诉记者：在群星中心，感觉自己明显长大了，过去同大人交往总是怯怯的，现在从容多了。同时，学校提倡班级自主管理，班干部实行轮换制。每个学生都有自己的职务和岗位，人人均参与班级管理。

作为河南省重点小学、全国百所小学名校之一，人民大道小学的主体性教育实践经验，已引起教育主管部门的关注和重视，已被中国教育学会列为全国素质教育的重要模式推广。

6. 生动的“富矿”

《辅导员》杂志

“六一”是孩子们盼望的日子，更是让他们激动、自豪的日子。

在河南省安阳市北关区人民大道小学，“好儿童、好少年”表彰会正在进行。首批获得“爱国小主人”“服务小主人”“科学小主人”“勤劳小主人”“互助小主人”“诚信小主人”“遵纪小主人”“节俭小主人”这八个“小主人”奖项的队员们是全校开展的“读好书，知荣辱，做主人”社会主义荣辱观教育活动中的佼佼者。他们在自己的节日里，体验着成功的滋味，更明确了奋斗的目标。

八个“小主人”奖项的设立，源自1984年3月时任团中央书记处书记的胡锦涛同志来人民大道小学视察工作时为少先队员的亲笔题词——“立志做祖国的小主人、学习的小主人、少先队的小主人”和“多读书，读好书，立志做有知识的人，做对人民有用的人。”它既是人民大道对胡锦涛同志向广大青少年提出的树立“八荣八耻”社会主义荣辱观要求的贯彻，更是他们对小学德育持之以恒探索的进一步深化。

20多年来，这所全国整体改革实验校的师生在老校长、全国德育先进工作者姚文俊的带领下，认真学习、理解胡锦涛同志的题词精神，坚持“德育为本，全面发展”的办学方针，不断在实践中创造性地探索德育工作新方法：1979年，在全国率先编写了《少年儿童思想品德教育提纲》，实现了德育内容系列化、德育途径网络化、考察方法科学化；1988年，制定了《学校德育社会化实验研究方案》，开始将学校、家庭、社会教育融为一体，搭建起“全方位、全天候”的大德育网络；1992年，在主体教育思想的指导下，学校又选定了“继承传统，学做真人”的“三五”教育（五爱情感、五好习惯、五自能力的教育）实验课题，编写了“三五读本”校本教材，制定了《小学生主体性德育实验方案》，该研究成果荣获了全国德育科研成果优秀奖。

“富矿”是一个矿业名词，通常是指有用元素含量高，可以直接冶炼的矿石。

到人民大道小学采访的中央新闻单位的记者曾形象比喻“人民大道小学

就是一座富矿”。的确，其生动的德育研究和实践成果不仅成体系，而且极具操作性。

下面就让我们一起来挖掘这座“富矿”中的精华吧。

“我要成为最佳的我。”——不放过机会的孩子们

在安阳，提起人民大道小学的孩子，人们会告诉你：“那个学校的孩子真的不一样！他们彬彬有礼、乐于助人、思维活跃、自信张扬，他们文明懂事……”当见到这里的孩子，你就会发现他们真诚、自然、活泼、勇敢，对同学、中队和学校充满了爱和自豪感。

走进人民大道小学的逸夫教学楼，你会看见一个特殊的部门——“群星自主服务中心”。这是由少先队组建的全校最大的自主服务机构。它下设绿色回收站、黑猫警长巡查队、小巧手园地、小太阳银行、失物招领处、小鲁班维修站、知心朋友服务台、小喇叭记者站、体育小天地、读书社、红十字会共 11 个部门。每个部门都由队员自己选择负责人、进行相关管理，每次活动内容都由队员自己拟定，整个活动过程都由队员自己策划并主持。队员人人在这里都有机会成为“最佳的我”。

学校大门旁的墙壁上还挂着一个“小主人信箱”。它是全校队员的宝贝，更是大队委员们服务大家的工具。在队干部们的办公地——少先队队室里，大队委员们争相讲起了他们和它的故事——

“小主人信箱”是少先队组织为队员们设立的提出问题、解决困惑的一个交流阵地。每周大队部各部门轮流负责解决“信箱”中队员们提出的问题，再在周五早晨的红领巾广播中公布结果。比如，有队员写道：“三楼男厕所的门帘坏了，请赶快修好。”队干部们立即找到学校后勤部的老师反映情况，门帘很快就修好了；住宿生对看不到当天的报纸有意见，队干部们及时向负责老师提出了定时发送报纸的具体建议；有的队员觉得食堂伙食有些油腻不利于身体健康，队干部们就主动与管理人员进行交涉，想办法改进操作方法；课余时间高年级队员与低年级队员争抢乒乓球台事件发生后，队干部们立即去与高年级队员协商解决办法，并让文明礼让之风在校园里盛行了起来。

“小主人信箱”不仅让队干部们树立了服务意识和威信，锻炼了他们多方面的能力，而且给每个队员创造了随时都能以小主人的姿态关注身边事、参与服务他人行动的机会，用队干部们的话说，“我们‘小主人信箱’的铁杆‘粉丝’可多了！”

安阳电视台“聊聊”节目的主持人韩小颖说起人民大道小学的成长历程，充满激情和自豪。他说：“在这里学习生活，我们十分快乐，因为我们是学校的主人。尽管参加一些活动很辛苦，但大家却争着参与，而且很自豪。学校来了客人，我们会写出自己想说的话，用自己的语言来介绍情况。开展学雷锋、采访等活动，从踩点、准备、分工至具体实施，都由我们来组织运作，老师只在一旁观察、提示，为我们创设条件、提供安全保障。在这样的活动中，我们有了更多与他人交流和将所学知识应用于实践中的机会。我们不是被动地，而是主动地接受教育，解决问题的能力不断提高，也有了许多怎样做人的体验，而这一切为我们长大后顺利走入社会奠定了基础。”

其实，像韩小颖这样“不放过机会”的孩子在人民大道小学比比皆是。因为不论是学习、活动，还是管理过程中，孩子们都是主人，有很多发挥自己才能、发展自我的机会。这既是人民大道小学促进学生健康成长的重要渠道之一，也是他们德育科研中“学生主体性发展实验研究”的重要成果。

“因为有了你，我才喜欢当老师。”——勤于探索的老师们

四(4)中队辅导员张桂英老师患有高血压和心脏病，但为了不使学生受到影响，经常带病坚持上课，让学生们十分感动。中队长苏迤和同学们商量：怎样才能减轻老师的负担，感谢老师对我们的关心？有个同学说：“老师就像一棵树，我们就是树上结出的果实。不如我们共同种一棵‘尊师树’，谁改正了缺点或取得了成绩，就在树上挂一个胜利果实来表达对老师的谢意。”他的建议得到了同学们的赞成，马超同学还用纸剪了一棵大树“贴”在了教室后面的墙上，同学们都暗暗较劲，争取把自己的成果早日挂上去。一周后，一个个果实挂到了“尊师树”上——又大又红的苹果是师雪飞“爱劳动，爱集体”的果实；长长的黄香蕉是高明“讲卫生，爱同学”的果实；绿菠萝是苏迤“工作细心”的果实；黄鸭梨是李慧君“大胆发言”的果实……看着树上越来越多的果实，张老师欣慰地说：“一分耕耘，一分收获，祝同学们永远进步！”

在人民大道小学像这样师生间相互关心，饱含挚爱的故事太多了！甚至有的学生和老师的关系比父母还亲，这就是该校以做人为核心的德育科研和实践产生的实效。

现任校长马丽娜向我们介绍，他们在研究德育过程中“投入”与“效益”明显反差的原因时，曾进行了深入的调查，发现改革开放和社会主义经济体制

建立以来，小学生的思想品德出现了许多新变化：他们有一定的道德认识，但缺乏良好的道德行为习惯；视野开阔、思想活跃，但辨识荣辱是非、美丑善恶的能力不强；学习条件好、机遇多，智慧发展快，但缺乏良好的个性心理品质，非智力因素训练不足；精力充沛，喜欢交往，自尊心强，但存在骄娇二气、独立生活能力锻炼不够。

结合德育工作的现状，经过认真思考和多次论证，从1992年起，学校与北京师范大学教育系联合进行了《少年儿童主体性实验研究》，并以此作为德育科研新的突破口。在研究过程中，他们构建了小学生主体性发展实验大纲，制定了小学生主体性发展目标和测评体系；初步树立了四大主体教育理念：(1)每个学生都是特殊个体，需要充分理解、尊重和关怀；(2)相信所有学生都会学习，给每个学生提供思考、创造、表现、成功的机会；(3)所有学生都能学习，不存在绝对意义上的差生，应尊重学生的差异；(4)实施有特色的教育，能使每一个学生都主动发展自我。为此，他们还向全体老师提出了两条教育原则(诚心诚意地把学生当主人，严肃严格地进行基本训练)和12项工作目标(自尊自信、自我调控、独立判断决断、自觉自理、成就动机、竞争意识、兴趣和求知欲、主动参与、社会适应性、创新意识、创造性思维能力、动手实践能力)；确立了四条基本实施渠道(德育系列、学科系列、活动系列和家教系列)和课堂教学的“四主”原则(学生主动、教师主导、问题主线、活动主轴)及六条策略(合格、参与、严格、差异、创新、成功)；创建了“T”型小组学习形式和富有特色的学科教学模式以及主体性发展教学评价体系等等，荣获了全国基础教育改革实验研究项目优秀成果一等奖。

人民大道小学的领导和老师们一致认为：学校德育是一种做人的教育，在学生主体性发展方向上起着主导作用。因此，研究德育过程中如何发展学生主体性的方法，成为他们在实验中用心探索的关键内容之一。

比如，为满足学生合理的道德需求，发展他们的健康个性，在三年级学生中实行了干部轮换制，鼓励孩子们竞争上岗，辅导员还积极引导学生自己来组织书法、绘画展和故事团；为促使学生道德信念的形成，他们注重道德情感的培养，坚持以情为中轴，组织学生读“五爱”情感“四字书”，背“五爱”情感名家格言，讲“五爱”情感故事；为培养学生良好的意志品格，他们重视指导学生思想意识和道德品质方面的自我锻炼、自我教育、自我陶冶，组织开展了“徒步夏收”“待命行军”“山区考察”等活动。

在采用多种手段促进学生成长的实践中，老师们更是发挥出了主体的创造性：朱敏老师视家庭和学校为“教育学生共同体”，努力挖掘合力的奇效；李霞老师在教师工作主题论坛上提出“心容全体学生”的见解，并在工作中积极探索帮助个别学生、学习不好的学生、犯错误的学生的有效方法；田丽玮老师以旅游中的数学问题既教会了学生多位数乘法的运用，又使他们明白了节约与浪费的道理；刘琳老师以贴切的故事诠释“走进去，就有你的位置”的道理，启发学生以良好的心态参与竞聘活动；董海莹老师则在鼓励孩子们勇敢与他人交往的过程中，引导他们树立自信，改变内向的性格……在人民大道小学，教师之间从不会为给学生补习、复习各自争时间，而是相互交流、默契配合。语文和数学教师还曾同堂上课，让学生们感到妙趣横生、相得益彰。教师自己也兴奋地称之为“黄金搭档”。人民大道小学的老师们不仅树立起新的教育理念，把学生真正当主人，不断改进教育方法，让教育更具实效，而且还自觉实现着自身由“工匠型”向“科研型”的转变，逐步完善并发展着自我，与学生共同成长。

“全面发展打基础，个性发展有特长。”——党政军有超前意识的校长

“一个校长能想多远，学校就能走多远；一个老师能想多远，学生就能走多远。”在中队管理方面多有创新的优秀辅导员赵慧萍老师的这句话，说出了人民大道小学师生和家长的共同体验。

老师们教育思想、教育行为的一个个改变，促进了学生的全面发展；校领导的超前思维和管理理念，更影响着学校的整体发展。

曾在中学当过团委书记的姚文俊，自1978年调任人民大道小学任校长兼书记后，就开始以小学德育为突破口，发扬“敢为人先”的精神，带领全校师生进行素质教育的探索。20多年来，既创建了以做人为核心的学生德育新格局，以小学生为中心的主体性发展教育模式，又在“以人为本”教育管理思想指导下，构建起主体性发展教育管理模式。

在姚文俊校长看来，一切学校管理工作都应以人为出发点和归宿，体现了尊重人、依靠人和发展人的指导思想。作为校领导要把握好方向，方向偏了，用力越猛，失误会越大。因此，在人民大道小学经常有“头脑风暴”会，对于重大问题大家来议，对于工作各抒己见，领导班子梳理后，校务会、教代会通过后才实施。

为使教师成为学校管理的主人，更好地服务于教育主体——学生，他们

创造了“引进——优化教师队伍结合；提高——培养师德高尚的专家型教师；参与——当家做主人；满足——不同层次教师的需要；奖惩——以奖为主，奖惩结合”的系统管理策略，从而加强了教师队伍建设，激励了教师工作的主动性和创造性。多年来，他们采取多种形式培训教师：选派青年教师到北京师范大学、华东师范大学等近 10 所高等院校离职进修；通过与河南大学、河南教师进修学院等联合办班，创造条件使更多教师在职进修；有计划地组织教师到外地参观学习，邀请知名专家、学者来校培训；帮助每一位新任教师拜有经验的教师为师，签订师徒合同，举行拜师会、谢师会；利用学校名师、学科带头人等优质资源，对青年教师进行校本培训；利用现代化手段进行网络培训；实施“科研兴校”战略，要求教师人人选课题，人人搞实验，人人出成果。他们坚持教师每周五日工作一日进修制度；坚持教师写实验札记制度(每月每人写八篇，每篇不少于 800 字)；坚持组织教育“主题漫谈”活动，大家围绕学习和工作中的问题，交流信息、体验、思想，在思维与情感的碰撞中，提升科研水平和融洽程度。

“尽管从姚文俊校长退休并成为终身名誉校长后，人民大道小学已换了几任校长，但‘团结奉献，勤奋求实，科学探索，争创一流’的‘大道精神’，‘爱校胜过家庭，事业重于生命，一切为了学生’的‘大道师魂’却延续至今。”马丽娜校长这样诠释人民大道小学这座“富矿”——可持续发展的真经。

其实，正是不断发掘“含量高的有用元素”新的生成点，才使“大道精神”和“师魂”释放出了无穷的魅力，成为人们乐于开采的“富矿”。

不是吗？五届“小蜜蜂读书节”以不同方式和内容的持续举办，“亲子共读”活动中受教育者向家长的拓展，《安阳市人民大道小学各学科渗透社会主义荣辱观教育细则》的研究出台，《180 个德育故事》校本教材的编写，校园隐性教育环境的进一步开发等，正让人民大道小学这座“富矿”越来越生动，越来越富有吸引力。

7. 河南一小学“三自”素质教育模式获推广

新华网

河南安阳市人民大道小学通过开展自主性组织、自主性活动、自主性评价“三自”活动，充分发挥学生的主体作用，使学生的能力得到了全面发展。据中国教育学会小学教育专业委员会理事长姚文俊介绍，目前，这一素质教育模式已向各地小学推广。

在这所小学，学生自发组织的团体如数学研究会、书法小组、摄影社、故事团、文艺社等有 60 多个。“这些组织小的有五六个人、大的几十人，全是由孩子自由组合在一起。”学校大队辅导员李霞说。

五年级学生尚家宝爱好戏曲，带头在年级里组织了豫剧文艺团，现已发展到 40 多人，每星期都有校外专家辅导他们。尚家宝还在河南电视台“梨园春”豫剧比赛中拿过金奖。

“群星自主服务中心”是由少先队组建的全校最大的自主服务机构，下设绿色回收站、失物招领处、小鲁班维修站、知心朋友服务台、小喇叭记者站、体育小天地、红十字会等部门。每个部门都由队员们自己选择负责人进行管理，活动内容由队员独立拟定，其过程由队员主持策划。

校长马丽娜说：“在我们这里，每个学生都是小主人，均有机会参与学校管理，想学什么都可以学到，有什么爱好都可以满足。”

学校把活动的主动权交给学生，重在培养他们发现问题、解决问题的能力。“因为在活动中，孩子们探究的东西才理解得深刻，体验过的事物才会刻骨铭心。”一位专家这样评价道。

学校的教学活动也由孩子们自主进行。据班主任赵慧萍介绍，她教的班就按照男女搭配、好中差结合等原则，组成了 10 多个学习团队。团队以组长为核心带大家去学，整个组的同学相互补课，团队与团队之间则相互竞争，以此唤起学生相互合作、共同进步的愿望。“班里每个学生都参与到学习活动中，没有谁觉得有偷懒的本钱。”语文课教师谷冀豫连讲课、评作文也让学生参与。每学期她都分几节课让学生上，现在班里批改作文，每位学生也都参与评改、发表意见。

“人民大道小学的孩子谈吐大方、交流能力强，最重要的是：别人的想法永远不能代替他的想法。”安阳市一家儿童影楼接待员说。

新华网 2008 年 5 月 2 日

8.“成长树”下的心愿

《辅导员》杂志　赵　迪

1984年，时任团中央书记处书记的胡锦涛同志来到河南省安阳市人民大道小学视察，在参加了升旗仪式，参观了队室，听取了队员汇报后，他与学校师生一同在校园里栽种了“成长树”，并给学生题词：“立志做祖国的小主人，学习的小主人，少先队的小主人”“多读书，读好书，立志做有知识的人，做对人民有用的人。”

从那时起，“成长树”在人民大道小学里扎下了根，胡锦涛同志的题词精神也成为学校历届师生的育人理念和成长目标。

20世纪80年代以来，在大力倡导素质教育的时代，人民大道小学始终坚持“德育为先”的教育思想，积极打造德育品牌。尤其是在现任校长马丽娜的带领下，学校在全国率先制定了《小学德育大纲》，全面实施《德育内容系列化、实施途径网络化、评价方法科学化》等课题研究，取得了丰硕的成果。学校也由此快速发展，成为全国德育工作的典范，先后6次受到中宣部、教育部、团中央及全国教育工会的表彰和奖励。

作为德育工作的重要组成部分，人民大道小学的少先队工作更是安阳市乃至全国的一面旗帜。在这所拥有3000多名队员的学校里，队活动遍地开花，队文化浓郁热烈，少先队员是队组织真正的主人。

“成长树”下，一个个心愿得以实现，一批批小主人在健康成长。

东西南北，小鬼当家

“老师，昨天我们中队的‘小修理员’李立为同学修好了椅子，我帮他填写了旗手推荐表。”

“老师，‘失物招领处’又为一支油笔找到了主人。”

每天走在校园里，李霞经常会被

队员们拦住，向她汇报工作。作为人民大道小学的大队辅导员，她心中充满了自豪感，因为学校少先队开发了许多小岗位，为每个孩子提供锻炼的机会，让他们尽情展现才华，获得成功。李霞认为："尊重队员的个性，给每个孩子同等机会十分重要，少先队是少先队员自己的组织，要放手让队员们自己组织活动，自己管理事务，让他们在队组织中真正当家做主。"

自主管理是学校少先队始终坚持的工作思路，而它的确定源于一次"突发事件"。一次，结束了校园广播的李霞从广播站走出来，被门口的一个小男孩吓了一跳。原来，他想知道广播里的声音是从哪儿发出来的。孩子的疑问直击李霞的心。她立刻把孩子领进屋，告诉他怎么操作播音器，每个喇叭有什么作用。"这是我的失职，广播站是孩子们的阵地，但在一些孩子心中它却如此陌生。"时至今日提起此事，李霞依然感到自责。从那时起，她便分批组织孩子们参观"红领巾广播站"，还鼓励有特长的孩子走进演播室进行表演，让家长和孩子一起做节目。

让校园真正成为队员们自主管理的场所，也是学校少先队认真思考、积极探索的课题。在各中队的大力支持下，学校"群星自主服务中心"诞生了。这是由少先队大队组建并管理的一种自主服务机构，下设"绿色回收站""黑猫警长巡逻队""小巧手园地""小太阳银行""失物招领处""小鲁班维修站""知心朋友服务台""小喇叭记者站""红十字会"等部门。

在"群星自主服务中心"，队员们自愿选择部门，自主推选负责人，自行策划活动方案，自拟活动内容。一名三年级的队员说："加入服务队后，我觉得自己长大了。过去与人交往总是胆怯，现在从容多了。"因为部门很多，基本上每个队员都能找到适合自己的岗位和职务。队员们从参与中队管理做起，逐渐扩展到校园管理，而新的岗位也在不断被开发出来，孩子们总是被新事物、新工作所吸引，而处于兴奋之中。如今，校园里处处有服务的岗位，时时能看到"红领巾"忙碌的身影。

瞧！一群佩戴着"黑猫警长"标志的队员们正在巡视、纠正校园里的不文明现象。他们发现乒乓球台前一些高年级队员不排队，便走上前劝阻。四

(5)中队的小“警长”先向对方敬个队礼，然后礼貌地说：“大哥哥，请你排队按序打球好吗?”于是，问题迎刃而解。

小小服务岗，让这所大校园充满了和谐、温馨。学校的老师们常笑道：“小鬼当家，也是一件好事。”

春夏秋冬，活动开花

在人民大道小学，队员们不仅人人有岗位，有事做，更让他们感到兴奋的是一年四季，天天有活动，与快乐相伴。

春天，队员们与书为伴。“春天到百花香，小蜜蜂采蜜忙，采来花蜜酿蜜糖。小学生读书忙，读了好书本领长。好书好书哪里藏，快到小蜜蜂书市上。拍卖、交换形式多，包你每人有收获……”在每年月举行的“小蜜蜂读书节”启动式上，孩子们都会以充满童真的儿歌表达对读书节的喜爱。一系列读书活动更是吸引着他们的眼球：“读书分享交流会”“好书推介会”“亲子共读”“书香家庭评选”引领着全校队员徜徉在书的世界和知识的海洋里。中队的小图书管理员还主动承担起班级图书角的完善，“读书社”的运转等工作。

“小蜜蜂读书节”自胡锦涛同志题词那年创办，坚持开展了 24 年，如今已成为学校一项常搞常新的品牌活动。“多读书，读好书，立志做有知识的人，做对祖国有用的人。”胡锦涛爷爷的寄语始终在孩子们的心中牢记。

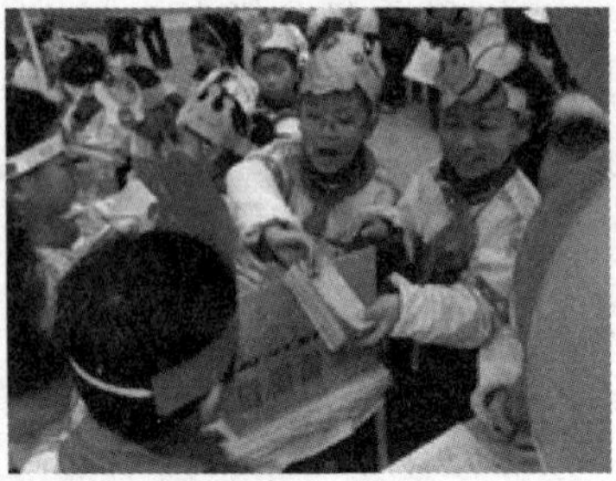

夏日，队员们与爱心同行。“老师，我想捐款。”2008 年 5 月 13 日，汶川大地震的第二天，四(2)中队张一帆走进队室，希望能为灾区小伙伴捐款。不久，在她的组织下，四年级全体队员的倡议书贴到了校门口“金喇叭信息港”上。

大队部开始组织捐款。活动启动仪式上，队员们朗诵了与老师共同创作的诗歌《爱，创造奇迹》：“天灾无情人有情，众志成城爱满苍穹！让我们为灾区人民献上绵薄之力；让爱，再创奇迹!”振奋人心的话语感染了每一位师生，从几元到几十元到几百元，全校累计捐款 15 万余元。“在整个过程中，孩子们的高度自觉性和可贵的同情心令老师们感动。”李霞深有感触地说：“经历了这次活动，我发现孩子们变得成熟了。”在随后举行的主题队会上，队员们自发提出开展“向灾区小伙伴学习，改正自己的一个缺点”活动，于是，吃零食的少了，餐厅剩饭少了，同学之间变得充满了友爱……

“爱心阳光活动”让队员们收获了更多的社会责任感，他们学会了用爱心去关注需要帮助的人，用感恩之心珍惜身边的幸福。

秋天，队员们放声歌唱。“尊敬的家长：值此金秋时节，我们将在 9 月 22—23 日下午 3：00 举行‘红石榴朗诵会’，特邀您担任家长评委，共同分享孩子成长的幸福。”一封邀请函拉近了家长与学校的距离。活动当天，家长们如约而至，这些特殊评委的参与激发了队员们展示的热情。“秋天来了，石榴红了……一个个涨红了脸，裂开了嘴，诉说着对人民大道小学的无限感激……”朗诵会上，孩子们盛装出场，放声讴歌伟大的祖国、可爱的家乡、美丽的校园、亲切的老师，充满激情的朗诵赢得了阵阵掌声。

学校少先队还开展了“金秋时节喜摘石榴”活动，队员们把采摘的石榴分送给老教师、干休所老军人、福利院的残疾儿童和孤寡老人，火红的石榴传递着火红的爱心。

冬日，队员们插上科学的翅膀。在一年一度的“金钥匙”科技节里，“用眼睛去观察，用双手去操作，用头脑去思考，用智慧去创造”等一幅幅标语悬挂在走廊上，一张张充满创意的海报张贴在校园醒目之处，一件件富有科技含量的作品陈列在展示厅里，一个个小实验吸引着每个参与者，一块块展板记录着“科技小组”的活动经历，一场场科技报告会介绍着科学知识，而借助网络进行的新成果发布会更让孩子们对科技的神奇啧啧赞叹

……这些场景都深深地印刻在队员们的记忆中，每每谈起，大家都会津津乐道。

“金钥匙”科技节提出的“五个一”，即“读一本科技方面的书、记一句科学家的名言、讲一位科学家的故事、为家长介绍一种高科技产品、开展一次学科学活动”，简便易行。队员们通过小观察、小实验、小种植、小饲养、小制作等活动发现问题，解决问题，自己动脑、动手寻找科学的金钥匙。

此外，学校少先队员大队部还组织队员们开展了多项特色活动，如“走进春天”春令营、“爱家乡，做主人”夏令营、“时刻准备着”队列行进检阅式、“冬天到，跳跳跳”冬季运动、“寒假‘十星’小公民行动”等。每项活动都设立“雏鹰奖章”，激励队员们求真向上。

一个个活动就像一朵朵小花，有的艳丽，有的淡雅，唱着四季的歌。它们绽放在校园里，期待着队员们来采撷。

男女老少，人人有责

“把您中队管理的困惑抛出来，把您中队管理的绝招亮出来，让我们共同分享做辅导员的幸福与快乐。”在人民大道小学首届青年辅导员培训班上，大队辅导员李霞提出了这一口号。

多年的德育工作探索，让马丽娜校长对少先队工作有着独特的认识，少先队是德育工作的主阵地，少先队工作的全面活跃不仅体现在队员的广泛参与和自主管理上，还体现在全校教师的积极协助和主动配合上。

学校依托少先队大队部，成立了“辅导员工作室”、“春之声”辅导员合唱团、辅导员读书会等，激发每个中队辅导员的工作热情，引领她们和队员们一起成长。李霞说：“少先队工作不只是大队辅导员一个人的工作，而是所有中队辅导员和教职员工共同的工作。学校应该积极为中队辅导员们搭建平台，吸引他们积极、主动地为队员服务。”

2008年“六一”国际儿童节，在大、中队辅导员们的精心策划下，全校老师送给了孩子们一份特殊的礼物——自己创编的《献给孩子们的歌》：“你们像春天最绚丽的花朵，在美丽的校园里幸福生活，凝望你们奔跑的身影，我们感觉劳累的工作也变得轻松快乐。”辅导员们身着黑白连衣裙式的礼服，用灿烂的微笑为孩子们送去了最真挚的祝福，也和孩子们共同分享着节日的欢乐。

“问题来源于工作，方法来自于同事，注重交流、分享，这是做好辅导员工作的秘诀。”为了提高中队辅导员的专业技能，大队辅导员李霞定期举办“体验日”培训，帮助年轻辅导员了解和体验大队部的工作，增强全局观念，创新辅导方法；她还组织了形式活泼的“辅导员沙龙”，以漫谈的形式，鼓励大家各抒己见，交流心得，切磋技艺。

除了发挥好中队辅导员的作用，学校少先队还充分利用科任老师和学生家长等教育资源，聘请他们担任“红领巾小社团”的辅导员，指导队员们学习专业知识，开展特色活动。

在专业教师和热心家长的支持下，“家玉戏社”红领巾豫剧小社团率先成立了。校园小明星尚家宝和程丹玉同学分别担任了社长、副社长。他们的口号是“梨园新秀，唱响校园，豫剧票友，弘扬国粹!”从此，校园里经常能听到队员们咿咿呀呀的学唱。“家玉戏社”还请到了国家级演员范雅鸣担任特邀顾问，这让孩子们对戏曲更有兴致。

随后，“青草读书社”“梦幻工厂”等各种“红领巾小社团”也相继诞生。队员、老师、家长、专业人士在不同的团体中，教学相长，各司其职，为共同的兴趣和目标忙碌着。

学校少先队小干部也是一支精英团队，是少先队工作的主力和干将。在大队辅导员的帮助下，他们设立了“小主人信箱”“红领巾之窗”“红领巾广播站”“金喇叭信息港”等宣传阵地，使之成为队员们学习新队章，了解少先队，展示中队集体、队员风采的窗口。

从队员到辅导员，从家长到社会各界人士，越来越多的人加入到人民大道小学少先队组织中来，从而推动着学校少先队事业的蓬勃发展，为队员们的健康成长开辟了更加广阔的天地。

24 年前，胡锦涛同志在校园里和孩子们一起种下的“成长树”如今已根深叶茂，而“立志做祖国的小主人，学习的小主人，少先队的小主人”依然是队员们的最大心愿。“成长树”下，一代又一代“小主人”在健康成长，快乐、幸福地走向崭新的明天。